本書爲國家社科基金青年項目《西北屯戍漢簡分類集成及簡册復原研究》
（19CZS008）階段性成果

肩水金關漢簡整理與異體字研究

黃艷萍◉著

廣西師範大學出版社

·桂林·

圖書在版編目(CIP)數據

肩水金關漢簡整理與異體字研究 ／黃艷萍著.—桂
林：廣西師範大學出版社,2023.6
ISBN 978 - 7 - 5495 - 6841 - 3

Ⅰ.①肩… Ⅱ.①黃… Ⅲ.①竹簡文-異體字-研究
Ⅳ.①H121

中國版本圖書館 CIP 數據核字(2020)第 198866 號

肩水金關漢簡整理與異體字研究
JIANSHUIJINGUAN HANJIAN ZHENGLI YU YITIZI YANJIU

出 品 人：劉廣漢
責任編輯：劉孝霞
封面設計：弓天嬌　李婷婷
廣西師範大學出版社出版發行
（廣西桂林市五里店路 9 號　　郵政編碼：541004）
（網址：http://www.bbtpress.com）
出版人：黃軒莊
全國新華書店經銷
銷售熱綫：021 - 65200318　021 - 31260822 - 898
山東韻傑文化科技有限公司印刷
（山東省淄博市桓臺縣桓臺大道西首　郵政編碼：256401）
開本：690 mm × 960 mm　　1/16
印張：21.75　　　　字數：311 千
2023 年 6 月第 1 版　　2023 年 6 月第 1 次印刷
定價：78.00 圓

如發現印裝質量問題,影響閱讀,請與出版社發行部門聯系調換。

目　錄

凡　例 ⋯⋯⋯⋯⋯⋯⋯⋯⋯⋯⋯⋯⋯⋯⋯⋯⋯⋯⋯⋯⋯⋯⋯⋯⋯⋯ 1

第一章 緒　論 ⋯⋯⋯⋯⋯⋯⋯⋯⋯⋯⋯⋯⋯⋯⋯⋯⋯⋯⋯⋯⋯⋯ 1
　第一节 肩水金關漢簡及異體字的界定 ⋯⋯⋯⋯⋯⋯⋯⋯⋯⋯ 1
　　一、肩水金關漢簡概況 ⋯⋯⋯⋯⋯⋯⋯⋯⋯⋯⋯⋯⋯⋯⋯ 1
　　二、異體字的界定 ⋯⋯⋯⋯⋯⋯⋯⋯⋯⋯⋯⋯⋯⋯⋯⋯⋯ 3
　第二節 肩水金關漢簡研究現狀 ⋯⋯⋯⋯⋯⋯⋯⋯⋯⋯⋯⋯ 10
　　一、異體字研究 ⋯⋯⋯⋯⋯⋯⋯⋯⋯⋯⋯⋯⋯⋯⋯⋯⋯ 10
　　二、書體研究 ⋯⋯⋯⋯⋯⋯⋯⋯⋯⋯⋯⋯⋯⋯⋯⋯⋯⋯ 13
　　三、文字編 ⋯⋯⋯⋯⋯⋯⋯⋯⋯⋯⋯⋯⋯⋯⋯⋯⋯⋯⋯ 16
　　四、肩水金關漢簡異體字研究的意義 ⋯⋯⋯⋯⋯⋯⋯⋯ 18

第二章 肩水金關漢簡文獻解讀 ⋯⋯⋯⋯⋯⋯⋯⋯⋯⋯⋯⋯⋯ 20
　第一節 肩水金關漢簡中的紀年簡 ⋯⋯⋯⋯⋯⋯⋯⋯⋯⋯⋯ 20
　　一、相關簡牘的紀年簡研究概述 ⋯⋯⋯⋯⋯⋯⋯⋯⋯⋯ 22
　　二、紀年簡校訂 ⋯⋯⋯⋯⋯⋯⋯⋯⋯⋯⋯⋯⋯⋯⋯⋯⋯ 24
　　三、紀年簡考證 ⋯⋯⋯⋯⋯⋯⋯⋯⋯⋯⋯⋯⋯⋯⋯⋯⋯ 43
　　四、紀年簡擬測 ⋯⋯⋯⋯⋯⋯⋯⋯⋯⋯⋯⋯⋯⋯⋯⋯⋯ 67
　　五、小　結 ⋯⋯⋯⋯⋯⋯⋯⋯⋯⋯⋯⋯⋯⋯⋯⋯⋯⋯⋯ 81

第二節 肩水金關漢簡內容分類 ·················82

一、西北漢簡分類研究概述 ·················82

二、肩水金關漢簡分類 ·················85

三、小 結 ·················103

第三節 肩水金關漢簡的書體 ·················104

一、書體及相關研究 ·················105

二、肩水金關漢簡的書體類型 ·················107

第三章 《肩水金關漢簡》釋文校訂 ·················125

第四章 肩水金關漢簡異體字概況 ·················153

第一節 肩水金關漢簡異體字及其分布情況 ·················153

一、肩水金漢關簡異體字形的判斷標準 ·················153

二、肩水金關漢簡異體字的分布 ·················155

三、肩水金關漢簡異體字分布與字頻的相關性 ·················158

第二節 肩水金關漢簡異體字的來源及分類 ·················162

一、構件層異體字 ·················163

二、筆畫層異體字 ·················242

第二節 肩水金關漢簡與其他西北漢簡異體字的比較 ·················261

一、肩水金關漢簡未見的異體字形 ·················261

二、肩水金關漢簡新見異體字形 ·················267

第五章 肩水金關漢簡典型訛混異體字舉隅 ·················274

第一節 肩水金關漢簡中典型構件訛混異體字舉隅 ·················275

一、構件“宀” ·················275

二、構件“手（扌）” ·················276

三、構件"木"···278

四、構件"攴"···279

五、構件"又"···280

六、構件"艸（艹）"···281

七、構件"彳"···283

八、構件"雨"···284

九、構件"日"···285

十、構件"宀"···286

十一、構件"矢"··287

十二、構件"禾"··288

十三、構件"灬"··290

十四、構件"卩"··291

十五、構件"刀"··292

十六、構件"心"··292

第二節　肩水金關漢簡形體混同異體字舉例·······293

一、形體混同異體字與錯別字、同形字的區別·······293

二、肩水金關漢簡中形體混同異體字·················296

第三節　肩水金關漢簡訛混異體字的特點···········303

一、訛混關係的複雜性····································303

二、訛混具有一定的歷史傳承性·····················304

三、訛混構件類推的有限性·····························306

四、訛混具有一定的漸進性·····························306

第六章　結　語··309

第一節　肩水金關漢簡異體字的成因·················309

一、書寫時代跨度長···309

二、書體複雜多樣 ……………………………………………… 310

三、文書種類豐富 ……………………………………………… 312

四、書寫者衆多 ………………………………………………… 313

第二節　肩水金關漢簡異體字在漢字發展史上的作用 ………… 315

一、異體産生了大量的簡化字和簡化構件，爲簡化字溯源提供了歷
史依據 ……………………………………………………… 315

二、異體字進一步推動了漢字的隸楷化進程 ………………… 316

附　錄

引書簡稱對照表 …………………………………………………… 318

參考文獻 ……………………………………………………………… 321

後　記 ………………………………………………………………… 335

凡 例

本書引用簡文及圖版字形，遵從以下原則：

一、凡文中涉及肩水金關漢簡的簡文，均引自中西書局出版的《肩水金關漢簡》壹至伍卷中的釋文。簡文引用時盡量依照原釋文行款謄錄，且爲行文方便，只標注簡號，不再單獨標注卷數和頁碼。

二、簡號採用簡稱。爲行文方便，《肩水金關漢簡》前四卷簡號規律性强，統一省簡號前綴"73EJ"，引用簡號時分別以"T""H""F"字母開頭，如"73EJT1:1"簡省作"T1:1"，"73EJF1:20"簡省作"F1:20"，"73EJH1:1"簡省作"H1:1"。第伍卷的簡號較複雜，簡號省寫容易混淆，故依原整理者的簡號引用。其他西北屯戍漢簡引用時簡號依原整理釋文的簡號錄入。簡號中的"A、B、C、D"等字母表示簡牘的書寫面數。

三、引文中的各類符號均依原釋文錄入。"☑"表示簡牘殘斷、"□"表示無法釋讀的字、"……"表示無法釋讀且不能確定字數者。"◆""■""·""Ⴑ""▓""ꟼ"等均为原簡中的符號，"◆""■""·""▓"這四個符號一般位於簡牘頂端，"Ⴑ、ꟼ"一般位於簡牘末端。

四、字頭歸并，以用法相同爲歸字的基本原則，異體字歸爲同一字頭，通假字歸于本字下。整理釋文隸定不統一處統爲同一個隸定字，如![字形]，釋文隸定作"最"或"冣"，現統一隸定作"冣"。

五、凡涉及肩水金關漢簡中的字形，均引自《肩水金關漢簡》第一至五卷中册的紅外綫圖版，每個字形均標注簡號，爲便於排版，圖版字形大小根據行文行距調整大小比例。

第一章
緒　論

第一节　肩水金關漢簡及異體字的界定

一、肩水金關漢簡概況

肩水金關是漢代張掖郡肩水都尉下轄的烽塞關城，是當時河西地區南北交通的咽喉，同時也是漢代重兵把守的一個重要關卡。肩水金關遺址中保存了大量的漢代簡牘、軍事御器、生産生活工具等，是金關地區漢代屯戍活動的活化石。肩水金關漢簡有"漢代文庫"之稱，是研究漢代社會歷史文化的珍貴資料，其發掘主要經歷了兩個階段：

第一個階段是 1930—1931 年。以沃爾克·貝格曼（Warlock Bergman）爲首的瑞士科學家和中國科學家組成的西北科考團在今内蒙古額濟納河流域的漢代邊塞遺址中發現了漢代的塞墙和鄣堡亭燧，包括殄北塞、居延、甲渠塞、卅井塞、廣地塞、橐他塞、肩水塞、北大河塞等八個塞墙，在這些遺址中獲得約 10 200 枚漢簡，其中肩水塞出土漢簡 850 枚（著錄者 724 枚）。這批簡牘一般被稱爲"居延漢簡"。

第二個階段是 1972—1974 年。甘肅居延考古隊在額濟納河流域對破城子甲渠候官、甲渠塞第四隧和肩水金關三處遺址進行大規模發掘，新獲 19 600 餘枚漢簡。其中，甲渠候官和甲渠塞第四隧出土漢簡 8400 餘枚，肩水金關出土漢簡約 11 000 餘枚。

相對於"居延漢簡"而言，"居延新簡"發掘更科學，大部分簡册的層位關係更清楚，簡牘更完整。1983 年 5 月居延新簡整理工作被列入"六五"期間國家重大科研項目，整理工作分兩步進行：第一步先整理甲渠候官和甲渠塞第四隧出土的簡牘，並在 1990 年出版了《居延新簡——甲渠候官與第四隧》①（釋文簡裝本）、1994 年出版了《居延新簡——甲渠候官》②（圖文精裝本）。肩水金關漢簡未包括在第一批整理任務內。

肩水金關漢簡的整理出版是"六五"期間國家重大科研項目的第二步工作，由甘肅省簡牘保護中心、甘肅省文物考古研究所、甘肅省博物館、中國文化遺產研究院古文獻室、中國社會科學院簡帛研究中心共同整理，並於 2011 年至 2016 年分五卷出版，每卷簡牘分上、中、下三册，上册爲彩色圖版，中册爲紅外綫圖版，下册爲釋文。每卷簡牘收錄情況如下：

第一卷出版於 2011 年 8 月，收錄了 T1:1–318、T2:1–106、T3:1–118、T4:1–214、T5:1–122、T6:1–198、T7:1–215、T8:1–115、T9:1–395、T10:1–550 十個探方的 2351 枚③簡牘。

第二卷出版於 2012 年 12 月，收錄了 T11:1–31、T14:1–42、T15:1–29、T21:1–501、T22:1–157、T23:1–1074、T24:1–500 七個探方的 2334 枚簡牘。

第三卷出版於 2014 年 5 月，收錄了 T24:501–1006、T25:1–248、T26:1–305、T27:1–142、T28:1–146、T29:1–135、T30:1–267、T31:1–242、T32:1–75 九個探方的 2066 枚簡牘，其中有 19 枚簡整理綴合爲 9 枚，實際編錄作 2056 枚簡牘。

第四卷出版於 2015 年 11 月，收錄了 T33:1–91、T34:1–50、T35:1–16、T37:1–1590、H1:1–82、H2:1–110、F1:1–126 七個探方的 2065 枚簡牘，其中整理過程中綴合 29 枚，實際收錄 2036 枚簡牘。

第五卷出版於 2016 年 8 月，收錄了 F2:1–49、F3:1–636、T4H:1–90、

---

① 甘肅省文物考古研究所等編：《居延新簡——甲渠候官與第四隧》，文物出版社，1990 年。
② 甘肅省文物考古研究所等編：《居延新簡——甲渠候官》，中華書局，1994 年。
③ 此部分簡牘數量的統計不計 A/B 面，以原整理者的數字編號計算。後文簡牘數量統計時則根據研究的需要，簡牘有多面書寫的則按簡牘書寫面計數。

73EJD:1—391、72EJC:1—290、73EJC:291—680、72EDAC:1—8、72ECC:1—83、72ECNC:1、72EDIC:1—22、72EBS7C:1—5、72EBS9C:1—4,按簡號計收錄 1969 枚,整理綴合斷簡 100 枚,實際收簡 1869 枚。此卷除收錄肩水金關房址 F2、F3 和灰坑 T4H 的簡牘外,還收錄了金關周邊地區調查采集到的簡牘。

　　由於 20 世紀 30 年代第一次發掘到的 850 枚(著錄者 724 枚)肩水金關漢簡已編入居延漢簡,不便分離出來,故這部分肩水金關漢簡不在我們的討論範圍内。我們在新近整理出版的五卷本《肩水金關漢簡》基礎上,對簡文中的異體字進行了系統的整理與研究。

二、異體字的界定

　　異體字是漢字發展中普遍存在的文字現象,各個時期的文字系統中異體字均相生相隨。甲骨文時期異體字已較爲豐富,戰國時期異體字現象則更爲突出。秦始皇推行"書同文"文字規範政策有效地規範了文字的書寫,異體字現象也得到了一定的控制。而與此同時,漢字形體正在發生著一場巨變——隸變[①],隸變標志著漢字形體的巨大變革,是古文字階段的結束,今文字階段的開端。隸變使得漢字形體結構趨於規整,字形的符號性特徵增强,隸變后漢字異體字出現了新的發展趨勢。

　　古文獻或字書中常以"俗字、俗體、別體、訛體、別字、訛字、或體、異文、重文、字體之異"等名稱來指稱"異體字"。事實上,雖然這些概念的内涵和外延並非全等,但都指稱"同字異形"這一文字現象。李運富《關於"異體字"的幾個問題》指出:"'異體字'從名稱上看是指'形體不同'的字,所以'形體不同(異形)'當然是異體字的固有屬性,但它並不是異體字的本質屬性,因爲任何兩個自然的書寫字樣都有可能'形體不同';也就是强調'形體不同'没有實際意義,據此無法將'異體字'跟別的關係字區別開來……我們不是要認識'異體字'的'形體不同(異形)',而是要

---

① 趙平安認爲:"大約從戰國中期開始,秦系文字的小篆經由古隸到今隸的演變就是隸變。"(參見趙平安《隸變研究》,河北大學出版社,2009 年,第 6 頁)

認識他們在用法上的‘功能相同（同用）’，所以‘功能相同’才是‘異體字’的本質屬性。”[①]

（一）學界對異體字的界定

異體字研究是文字學研究的重要課題。2002 年 5 月教育部語言文字信息管理司和教育部語言文字應用研究所主持召開了“異體字問題學術研討會”，會議掀起了異體字問題大討論，對異體字概念的探討更是十分激烈。到目前爲止，語言文字學專著、詞典、各類論文涉及異體字研究的都闡釋了異體字概念，大家衆説紛紜。下表列出了學術界對異體字較有代表性的界定。

表 1-1　異體字界定（部分）

序　號	作　者	出　處	定　義
1	裘錫圭[②]	《文字學概要》	廣義：音義完全相同而外形不同，部分用法相同也可是異體字 狹義：音義完全相同而外形不同，用法完全相同
2	王寧	《漢字構形學講座》	異寫字，職能相同的同一個字，因寫法不同而形成的異形 異構字，即異體字。音義絕對相同，記録漢語職能相同，任何語境中可以互換，但構形屬性起碼有一項不同
3	李國英	《異體字的定義與類型》	爲語言中同一個詞而造的同一個字的不同形體，且這些不同形體的音義完全相同，但使用中功能不發生分化
4	李運富	《關於異體字的幾個問題》	異體字分三個範疇： 1.字樣範疇：本來記録同一個詞的所有外形不同的字樣，包括筆畫、筆形、筆勢、

---

① 李運富：《關於“異體字”的幾個問題》，《語言文字應用》2006 年第 1 期。
② 爲行文方便，凡引用到前輩學者姓名時均省略尊稱。

序 號	作 者	出 處	定 義
			構件、書寫風格、字體等差異 2.字構範疇：本來記錄同一個詞而結構屬性不同的一組字，如構件、構件數量、構件布局、構件功能不同等差異 3.字用範疇：用法相同而形體不同的一組字。如用法全同、部分相同、用法包孕、用法異同交叉等情況
5	毛遠明	《漢魏六朝碑刻異體字研究》	是同一文字系統中形體不同而所記錄的詞音義完全相同的一組字
6	蔣善國	《漢字學》	將異體字稱爲"多形字" 廣義：今字體對古字體，如小篆對甲骨文、金文，隸書對小篆 狹義：指漢字的橫向發展
7	李圃	《異體字字典》	廣義：只在某一義項上可以替換的若干字 狹義：在所有義項上都可替換的若干字
8	李榮	《文字問題》	功用相同、形體不同的字
9	劉志成	《漢字學》	形體結構不同或結構部件位置不同，音義完全相同的字
10	呂叔湘	《語文常談》	一個字的不同寫法，音義完全相同
11	王力	《古代漢語》	音義完全相同，任何情況下可以互相替代
12	劉又辛	《漢語漢字問答》	記錄同一個詞的兩個以上的文字符號

續表

序　號	作　者	出　處	定　義
13	蔣紹愚	《古漢語辭彙綱要》	爲語言中的同一詞造的幾個形體不同的字，音義完全相同，可以互換
14	郭錫良	《古代漢語》	音義完全相同，在任何情況下都可以互相代替
15	蘇培成	《現代漢字學綱要》	兩個含義： 一是形體不同而讀音和意義相同的字，幾個字互爲異體 二是與正體相對而言，異體與正體只是形體不同而讀音和意義相同
16	章瓊	《漢字異體字論》	記錄語言中相同的語詞、在使用中功能沒有差別的一組字
17	連登崗	《異體字的概念與異體字的整理》	只能是讀音、意義和用法完全相同的字
18	呂永進	《異體字的概念》	在某一特定的字體內，用來共同記錄相同義項的不同的書寫形式
19	王鐵琨	《試論異體字的定義》	一個字有兩種或兩種以上的寫法但讀音、意義完全相同或讀音相同、意義以大包小的字；也特指跟通常寫法有同音同義關係但寫法不同並被淘汰的字
20	李瑩娟	《漢語異體字整理法研究》	在一個正字標準下，在文獻使用上與此正字同音義但形體有異的字
21	呂浩	《漢字學十講》	一定歷史時期內，音義相同但字形結構不同的字

序 號	作 者	出 處	定 義
22	黄文傑	《銀雀山漢簡異構字探析》	讀音、意義完全相同，形體不同的兩個或兩個以上的字，其中最通行的一個爲"正體"，其他的爲"異體"
23	劉雲	《戰國文字異體字研究》	爲語言中同一個詞而造的不同文字形體，以及這些不同形體的變體
24	馬瑞	《西北屯戍漢簡文字研究》	是同一文字使用系統中形體不同而所記錄的詞的音義完全相同的一組字
25	邱傅亮	《郭店竹簡異體字研究》	廣義：任何一組記錄同一個詞的形體不同，並且在一定範圍内，可以互相替换的字 狹義：記錄同一個詞的，不是由於飾筆、筆勢造成的形體不同的，在任何情況下都可以互相替换的字
26	于淼	《漢代隸書異體字表與相關問題研究》	在同一種書體下，以某一歷史時段相對穩定的字、詞義爲依據，包括俗寫、訛字等社會約定俗成因素造成字形變異的，記錄同一個詞，音義相同而外形不同的字

　　上述異體字的界定各有側重，總體上可以概括爲以下三類：

　　第一，音義完全相同。裘錫圭、王寧、王力等16人明確主張異體字的音義必須完全相同，強調"同字"的屬性。而也有學者更傾向於義項的強調，如李圃、王鐵琨、吕永進認爲義項全同或部分相同的不同字形也是異體字。

　　第二，功能完全相同。功能是指字的表詞功能，有的稱之爲"用法"或"功用"。裘錫圭、王寧、李國英等12人認爲異體字的表詞功能必須相同，且使用功能不發生分化，在任何時候都可以相互替换。

　　第三，字形差異的區分。字形不同是異體字的基本屬性之一。王寧、李運富、邱傅亮等對"異形"有進一步的區分，尤以王寧對"異形"區分更爲細緻。她將字形不同分爲兩類，即書寫差異帶來的異寫字和構形屬性不同產生的異構字，目前這種"異形"區分的接受度較高。李運富"異形"的描述與王寧一致。邱傅亮認爲"飾筆、筆勢造成的形體不同"不屬於異體字異形的範疇。蔣善國則認爲"異形"包括書體的不同。

綜上，各種界定的主要区别在於對"功能相同和字形不同"這兩個尺度的把握不同，而音義全同是共識。

（二）我們對"異體字"的認識

異體字本質上指的是"同字異形"現象，其核心在於揭示什麼是同一個字、什麼是異形以及異形的程度。

1. 同字

李國英在《異體字的定義和類型》中指出："凡爲語言中同一個詞造的且使用中功能没有發生分化的爲'同字'關係。"[1]理清"同字"首先要明確"字"的所指。

李運富認爲"字"的指向至少有三種：書寫角度指稱字的外形，結構角度指稱字的構造，使用角度指稱字的職能。[2]"字"的指向固然有其複雜性和多層次性，但就"字"的本身而言，裘錫圭認爲"文字是語言的符號。作爲語言符號的文字跟文字本身所使用的符號是不同層次上的東西"[3]，並把文字所使用的符號稱爲"字符"[4]。即"字"包含兩個層次：一爲記錄語言的符號，是"字"的内在表達功能的體現。二是文字本身使用的符號，即組成"字"所用的字符。

異體字的"同字"是對表詞範疇的限定，即記錄語言的音義完全相同且表達語義功能無差別的"字"。

---

① 李國英：《異體字的定義和類型》，《北京師範大學學報（社會科學版）》2007 年第 3 期。
② 李運富：《關於"異體字"的幾個問題》，《語言文字應用》2006 年第 1 期。
③ 裘錫圭：《文字學概要》，商務印書館，1988 年，第 10 頁。
④ 同上書，第 11 頁。

2. 異形

在"同字"的前提下，異體字的"異形"異的是"字"本身所使用的符號，包括結構上構件的不同，筆畫上構字筆畫的增減變異等。不同書寫者書寫同一個字時産生的細微差異是書寫個體風格不同，非我們所討論的異體字範疇。同一個字的"異形"程度是異體字判定的重要特徵，從構件和筆畫兩個角度來看：

第一，構件層的"異形"是指同一個字的部分或全部構字構件不同，包括：構件簡省、構件增繁、構件訛混、構件變異、構件同化、構件位移、構件記號化、構件改換等。

第二，筆畫層的"異形"比較難以把握，同一個字的手寫體或多或少的存在著差異。有的學者主張不要把筆畫差異列入異體字的範疇，基於肩水金關漢簡筆畫層異體字現狀以及某些筆畫差異在漢字發展史上的作用，我們不得不將某些筆畫層次上的差異也納入"異形"討論。

毛遠明認爲筆畫曲直、點畫變異、置向變化、筆畫斷連等筆形上的改變及筆畫增減均爲筆畫層次上異形[①]，同時強調這些筆畫的異寫"必須得到社會的基本認同，有一定的復現例證。如果只是書手偶爾爲之，沒有流通於社會，文字形體結構的差異又很小，甚至只是體態風格的不同，不足以視爲不同的字，這種情況的異寫應該排除"[②]。張再興認爲古文字形筆畫的區別特徵包括："不同的綫條形態，特別是綫條種類的改變（如點變成綫）；相交綫長短的不同、不同的綫條數量、綫條的訛變。"[③]

總的來說，異體字"構件層"和"筆畫層"形體的不同可以概括如下：

$$
構件層
\begin{cases}
構件符號不同 \\
構件數量不同 \\
構件布局不同
\end{cases}
$$

---

① 毛遠明：《漢魏六朝碑刻異體字研究》，商務印書館，2012 年，第 6—8 頁。
② 同上書，第 24—25 頁。
③ 張再興：《古文字字庫建設的幾個問題》，《中文信息學報》2003 年第 6 期。

$$
筆畫層 \begin{cases} 筆畫形狀不同 \\ 筆畫數量不同 \\ 筆畫長短不同① \end{cases}
$$

綜上，在借鑒前輩學者的研究成果之上，結合肩水金關漢簡中異體字的實際情況，我們認爲異體字概念包括兩層核心内容：内在的記詞功能和外在的形體差異。因此，我們給異體字下的定義是：異體字是同一文字系統中字形不同而音義和用法完全相同的一組字。

第二節　肩水金關漢簡研究現狀

肩水金關漢簡是西北漢簡的一種。所謂"西北漢簡"即指 20 世紀初到 21 世紀初在今甘肅及内蒙古境内的漢代烽燧及漢墓遺址中發掘出的漢代簡牘，包括：敦煌漢簡、懸泉置漢簡、武威漢簡、額濟納漢簡、居延漢簡、居延新簡、肩水金關漢簡等七大種。這些簡牘記載了漢代的政治、經濟、軍事、醫藥、郵驛交通、歷史地理、科學文化、社會生活等豐富内容。除武威漢簡（以醫藥和典籍爲主）外，肩水金關漢簡與其他幾種西北漢簡在簡牘形制、簡文内容、書寫年代、書寫字體等方面有著密切的聯繫。肩水金關漢簡近幾年才出版，系統性文字研究成果還比較少，但早前整理出版的其他西北漢簡文字研究成果頗豐。其中，與本課題密切相關的文字研究成果，值得一述。

一、異體字研究

西北漢簡中異體字衆多，異體字問題歷來也是學界關注的重點，到目前爲止，西北漢簡中異體字研究的主要成果如下：

---

① "筆畫長短不同"指筆畫長短變化產生了筆畫交接或與其他筆畫組合變化，簡單的筆畫增長或縮短未產生筆畫組合關係的不計入其中。

何茂活、程建功《武威漢代醫簡中的古今字和異體字》①將武威醫簡中
"全同異體字"分爲多旁、少旁、換旁、偏旁易位、增減筆畫、其他等六類。

徐莉莉《武威漢代醫簡異體字考》②詳細考釋了武威醫簡中"劾—咳、
虫—蟲、茈—柴、悤—痛"等 17 組異體字的使用情況及其成因和沿革。此
後，何茂活《武威漢代醫簡異體字補議》③在徐文基礎上又增補了"枝–枚、
卄–廿、灸–灸"等 17 組廣義異體字。

張顯成《〈武威醫簡〉異體字初探》④舉例分析了簡文中的 68 組異體
字，並對它們進行了分類。

陳榮傑《武威漢簡〈儀禮〉整理研究》⑤例釋了 54 組異體字，並將這些
異體字按字形差異的不同分爲形體相混、更換偏旁、減省、增繁、變換結構、
類化及綜合手段等七種類型。

楊艷輝《〈敦煌漢簡〉整理研究》⑥界定異體字、明確"正體"與"異
體"標準、論述了敦煌漢簡異體字的複雜性，例釋了 234 組異體字。楊艷
輝、張顯成《敦煌漢簡的異體字——兼論異體字的認定問題》⑦亦有補論。

馬瑞、張顯成《西北屯戍漢簡異體字變異規律初探》⑧分析歸納西北簡
異體字變異的規律爲：同化、異化、類化、記號化。馬瑞在其博士學位論文

① 何茂活、程建功：《武威漢代醫簡中的古今字和異體字》，《河西學院學報》2003 年第 6 期。
② 徐莉莉：《武威漢代醫簡異體字考》，《天津師範大學學報（社會科學版）》2005 年第 1 期。
③ 何茂活：《武威漢代醫簡異體字補議》，《甘肅廣播電視大學學報》2007 年第 17 卷第 1 期。
④ 張顯成：《〈武威醫簡〉異體字初探》，《中國文字研究》第六輯，廣西教育出版社，2005 年。
⑤ 陳榮傑：《武威漢簡〈儀禮〉整理研究》，碩士學位論文，西南大學，2006 年。
⑥ 楊艷輝：《〈敦煌漢簡〉整理研究》，碩士學位論文，西南大學，2007 年。
⑦ 楊艷輝、張顯成：《敦煌漢簡的異體字——兼論異體字的認定問題》，《中國文字研究》第二輯，大象出版社，2007 年。
⑧ 馬瑞、張顯成：《西北屯戍漢簡異體字變異規律初探》，《唐都學刊》2011 年第 4 期。

《西北屯戍漢簡文字研究》^①的第四章也討論了西北屯戍漢簡的異體字問題，歸納了西北漢簡異體字的來源及分類，總結了異體字變異的規律及異體字的特點和產生的原因。

洪映熙《居延漢簡的異寫字與異構字》^②運用漢字構形學理論，根據構形差異是否影響到構意，把異體字分爲異寫字和異構字兩大類，並按照這種新型的分類方法，從字源和字用的角度對居延漢簡的異體字進行了細緻的考察，通過對居延漢簡的各類異寫字與異構字的具體分析，進一步揭示了居延漢簡異體字的特點以及兩類異體字的根本差異。

葉聲波《〈居延漢簡〉異體字研究》^③一文考察了該簡中 409 組異體字，描寫了居延漢簡中的各類異構和異寫現象，分析了這批簡異體字產生的原因和部分規律，進而也闡述了異體字研究的意義。

王玉蛟《兩漢簡帛異體字研究》^④一文收集了 20 世紀以來發掘的兩漢時期的簡帛材料，包括居延漢簡、居延新簡、敦煌漢簡等十三批簡帛中的異體字，對這些異體字按字形差異進行分類，總結出兩漢簡帛異體字的簡易性、區別性、任意性、時代性特徵，以及異體構字部件的共有異形趨同、同形分化、形近相訛三種演變趨勢。後來，此論文增補秦簡異體字研究成果，修訂作《秦漢簡帛異體字研究》^⑤出版。

吳菲菲《西域漢簡字頻統計與變異研究》^⑥一文從居延漢簡、敦煌漢簡、武威漢簡三批簡文中得 18 179 個不重複字樣，2358 個字種，2407 個字位。從筆畫、構件、布局三個角度歸納簡文文字變異情況，認爲文字產生變異的原因受書寫、漢字理據、字形美觀、字形別異及成字化的影響。

---

① 馬瑞：《西北屯戍漢簡文字研究》，博士學位論文，西南大學，2011 年。
② 洪映熙：《居延漢簡的異寫字與異構字》，《中國學研究》第四十一輯，2007 年。
③ 葉聲波：《〈居延漢簡〉異體字研究》，碩士學位論文，西南大學，2008 年。
④ 王玉蛟：《兩漢簡帛異體字研究》，碩士學位論文，西南大學，2013 年。
⑤ 張顯成、王玉蛟：《秦漢簡帛異體字研究》，人民出版社，2016 年。
⑥ 吳菲菲：《西域漢簡字頻統計與變異研究》，碩士學位論文，北京師範大學，2011 年。

　　于淼《漢代隸書異體字表與相關問題研究》①一文收錄了漢代磚石、簡牘、帛書、銅器、陶器、骨簽、漆器、墙壁等多種載體的隸書異體字形，按《説文解字》（以下簡稱《説文》）排序編制成《漢隸異體字表》，同時梳理了異體字的概念，討論了異體字的省減與增繁、構件的改換等異形現象，并專題討論了十五個漢代姓氏用字的異體現象。西北漢簡是此論文的重要材料，包含了西北漢簡中隸書簡異體字。該論文較系統地呈現了漢代隸書中的異體字現象，具有較高的參考價值。

　　王姣《敦煌漢簡用字研究》②一文分類考釋了敦煌漢簡中的通假字、異體字、古今字，歸納了這三大用字現象的類型、特點及成因，較爲系統地整理了敦煌漢簡的用字問題。

　　劉玉環《秦漢簡帛訛字研究》③全面收集并分析了秦漢簡帛中的訛混用字，逐字分析了秦漢簡帛中的訛字，將它們分爲訛別字和訛錯字兩大類，同時指出訛別字具有偶然性、本體性、時代性、反復性和複雜性等特徵，訛錯字具有外延開放、結構複雜、構件寫訛甚多等特徵，并分析了産生訛字的主客觀因素。

　　在前人研究基礎之上，肩水金關漢簡異體字研究旨在對這批簡文的異體字進行窮盡性整理，系統地對這些異體字形進行分類，著重異體字形分析，探求字形變異規律。通過與其他出土文獻中的異體字進行歷時與共時比較研究，探究異體字字形演變的共性與個性特徵。同時，從簡文的書寫時代、文獻特徵、書體類型等方面探討異體字産生的原因。

二、書體研究

　　書體是討論西北漢簡異體字不可回避的因素。西北漢簡以西漢中晚期到東漢初期的簡牘爲主，簡文書體以隸書、隸草爲主，草書次之，篆書、行

---

① 于淼：《漢代隸書異體字表與相關問題研究》，博士學位論文，吉林大學，2015年。
② 王姣：《敦煌漢簡用字研究》，碩士學位論文，西北師範大學，2014年。
③ 劉玉環：《秦漢簡帛訛字研究》，中國書籍出版社，2013年。

書、楷書偶有使用，書體類型豐富、特徵鮮明，研究成果頗豐。

　　林進忠《武威漢代醫簡的行草書法》①主要探討了武威醫簡的行草書法表現，認爲這批簡牘是東漢早期的抄錄墨迹，簡文書寫年代正是漢代隸行與隸草發展成熟時期，對草書的起源發展以及行書、草書的文字形體研究都有重要的價值。

　　李洪智《漢代草書研究》②以《居延新簡——甲渠候官》中的草書爲主要研究對象，參考近世出土的、年代較早的簡牘文字材料，如馬王堆漢墓出土的簡帛文字、銀雀山漢墓出土的竹簡文字等，探討了漢代草書的源流、草化方式、系統性特點及其在漢字史上的地位等。

　　陸錫興《漢代簡牘草字編》③緒論部分“論漢代草書”對草書的起源、漢代草書的特點及漢代草書在文字發展史上的意義都有精到的論述，草書字形編部分是漢簡草書研究的重要參考資料。

　　黄修珠《論古代簡牘書寫方式與今草的形成》④認爲書體發生在漢魏六朝，其書寫方式在書體發生及書風變革中有重要作用。簡牘書寫方式主導了草書由隸草、章草向今草發展的方向，是今草形成的重要原因。

　　李洪財《漢簡草字整理與研究》⑤全面闡釋了漢簡草書的整理研究現狀。該論文以漢中後期簡牘爲主，對漢簡草字的文字特點、書寫情況、釋文整理等進行了全面的考察。内容分上、下編，上編爲緒論和專題討論，下編爲“漢代簡牘草字彙編”，是繼陸錫興《漢代簡牘草字編》之後又一漢簡草字研究力作。論文深入系統地探究了漢簡草字特點，同時歸納了漢簡草字考釋的方法，下編的“漢代簡牘草字彙編”對漢簡文字研究具有重要的參考價值。

　　此外，于豪亮的《釋漢簡中的草書》⑥、吳照義與胡穎文合著的《居

① 林進忠：《武威漢代醫簡的行草書法》，《藝術學報》1992 年第 72 期。
② 李洪智：《漢代草書研究》，北京師範大學出版社，2014 年。
③ 陸錫興編：《漢代簡牘草字編》，上海書畫出版社，1989 年。
④ 黄修珠：《論古代簡牘書寫方式與今草的形成》，碩士學位論文，河南大學，2006 年。
⑤ 李洪財：《漢簡草字整理與研究》，博士學位論文，吉林大學，2014 年。
⑥ 于豪亮：《釋漢簡中的草書》，《于豪亮學術文存》，中華書局，1985 年。

延漢簡與漢代草書》[①]、吳照義與王琪合著的《漢代草書與簡化字》[②]和《居延漢簡草書的内部結構及外部特點——兼論草書對隸變的影響》[③]亦值得一讀。

　　申硯歌《懸泉漢簡的文字流變研究》[④]結合文字學和書法學研究成果，從漢字發展史的角度梳理了篆字、隸字、草字概念，通過縱向、橫向及内部字形的對比，歸納出字形省簡、合並、變形、抽象等流變規律。

　　書體理論綜合研究成果，如：徐舒桐《居延漢簡書體研究》[⑤]通過與同時期的碑刻文字和殘紙文字的比較，梳理出了居延漢簡的隸書、草書、楷書、行書等字體演變脉絡及其演變規律，從書寫材料的角度來考察字體的演變進程，進而認爲書寫材料對書體的演變有著重要的影響。

　　林雪《居延漢簡字體風格研究》[⑥]以啓功和王寧的字體理論爲基礎，結合書法理論對居延漢簡文字的字體風格和成因進行了系統的分析，認爲居延漢簡字體以隸書爲主，草書次之，兼有行書、楷書和一些帶有篆意的字。

　　楊二斌《西漢官文書運行書體研究》[⑦]根據官文書抄寫對象的不同研究官文書書體使用的差異，認爲下行文書使用隸書、篆書，上行文書使用籀文，平行文書使用隸書、偶見草書；西漢官文書書體遵循"以尊卑地位來決定使用書體之古今"的規則。

　　陳維德《從〈額濟納漢簡〉看漢代文字的發展——兼談啓功先生古代字體論》[⑧]從文字學及字體演變的角度論述了額濟納漢簡中的古隸、八分、草

---

① 吳照義、胡穎文：《居延漢簡與漢代草書》，《南昌高專學報》2004 年第 4 期。

② 吳照義、王琪：《漢代草書與簡化字》，《南昌高專學報》2005 年第 6 期。

③ 吳照義、王琪：《居延漢簡草書的内部結構及外部特點——兼論草書對隸變的影響》，《時代文學》2007 年第 5 期。

④ 申硯歌：《懸泉漢簡的文字流變研究》，碩士學位論文，蘭州大學，2015 年。

⑤ 徐舒桐：《居延漢簡書體研究》，碩士學位論文，鄭州大學，2014 年。

⑥ 林雪：《居延漢簡字體風格研究》，碩士學位論文，河北師範大學，2013 年。

⑦ 楊二斌：《西漢官文書運行書體研究》，碩士學位論文，山西師範大學，2010 年。

⑧ 陳維德：《從〈額濟納漢簡〉看漢代文字的發展——兼談啓功先生古代字體論》，《第三屆啓功書法學國際研討會論文集》，文物出版社，2009 年。

書以及楷書的萌芽。

拙文《肩水金關漢簡的書體類型》[1]指出肩水金關漢簡涵蓋了篆書、隸書、隸草、草書、楷書、行書六大類書體，詳細分析了各類書體在簡文中的使用情況、發展演變情況以及各書體的特徵。

三、文字編

近年來西北漢簡的文字編成果日漸豐富，除敦煌簡及未出版的簡牘外，武威漢簡儀禮簡、武威漢代醫簡、額濟納漢簡、居延漢簡、居延新簡，以及肩水金關漢簡均有文字編，分別爲：

陳榮傑《〈武威漢簡·儀禮〉整理研究》[2]編寫了簡本《儀禮》的逐字索引和文字編，該文字編字形採用張邦彥的摹本，附篇名和辭例，并將簡本《儀禮》收字情況與《說文》進行對比研究，分析簡本《儀禮》的俗寫異體情況。另外，台灣學者徐富昌1995年出版的《武威儀禮漢簡文字編》，該書還將簡本《儀禮》與今本《儀禮》進行異文對照，編成“異文編”，藉以觀察典籍異文的現象和表現形式。

劉立勛《武威漢代醫簡文字編及集釋》[3]中的字編字形來源於1975年文物出版社出版的《武威漢代醫簡》窮盡式地收錄了原簡以及摹寫本字形，字形模糊者只收摹寫本字形。該字編較爲完整地呈現了此批簡文的文字書寫情況。

王凱博《額濟納漢簡文字編》[4]中所收字形來源於2005年廣西師範大學出版社出版的《額濟納漢簡》，字編除字迹無法辨識或筆迹雜亂的字形以及難以裁出單字的字形不予收錄外，其他的字形均收錄，每個字形下附有出處和辭例，附錄部分收錄了一批殘文和模糊字形。

---

[1] 黃艷萍：《肩水金關漢簡的書體類型》，《中國書法》2017年第8期。
[2] 陳榮傑：《〈武威漢簡·儀禮〉整理研究》，碩士學位論文，西南大學，2006年。
[3] 劉立勛：《武威漢代醫簡文字編及集釋》，碩士學位論文，吉林大學，2012年。
[4] 王凱博：《額濟納漢簡文字編》，碩士學位論文，吉林大學，2014年。

白海燕《"居延新簡"文字編》①包括正編、合文、附錄三部分：正編共十四卷，以楷書立字頭，見於《説文》者以《説文》爲序，並列相應小篆；《説文》未收者，右上角標以"＊"號，並標有簡號和辭例。合文部分按原簡合書呈現，以首字音序排列。附錄有疑難字列表。此文字編收錄居延新簡字形較全，對居延新簡文字研究有參考價值。

任達《〈肩水金關漢簡（壹）〉文字編》②收錄了《肩水金關漢簡》第一卷中的 1307 個字頭，選取有代表性的字形，同時兼顧辭例，字形不清或者不全者一般不收錄，每字所選字形數量不超過 12 例。

李瑶《居延舊簡文字編》③的字形來自《居延漢簡甲乙編》《居延漢簡補編》，每個字頭下所選的字形兼顧字迹清晰程度及使用頻率，有釋文但所見圖版無法提取形體者不收錄該字頭及字形。字編附有無法辨識的字及合文附錄。

黄艷萍、張再興《肩水金關漢簡字形編》④收錄了肩水金關漢簡壹至伍卷中的 68811 個清晰的字形，全書編爲六卷。字形編主體部分包括：字形正編、合文表、未釋字表、字頻表、未收字出處索引等。字形正編收錄 2202個字頭，各字頭下包括隸定字頭、《説文》正篆字形、肩水金關漢簡字形三部分，正編字形來源於《肩水金關漢簡》各卷中的紅外綫掃描圖版，疑難字形附有按語説明。字頻表列出每個字的使用頻率。"未收字出處索引"列出因字形殘損模糊等原因未收入正編的 66800 個字形的出處簡號，此索引與字形編一起可兼具逐字索引的功能。

此外，姚磊《肩水金關漢簡釋文合校》⑤對肩水金關漢簡中的疑難字詞進行了細緻的考釋，匯集了各家觀點，此書也是肩水金關漢簡字詞研究的新

---

① 白海燕：《"居延新簡"文字編》，博士學位論文，吉林大學，2014 年。
② 任達：《〈肩水金關漢簡（壹）〉文字編》，碩士學位論文，吉林大學，2014 年。
③ 李瑶：《"居延舊簡"文字編》，博士學位論文，吉林大學，2014 年。
④ 黄艷萍、張再興：《肩水金關漢簡字形編》，學苑出版社，2018 年。
⑤ 姚磊：《肩水金關漢簡釋文合校》，中國社會科學出版社，2021 年。

成果，具有較高的參考價值。

綜上三類文字研究成果，書體研究和文字編成果較爲豐富，西北漢簡文字構形理論梳理、簡文用字研究尚有較大研究空間。我們以肩水金關漢簡異體字爲研究對象，並與同性質的其他西北漢簡中的異體字字形進行比較，旨在更加全面地描述新出的這批簡文異體用字情況、異體字個性特徵及其在漢字發展史上的意義。

前文概述的西北漢簡異體字研究現狀表明，已有的西北漢簡異體字在研究方法上主要以傳統研究模式爲主，即異體字形分類、歸納異體字特徵及產生原因、具體異體字字形的辨析等。我們在傳統的異體字研究方法基礎之上，試圖使用文獻分析法和定量統計法對肩水金關漢簡中的異體字進行探討，同時將這批異體字放在共時和歷時層面去觀察它們的個性和共性特徵，以更加全面地描述肩水金關漢簡異體字的面貌。

四、肩水金關漢簡異體字研究的意義

根據肩水金關漢簡中保存的紀年簡情況，可判定這批簡牘的斷代大致在西漢中晚期至東漢初期，這一時期正是今文字的過渡與形成階段，簡文用字情況複雜，異體字現象尤爲突出，我們以此爲研究對象，其意義在於：

第一，肩水金關漢簡異體衆多，梳理異體字有助於簡文的釋讀與理解。肩水金關漢簡以書檄、簿籍、刺課符券、檢楬等爲主，是西漢中晚期至東漢初期西北邊境屯戍人員日常生活用字的反映。簡文書手衆多，書寫水平參差不齊，導致簡文異體字較多，而簡文中大量的異體字妨礙了簡文的釋讀與理解，尤其是訛混異體極易造成簡文的誤釋。全面梳理簡文中的異體字有助於簡文疑難字詞的釋讀。

第二，肩水金關漢簡異體研究有助於漢字字形演變規律的研究。通過對肩水金關漢簡異體字變異規律的歸納和分析，呈現漢字字形演變的過程與結果，從而有助於了解西漢中晚期到東漢初期的漢字字形演變規律。

第三，肩水金關漢簡異體字研究有助於漢字字形的追根溯源。肩水金關漢簡紀年跨度較長，文字數量豐富，書手衆多，書體複雜，進而異體紛呈。在衆多的異體中有的字形被後世繼承使用，是後世字形的源頭；大量的草寫簡化字被後世漢字繼承，是簡化字溯源的主要依據。有的異體則是處於古文字與後世文字的中介點，通過這個中介字形能繫聯字形古今演變過程。肩水金關漢簡是西漢中晚期至東漢初期的簡牘，其文字是能夠反映過渡時期的文字使用面貌，本身也是漢字前後字形追根溯源的依據之一。

第四，肩水金關漢簡異體字研究還有助於文字編字頭的歸納和疑難字詞的考釋。字頭歸納是編纂文字編最重要的工作之一，肩水金關漢簡異體字的研究有助於肩水金關漢簡文字編字頭歸納。此外，某些異體的演變特徵還有助於相關疑難字的隸定與釋讀。

第二章
肩水金關漢簡文獻解讀

肩水金關漢簡異體字研究，首先要對這批簡牘材料有全面的了解和清楚的認識，包括簡牘的紀年斷代、簡文的内容性質、文字書體狀況等方面。肩水金關漢簡中的紀年簡、曆譜簡以及可考證的日期簡是這批簡文斷代的直接依據，儘可能多地校考出簡文中的具體紀年有助於更爲準確地把握簡文的書寫年代，在相對準確的斷代範圍内討論簡文中的異體字問題也更有意義。明確簡文内容的性質屬性有助於簡文書寫者、受衆對象的判斷，據此可考察異體字産生的内在原因。書體與異體字密切相關，書體是書寫活動的結果，異體在書寫活動中産生，不同書體間的字形差異是廣義上的異體，異體字則應在相同或相近的書體中討論。因此，了解肩水金關漢簡中的書體現狀也是研究異體字的基礎。

第一節 肩水金關漢簡中的紀年簡

肩水金關漢簡中的紀年簡、曆譜簡、可考證的日期簡是簡文紀年斷代的直接依據，簡文中部分具有特殊時代特徵的字詞和有紀年的多枚簡册編聯亦有助於這批簡牘的斷代。《肩水金關漢簡》各卷中紀年簡的數量及紀年範圍統計如下：

第一卷中紀年簡、曆譜簡、日期簡約 497 枚①，紀年簡所載最早的紀年爲漢武帝太初五年（公元前 100 年，見 T4:107 簡 "大初五年"，即天漢元年），最晚的爲新莽始建國四年（公元 12 年，見 T7:50 簡 "始建國三年正月癸亥"）。

第二卷中紀年簡、曆譜簡、日期簡約 534 枚，紀年簡所載最早的紀年爲漢武帝延和（簡文中又寫作 "征和"）三年（公元前 90 年，見 T24:208 簡 "延和三年癸丑"），最晚的紀年爲始建國五年（公元 13 年，見 T23:2 簡 "始建國五年六月戊午"）。

第三卷中紀年簡、曆譜簡、日期簡約 339 枚，紀年簡所載最早的紀年爲漢昭帝元鳳二年（公元前 79 年，見 T26:16 簡 "元鳳二年二月癸卯"），最晚的紀年爲漢平帝元始五年（公元 5 年，見 T24:616A 簡 "元始五年三月乙丑朔戊辰"）。

第四卷紀年簡、曆譜簡、日期簡約 638 枚，紀年簡所載最早紀年爲漢昭帝元鳳二年（公元前 79 年，見 F1:31 簡 "元鳳二年二月癸卯"），最晚的紀年爲東漢光武帝建武三年（公元 27 年，見 F1:25 簡 "建武三年五月丙戌朔壬子"）。

第五卷紀年簡、曆譜簡、日期簡約 226 枚，紀年簡所載最早的紀年爲漢宣帝本始四年（公元前 70 年，見 72EDAC:8 簡 "本始四年三月乙巳朔戊辰"），最晚的紀年爲東漢和帝元興元年（公元 105 年，見 72EJC:77A/B 簡 "元興元年"）。

綜上，肩水金關漢簡中紀年簡、曆譜簡、日期簡共計約 2234 枚，其中原簡有明確紀年的簡 939 枚。從簡文中的紀年簡、曆譜簡，以及可考證的日期簡來看，肩水金關漢簡大致書寫於漢武帝太初五年至東漢和帝元興元年期間，歷時 205 年。本節將校訂簡文中有訛誤的紀年簡、考證曆譜簡和日期簡，並推測部分特殊簡冊的紀年，以更加準確地給肩水金

---

① 此數據按簡牘的書寫面計算，如觚的 A/B/C 等單面均書有文字，則統計作 3 枚簡。

關漢簡斷代。

一、相關簡牘的紀年簡研究概述

西北漢簡紀年簡校考文章較多，與本文密切相關的校考成果有羅見今、關守義利用中國曆法的五個周期性對相關簡文中的日期簡和曆譜簡進行了年代考釋。①羅見今在《〈居延新簡——甲渠候官〉中的月朔簡年代考釋》②和《敦煌漢簡中月朔簡年代考釋》③中考釋了這兩批漢簡中的部分月朔簡的紀年。張俊民《居延漢簡紀年考》④用朔日考證紀年的方法對居延漢簡中的 145 枚簡牘進行了校考。洪春榮《額濟納漢簡紀年初考》⑤考訂了額濟納漢簡中的訛誤紀年簡。

曆譜考證方面成果如下：陳久金《敦煌、居延漢簡中的曆譜》⑥從漢簡曆譜與所記干支、月朔、節氣和曆注、閏法四個方面討論了敦煌、居延漢簡中的曆譜；羅見今、關守義《〈居延新簡——甲渠候官〉六年曆譜散簡年代考釋》⑦考釋了六年曆譜散簡的年代；羅見今《敦煌漢簡中曆譜年代之再研究》⑧補證了前人對敦煌漢簡曆譜的研究，考釋出 262 號簡的紀年應爲漢宣帝五鳳二年（公元前 56 年）；孫東波《〈額濟納漢簡〉所見日曆研究》⑨從

① 羅見今：《敦煌馬圈灣漢簡年代考釋》，《敦煌研究》2008 年第 1 期；羅見今、關守義：《〈額濟納漢簡〉年代考釋》，《敦煌研究》2012 年第 2 期。
② 羅見今：《〈居延新簡——甲渠候官〉中的月朔簡年代考釋》，《中國科技史料》1997 年第 3 期。
③ 羅見今、關守義：《敦煌漢簡中月朔簡年代考釋》，《敦煌研究》1998 年第 1 期。
④ 張俊民：《居延漢簡紀年考》，《簡牘學研究》第三輯，2002 年。
⑤ 洪春榮：《額濟納漢簡紀年初考》，載孫家洲主編《額濟納漢簡釋文校本》，文物出版社，2007 年。
⑥ 陳久金：《敦煌、居延漢簡中的曆譜》，載中國社會科學院考古研究所編《中國古代天文文物論集》，文物出版社，1989 年。
⑦ 羅見今、關守義：《〈居延新簡—甲渠候官〉六年曆譜散簡年代考釋》》，《文史》第四十六輯，中華書局，1998 年。
⑧ 羅見今：《敦煌漢簡中曆譜年代之再研究》，《敦煌研究》1999 年第 3 期。
⑨ 孫東波：《〈額濟納漢簡〉所見日曆研究》，《河北經貿大學學報（綜合版）》2009 年第 2 期。

釋文整理誤釋、書手問題以及與《二十史朔閏表》《中國史曆日和中西曆日對照表》兩書推斷之間的矛盾進行探討，討論了該簡文中的曆日問題；曾磊《額濟納漢簡所見曆譜年代考釋》[①]考證了額濟納漢簡中漢平帝元始元年（公元 1 年）和漢成帝建始二年（公元前 31 年）曆譜。

　　肩水金關漢簡紀年簡研究成果有羅見今、關守義《〈肩水金關漢簡（壹）〉八枚曆譜散簡年代考釋》[②]，該論文考釋了 T5:56、T5:58、T6:70、T9:115、T9:282、T10:272、T10:272、T10:274 八枚曆譜簡的年代；程少軒《〈肩水金關漢簡（壹）〉曆譜簡初探》[③]亦討論了上述八枚曆譜並復原了相應年份的曆譜表；肖從禮《金關漢簡所見新舊年號並用現象舉隅》[④]分析了金關漢簡中新舊年號並用的現象，認爲此現象係改元詔書未能及時到達當地所致。此外羅見今、關守義《〈肩水金關漢簡（壹）〉紀年簡考釋》[⑤]、《〈肩水金關漢簡（貳）〉曆簡年代考釋》[⑥]也考釋了《肩水金關漢簡》壹、貳卷中的紀年簡。

　　我們借鑒前輩學者以“朔日考證紀年”的方法，根據探方內紀年簡分布的相對集中性，對部分日期簡進行了考證，以確定該日期的紀年。同時，參考陳垣的《二十史朔閏表》[⑦]、饒尚寬的《春秋戰國秦漢朔閏表》[⑧]、徐錫祺的《西周（共和）至西漢曆譜》[⑨]等相關的曆譜表，對肩水金關漢簡

---

① 曾磊：《額濟納漢簡所見曆譜年代考釋》，載孫家洲主編《額濟納漢簡釋文校本》，文物出版社，2007 年。

② 羅見今、關守義：《〈肩水金關漢簡（壹）〉八枚曆譜散簡年代考釋》，《敦煌研究》2012 年第 5 期。

③ 程少軒：《〈肩水金關漢簡（壹）〉曆譜簡初探》，復旦大學出土文獻與古文獻研究中心網站，2011 年 9 月 1 日。

④ 肖從禮：《金關漢簡所見新舊年號並用現象舉隅》，《魯東大學學報（哲學社會科學版）》，2012 年第 5 期。

⑤ 羅見今、關守義：《〈肩水金關漢簡（壹）〉紀年簡考釋》，《敦煌研究》2013 年第 5 期。

⑥ 羅見今、關守義：《〈肩水金關漢簡（貳）〉曆簡年代考釋》，《敦煌研究》2014 年第 2 期。

⑦ 陳垣：《二十史朔閏表》，中華書局，1962 年。

⑧ 饒尚寬：《春秋戰國秦漢朔閏表》，商務印書館，2006 年。

⑨ 徐錫祺：《西周（共和）至西漢曆譜》，北京科學技術出版社，1997 年。

中的紀年簡、曆譜簡、日期簡進行校考。①

二、紀年簡校訂

《肩水金關漢簡》中 939 枚紀年簡是這批簡牘斷代的直接依據，但在這些紀年簡中有的紀年月朔矛盾，有的是整理者誤釋。我們將這些紀年有誤的紀年簡進行校釋，以確保這些紀年的準確性，利於簡牘斷代分析。

1.T1:125A　本始二年八月辛卯朔戊申居延户曹佐☑

按："本始二年八月辛卯朔"有誤。據陳、饒、徐三家曆譜表，本始二年八月皆爲甲申朔。T21:235 簡"本始二年五月乙酉朔庚"②，與陳、饒、徐三家曆譜表中本始二年五月乙酉朔相合。斯琴畢力格等《太初曆特殊置閏問題》一文指出本始二年五月屬特殊置閏。③依五月乙酉朔類推，閏五月到八月的朔日干支分別爲：閏五月乙卯、六月甲申、七月甲寅、八月甲申。故本簡"八月辛卯朔"有誤，當爲"甲申朔"，本始二年八月甲申朔戊申，即本始二年八月二十五日。此處爲原簡之誤。

2. T3:58A　綏和六年三月己巳朔癸酉肩水候憲□☑

按："綏和六年"有誤，根據原簡圖版" 　　 "字形特徵，當隸定爲"二"字。此處係整理者誤釋。綏和年號中無第六年，查其他漢簡資料亦無綏和六年的記錄。T3:118B 簡"綏和二年三月己卯"，根據陳、饒、徐三家曆譜表，綏和二年三月爲"己巳"朔，"己卯"日爲第十六日，故綏和二年三月朔日確爲

---

① 按：下文紀年簡校考成果引自拙文《〈肩水金關漢簡（壹）〉紀年簡校考》《敦煌研究》2014 年第 2 期；《〈肩水金關漢簡（貳）〉紀年簡校考》，載《簡帛研究二〇一三》，山東教育出版社，2014 年；《〈肩水金關漢簡（叁）〉紀年簡校考》，《敦煌研究》2015 年第 2 期。引用時有部分修改。
② 本節引用其他紀年簡時只引其紀年部分，其他内容暫不引用。
③ 斯琴畢力格、關守義、羅見今：《太初曆特殊置閏問題》，《内蒙古師範大學學報（自然科學漢文版）》2007 年第 6 期。

"己巳"，與本簡正合。綏和二年三月己巳朔癸酉，即綏和二年三月初五。

3. T4:98A ☑和宜便里年卅三歲姓吳氏故驪軒苑斗食嗇夫酒神爵二年三月庚寅以功次遷爲

按："神爵二年三月庚寅"有誤。EPT56:275 簡[1]"神爵二年六月乙亥朔丙申"與陳、饒、徐三家曆譜表中的神爵二年六月乙亥朔相合。EPT56:283A 簡"神爵二年五月乙巳朔乙巳"亦與陳、饒、徐三家曆譜表的"五月乙巳朔"相合。T22:25 簡"神爵二年正月丁未朔癸酉"與陳、饒、徐三家曆譜表的朔閏也相合。依這三個月的朔日干支順序類推，神爵二年三月爲丙午朔，庚寅爲第四十五日，故該年三月無庚寅日。此處"庚寅"日爲原簡之訛誤。

4. T4:113A 河平三年十月丙戌朔丙肩水守候 ☑

T4:113B 河平三年十月丙子朔丙戌肩水守候 塞 塞尉寫移過所河 ☑

按：該簡牘的正反兩面皆有文字，A 面爲正面，B 面爲背面。A、B 兩面上的文字筆跡和行文風格極近，兩面文字均有殘損，内容應屬符傳性質的文書，所記錄的時間可能相同。EPT51:207 簡"河平三年十月丙戌朔癸丑"，與陳、饒、徐三家曆譜表中河平三年十月丙戌朔相合。故該年十月爲丙戌朔無疑。T4:113B 與 T4:113A 可互證。T4:113A 簡"丙戌朔丙"的第二個"丙"字後疑脱"戌"字，T4:113B 中"丙子"乃"丙戌"之誤。

5. T4:179 ☑初元年十月甲午朔庚午尉卿☑ ☑

按："初元年十月甲午朔"有誤。"初元年"中"元"字後脱一個"元"字，當爲"初元元年"。張小鋒《漢簡與〈二十史朔閏表〉所記互異月日對

---

① 本文所引帶"EPT"字母的簡號皆出自《居延新簡——甲渠候官》。

校》中指出"初元年"確爲"初元元年"（引何雙全的觀點）。[1]居延新簡和肩水金關漢簡中"初元元年"均寫作"初元年"，如：EPT51:193 簡"初元年三月"、EPT53:109B 簡"初元年五月"、T9:333 簡"初元年，霸從追"、T10:376 簡"初元年八月乙丑"等，無"初元元年"的寫法。疑當時口語省讀爲"初元年"，受口語的影響寫作"初元年"。EPT51:193 簡"初元年三月乙卯"，據陳、饒、徐三家曆譜表，初元元年三月丁酉朔乙卯爲三月十九日，故初元元年三月丁酉朔，無誤。依次類推每月的朔日干支，到初元元年十月當爲甲子朔，而非甲午朔。又據原簡圖版"▨"，字形雖模糊，但從基本輪廓看，應爲"子"字而非"午"字，"午"係整理者誤釋，初元元年十月甲子朔庚午，即初元元年十月初七。

6. T5:22 神爵四年二月己未朔丁□□□ ▨

衣用謹疎年長物色調移

按："神爵四年二月己未"有誤。EPT53:38 簡"神爵四年二月丙申"，據陳、饒、徐三家曆譜表神爵四年二月朔爲乙未，丙申日爲二月初二，故神爵四年二月乙未朔無誤。又 EPT52:452 簡"神爵四年八月壬辰朔丁酉"與陳、饒、徐三家曆譜表中的神爵四年八月壬辰朔相合，以此月朔日干支往前類推神爵四年二月朔亦當爲乙未。由於"己"和"乙"手寫時極易混，故"己未"當爲"乙未"之誤寫。

7. T7:50 始建國三年正月癸亥執　東望隧卒成▨

按：據《漢書·王莽傳》記載："以十二月朔癸酉爲建國元年正月之朔。"[2]此後行丑正。饒、徐兩位學者在排曆譜時按照史書記載的以十二月爲正，他們的曆譜表中始建國元年正月爲癸酉朔，而陳垣雖在《二十史朔閏表》中也注

---

① 張小鋒：《漢簡與〈二十史朔閏表〉所記互異月日對校》，《簡牘學研究》第三輯，2002 年。

② 班固撰、顏師古注：《漢書·王莽傳上》，中華書局，1962 年，第 4095 頁

明了"（居攝三年）十一月戊午改初始莽改始建國，以十二月爲正"①，但他在排曆譜表時以始建國元年正月爲癸卯朔。自此饒、徐曆譜表與陳垣曆譜表的朔閏就略有差別。饒、徐曆譜表中始建國三年正月爲丙戌朔，陳垣曆譜表中始建國三年正月爲乙卯朔，本簡中日干支爲"癸亥"，從三家曆譜表中的朔日干支來看，該月是不存在癸亥日的，此處紀年或爲原簡書寫錯誤。

8. T7:67　黃龍元年九月丙子朔　☒　　☒

按："黃龍元年九月丙子朔"有誤。T11:1 簡"黃龍元年十一月己亥朔辛丑"與陳、饒、徐三家曆譜表中的黃龍元年十一月己亥朔相合，依此月朔日干支類推，九月當爲庚子朔，而非丙子朔。此簡疑爲書寫時將"庚子"誤寫作"丙子"所致。

9. T7:92　鴻嘉二年六月丁丑
家屬俱客□□□☒

按："鴻嘉二年六月丁丑"有誤。EPT51:410A 簡"鴻嘉二年六月丁未"中的"丁未"若爲朔日干支正與陳、饒、徐三家曆譜表中的鴻嘉二年六月丁未朔相合。EPT52:266 簡"鴻嘉二年二月己酉朔壬申"與陳、饒、徐三家曆譜表中的鴻嘉二年二月己酉朔相合。依此二月的朔日干支類推，六月亦爲丁未朔，則"丁丑"不是該月朔日干支。若爲日期干支，則爲第三十一日，該月無"丁丑"日。雖原簡殘損嚴重，但根據原簡殘存的筆畫來看，"丁丑"應是"丁未"之誤。

10. T7:208　甘露元年七月戊□朔□☒

按："甘露元年七月戊□朔"有誤。T9:29A 簡"甘露元年閏月乙未朔乙卯"（是年閏五月）、T10:335 簡"甘露元年正月丁卯朔己巳"、T10:441

---

① 陳垣：《二十史朔閏表》，中華書局，1962 年，第 22 頁。

簡 "甘露元年九月癸巳朔癸丑" 與陳、饒、徐三家曆譜表中甘露元年閏五月乙未朔、正月丁卯朔、九月癸巳朔相合。依這幾月的朔日干支順序類推，七月當爲甲午朔，而不是 "戊□朔"。原簡殘損嚴重，筆畫殘存甚少，據原簡字形來看，"元年" 疑爲 "二年"，"元" 常寫作 "元" "元" 等，其最後一筆略向上挑，而此簡中殘存的筆畫爲 "　　"，不具有此特點，更似 "二" 字的第二筆。"七月戊□朔"，根據殘存筆勢爲 "七月戊" 無誤，"□" 代表的字殘存 "　"，可爲 "子" 的橫筆。若爲甘露二年七月戊子朔，與陳、饒、徐三家曆譜表中甘露二年七月戊子朔相合。因此，此簡或可補釋爲 "甘露二年七月戊子朔"。

11. T9:92A　五鳳二年五月壬子朔乙亥南鄉嗇夫武佐宗敢言之北陽曲里男子

謹案弘年廿二毋官獄徵事當得取傳里父老丁禹證謁言廷移過所□☑

六月庚寅長安守右丞湯移過所縣邑如律令掾充令史宗

T9:92B　三月壬辰不弘以來

章曰長安右丞　　　　☑

三月壬辰

　　按：根據此簡正反兩面內容的相關性及書寫的風格、字體相近等特點，此簡文字應爲同一人同時書寫，紀年應都爲五鳳二年。據陳、饒、徐三家曆譜表中，五鳳二年五月壬子朔與此簡所記朔日正合。五鳳二年三月爲癸丑朔，壬辰爲第四十日，故五鳳二年三月不可能有壬辰日。故 T9:92B 簡中的 "三月壬辰" 或爲 "三月壬戌" 之訛寫，此日期係原簡書寫有誤。

12. T9:162A　　黑色正福占五鳳四年七月巳未☑

徵事當爲傳謁言廷移過所縣道敢告慰☑

□□□□□□□□□☑

按："己未"疑爲"己丑"之誤。EPT53:229 簡"五鳳四年六月庚子朔乙丑"、T9:104"五鳳四年八月己亥朔己亥"，此二簡中的朔日與陳、饒、徐三家曆譜表中的五鳳四年六月庚子朔、八月己亥朔皆相合。依這兩月的朔日干支推算，七月爲庚午朔。五鳳四年七月庚午朔，"己未"爲第五十日，則該月不存在"己未"日。原簡圖版字形爲" "，此字應爲"丑"字，"己丑"則爲七月二十日。此處疑爲整理者誤釋。

13. T10:203A 元鳳五年十二月乙巳朔癸卯□□□□□乘敢言　☒謹移穀出入簿一編敢言之

T10:200　元鳳五年十二月乙巳朔癸亥通道廄佐敢言之謹移穀出入簿一編敢言之

按：T10:203A 簡"元鳳五年十二月乙巳朔癸卯"有誤。元鳳五年十二月乙巳朔，與陳、饒、徐三家曆譜表中元鳳五年十二月乙巳朔相合，"癸卯"爲第五十九日，該月不存在"癸卯"日。T10:200 和 T10:203A 兩簡字體和書寫風格極近，應該是出自同一人之手。T10:200 簡"癸亥"的"亥"字原簡圖版字形爲" "，此當爲"卯"字，"癸亥"係整理者修正。"癸卯"應爲原簡訛誤。整理者所改的"癸亥"暫無直接的根據。按十二月乙巳朔，癸丑、癸亥、癸酉都在這個月内，故無法判斷此簡具體爲某日。

14. T10:355A　甘露二年□月甲辰朔戊午尉史慶敢言☒

按：原簡左半部分殘損，紀年中"□月"尚不能確定，但甘露二年十二個月中無甲辰朔。EPT51:198A 簡"甘露二年二月庚申朔戊寅"、EPT53:25 簡"甘露二年五月己丑朔戊戌"、EPT53:138 簡"甘露二年八月戊午朔丙戌"、EPT56:6A 簡"甘露二年四月庚申朔辛巳"、T6:169 簡"甘露二年六月己未朔壬□"、T10:232A 簡"甘露二年十月丁巳朔壬午"、T10:313A 簡"甘露二年十二月丙辰朔庚申"等，這些簡中的朔日干支與陳、饒、徐三家曆譜表中的朔日皆相合，即甘露二年二月庚申朔、四月庚申朔、五月己丑朔、六月己未朔、八月戊午朔、十月丁巳朔、十二月丙辰朔。以此干支順序類推，剩下幾個月的朔日分別爲：正月辛卯朔、三月庚寅朔、七月戊子朔、九月丁亥朔、十一月丙戌朔。由此可知，甘露二年十二個月中沒有甲辰朔的干支。

15. T21:47

牒書獄所遷一牒

本始二年七月甲申朔甲午鱳得守獄丞却胡以私印行事敢言之肩水

都尉府移庚候官告尉謂游

檄安息等書到雜假捕此牒人毋令漏泄先聞知得定名縣爵里年姓官秩

它坐或

T21:64

本始二年七月庚子朔丁酉庫嗇夫毋患行尉事

偕謹案奉宗 ∟意毋官獄徵事當爲傳謁移過所 ⊘

七月丁酉粱守丞左尉世移過所如律令

按：兩簡本始二年七月朔日干支互異，據陳、饒、徐三家曆譜表本始二年七月爲"甲寅"朔。T21:235 簡"本始二年五月乙酉朔庚"，與陳、饒、徐三家曆譜表中的本始二年五月乙酉朔相合。居延漢簡[1]中 14.25 簡"本始二年七月癸酉除見"，陳、饒、徐三家曆譜表中該年七月甲寅朔，則癸酉爲七月二十日。據此陳、饒、徐三家曆譜表所載該年曆譜無誤，"五月乙酉朔"與"七月甲寅朔"之間必存閏月。《太初曆特殊置閏問題》指出本始二年五月屬特殊置閏。[2]依五月乙酉朔類推，閏五月乙卯朔、六月甲申朔、七月甲

---

① 本文所引"居延漢簡"內容皆引自 2014 年至 2017 年"中央研究院"歷史語言研究所出版的《居延漢簡》。

② 斯琴畢力格、關守義、羅見今：《太初曆特殊置閏問題》，《內蒙古師範大學學報（自然科學漢文版）》2007 年第 6 期。

寅朔。故本始二年七月甲寅朔，可信。因此，這兩簡中本始二年七月"甲申朔"和"庚子朔"均誤。但如果是本始二年七月甲寅朔，則甲午爲第四十一日，丁酉爲第四十四日，而該月無"甲午"和"丁酉"日。疑兩簡的書寫者未計算該年五月的特殊置閏，若爲"甲申"朔，該月有"甲午""丁酉"二日。故這兩簡中的本始二年七月或實際爲本始二年六月。

16. T21:96　河平元年十月丁酉斗食輸給執適隧長業章九月奉

按："河平元年十月丁酉"有誤。居延新簡中 EPT51:189A 簡"河平元年八月戊辰朔戊子"，EPT59:1 簡"河平元年九月戊戌朔丙辰"，與陳、饒、徐三家曆譜表中河平元年八月、九月朔日相合。依此類推，河平元年十月爲丁卯朔、十一月爲丁酉朔。故河平元年十月爲丁卯朔，無疑，則"丁酉"日爲第三十一日，而該月三十天，無"丁酉"日。疑原簡脫"一"字，或爲河平元年十一月丁酉，即十一月初一。

17. T21:98　陽朔元年三月戊申朔己卯肩水候丹移昭武書☑

按：陽朔元年三月"戊申"朔，與陳、饒、徐三家曆譜表中陽朔元年三月"戊申"朔相合，"己卯"爲三十二日，該年三月共二十九天，故無己卯日。疑"己卯"乃"乙卯"之訛。由於"己""乙"在簡文書寫中易混，"己"常寫作" "，"乙"常寫作" "，本簡" "作"己"，或爲"乙"之訛寫。陽朔元年三月戊申朔乙卯，即陽朔元年三月初八。

18. T21:111　□□候長居延西道里叔□年卅□　　始元二年五月辛未除見

按："始元二年五月辛未"有誤，據陳、饒、徐三家曆譜表，始元二年五月爲"庚子"朔，居延漢簡 275.12 簡"始元二年六月庚午朔"、88.26 簡"始元二年七月庚子朔"，與陳、饒、徐三家曆譜表始元二年六月、七月朔日相合。依此二月朔日類推，始元二年五月庚子朔當確。則"辛未"爲三十二日，而該月無"辛未"日。雖原簡殘蝕嚴重，"辛"後面的字模糊，但據該字殘留筆畫疑爲"亥"字。若爲辛亥日，即始元二年五月十二日。故疑"辛未"爲"辛亥"誤釋。

19. T21:123　本始四年六月癸亥朔丁丑肩水候史廣成

按："本始四年六月癸亥朔"有誤，據陳、饒、徐三家曆譜表本始四年六月爲"癸酉"朔。同探方 T21:137 簡"本始四年二月甲辰"，本始四年二月乙亥朔，甲辰爲第三十，依此推出本始四年六月當爲癸酉朔。張永山《漢簡曆譜》考證居延漢簡 111.6 簡"二日，丁未 丙子 丙午 乙亥 乙巳 甲戌 反支 甲辰 癸酉 建 反支 癸卯 壬申 壬寅　辛未"爲本始四年曆譜簡[1]，此爲學術界定論，故本始四年六月亦爲癸酉朔，丁丑爲第五日，疑本簡"癸亥"爲"癸酉"之誤。

20. T21:307　□□□　□□□
枚　始元七年閏月己未長世臨

按：據陳、饒、徐三家曆譜表始元七年（元鳳元年）皆閏三月壬申朔，該月則無"己未"日。居延漢簡中 65.7、65.9、65.10 三簡有"始元七年閏月甲辰"，"始元七年"即"元鳳元年"。陳夢家認爲："（始元七年）諸表皆閏三月壬申朔，惟漢簡三見'始元七年閏月甲辰'。是年應閏二月或四月壬寅朔，今采前說，則三月壬申朔有丙子與《諸侯年表》'三月丙子'相合。"[2]陳久金也指出："元鳳元年應閏三月，但據 65.7、65.9、65.10 簡有始元七年閏月甲辰則三月不應有閏。據未作因中氣[3]關係調整時的計算應閏

---

① 張永山：《漢簡曆譜》，載任繼愈主編《中國科學技術典籍通彙·天文卷》第一分册，大象出版社，1994 年，第 234 頁。
② 陳夢家：《漢簡綴述》，中華書局，1980 年，第 232 頁。
③ 按：原書表述如此，語意似乎不太通順。我們懷疑此處可能是輸入錯誤導致，實際上可能要表達的意思是：據推算，該年應是閏四月。

四月，若由此定閏月在四月，則符合常情。但又據《漢書·諸侯王表》有‘元
鳳元年三月丙子’，如這條記載無誤，則後閏二月，朔閏表應作如下調整：
閏二癸卯、三壬申。”①以上二陳之說甚確，陳、饒、徐三家曆譜表始元七
年閏三月有誤，是年當閏二月癸卯朔，“己未”爲十七日。

21. T22:34 後騂北亭長劍一斧一
　　　出斧六枚　　　五鳳二年四月癸朔己丑平樂隧長遂付士吏井卿

按：紀年“五鳳二年四月癸朔己丑”，朔日干支“癸”后脱一字。據陳、
饒、徐三家曆譜表五鳳二年四月爲“癸未”朔。T24:35A 簡“五鳳二年二月
甲申朔戊子”，與陳、饒、徐三家曆譜表的五鳳二年二月甲申朔相合，依二
月甲申朔類推，四月當爲“癸未”朔。故原簡所脱的字爲“未”，五鳳二年
四月癸未朔乙丑，即五鳳二年四月初七。

22. T23:307　鴻嘉三年六月壬寅朔壬申河東絳邑西鄉☒

按：據陳、饒、徐三家曆譜表鴻嘉三年六月壬寅朔與簡文合，T23:664
簡“鴻嘉三年六月壬寅朔甲辰”同證該年三月爲“壬寅”朔。鴻嘉三年六月
共二十九天，而“壬申”日爲第三十一日，故鴻嘉三年六月無“壬申”日，
疑“壬申”爲原簡之誤。

23. T23:347 居攝二年六月癸未☒
　　　□□□□□致

按：因簡牘殘損，“癸未”或爲朔日干支亦或爲日期干支。據陳、饒、
徐三家曆譜表居攝二年六月爲“壬子”朔。T8:51A 簡“居攝二年三月甲申
朔癸卯”與 T23:319 簡“居攝二年九月辛巳朔庚寅”，此二簡的朔日皆與陳、

① 陳久金：《敦煌、居延漢簡中的曆譜》，載中國社會科學院考古研究所編《中國古代
　　天文文物論集》，文物出版社，1989 年，第 129 頁。

饒、徐三家曆譜表中居攝二年三月、九月朔日相合。依這兩月朔日干支類推，居攝二年六月確爲壬子朔。因此，"癸未"不是該月的朔日干支，若爲日干支，"癸未"則爲第三十二日，該月只有三十天，無"癸未"日。據原簡殘存的筆畫似爲居攝二年五月癸未朔，疑"六月"乃"五月"之誤釋。

24. T23:369　☑□□□□□□□錢七千五百□錢七十□□□直錢
受降隧卒□□☑□□□□初元二年六月庚辛酒肉□□□□□□
☑□□□□□□錢六十

按：紀年"初元二年六月庚辛"中的"庚辛"皆爲天干，疑係整理者誤釋。此簡殘損嚴重，文字大多漶漫不清。釋文"庚辛"對應的原簡圖版字形分別寫作▨、▨，根據圖版字形或當隸定爲"甲午"。居延新簡EPT51:236簡"初元二年六月己丑朔癸巳"，與陳、饒、徐三家曆譜表中的初元二年六月己丑朔相合，可與T23:369簡互證。又T21:175A簡"初元二年四月庚寅朔辛卯"，也與陳、饒、徐三家曆譜表中的初元二年四月庚寅朔相合。依此朔日干支順序類推，六月己丑朔，當確。故初元二年六月甲午，即初元二年六月初六，"庚辛"或爲"甲午"之訛。

25. T23:416　元始五年□□□辛卯☑

按：此處釋文殘缺的"□□□"三字，當表示月份，滿足條件的只有"十一月"和"十二月"。若爲十二月，T23:335簡"元始五年十二月辛酉朔庚辰"，與陳、饒、徐三家曆譜表中的元始五年十二月辛酉朔相合，該月無"辛卯"日，故只能爲"十一月"。依元始五年十二月辛酉朔推算，十一月爲"辛卯"朔，與本簡所記干支正合。再據原簡殘存筆畫，此處釋文補"十一月"三字，甚確。

26. T23:701　元始五年六月甲子朔

按："元始五年六月甲子朔"有誤。據陳、饒、徐三家曆譜表元始五年六月爲"癸亥"朔。T23:786簡"元始五年四月己酉"，陳、饒、徐三家曆譜表中元始五年四月爲"乙未"朔，己酉爲第十五日，二者相合。又T23:991簡"元始五年五月乙酉"，陳、饒、徐三家曆譜表中元始五年五月爲"甲子"朔，乙酉爲第二十二日，亦合。故陳、饒、徐三家曆譜表所載該年曆譜無誤，六月爲癸亥朔，非甲子朔。本簡中釋文"六"對應的原簡圖版字形作　，字形無點筆，不似"六"字，更似"五"字。元始五年五月正爲甲子朔，此簡"六月"疑爲"五月"之誤釋。

27. T23:897　元壽二年七月丁卯朔辛卯廣昌鄉嗇夫假佐宏敢言之陽里
男子任良自言欲取傳爲家私使之武威
張掖郡中謹案良五十八更賦皆給毋官獄徵事非亡人命者當得取傳
謁移過所河津關毋苟留如律令
七月辛卯雍令　　丞鳳移過所如律令
馬車一兩用馬一匹齒十二歲牛車一兩用牛二頭　　/掾竝守令史普

按："元壽二年七月丁卯朔辛卯"有誤，據陳、饒、徐三家曆譜表元壽二年七月爲"壬戌"朔。EPT5:55A簡"元壽二年五月癸亥"、EPT59:548A簡"元壽二年十二月庚寅朔戊申"，與陳、饒、徐三家曆譜表中該年五月癸亥朔、十二月庚寅朔相合，故三表所載該年曆譜無誤。元壽二年七月爲壬戌朔，辛卯爲七月三十日。本簡"元壽二年七月丁卯朔"有誤，當爲"元壽二年七月壬戌朔"。

28. T24:31A　元始三年四月丙午朔□丑□□□□襃敢言之謹移受奉名
籍一編敢言之

按：紀年中"□丑"，未釋字"□"原簡殘留圖版字形作　，此處

殘缺字形應該爲"乙"。陳、饒、徐三家曆譜表中元始三年四月丙午朔，與
簡文"元始三年四月丙午朔"相合。元始三年四月丙午朔乙丑，即元始三年
四月二十日。故"丑"字前補"乙"字，當確。

29. T24:78　初元五年癸酉朔甲午□□鄉佐□敢告尉史龐自言爲家私
　　　　　使居延謹案毋官獄徵事當爲傳謁移函谷關入來復傳
　　　　　□過所津關毋苛留敢告尉史

按：紀年"初元五年癸酉朔甲午"，原簡"五年"後脱"五月"二字。
居延新簡 EPT51:461 簡"初元五年十月庚子朔"，與陳、饒、徐三家曆譜表
中的初元五年十月庚子朔相合。從十月庚子朔類推，初元五年五月朔爲"癸
酉"，正合此簡朔日。故此簡脱"五月"二字，初元五年五月癸酉朔甲午，
即初元五年五月二十二日。

30. T24:217　☑□　建平五年五月甲申宜禾里李邑付直徐武

按："建平五年五月甲申"有誤，建平五年即元壽元年。"敦煌和居延
漢簡中使用建平五年年號的達三十八處之多，同時也存在大量使用元壽元
年的簡"①，這種新舊年號並存的現象在漢簡中較爲普遍。陳夢家《漢簡年曆
表》指出："漢簡有建平五年十二月，改元元壽當在十二月或閏十二月。"②陳
垣認爲該年閏十一月丙寅朔，任步雲③、張小鋒④等分析"建平五年十二月丙
寅朔乙亥"時皆認爲該月閏十二月乙未朔，今從此説。從十二月丙寅朔類推，
五月己亥朔與陳、饒、徐三家曆譜表相合，則五月甲申爲第四十六日，故五
月無"甲申"日，疑原簡紀年書寫有誤。

① 李蕾：《漢代改元問題芻議》，載孫家洲主編《額濟納漢簡釋文校本》，第 323 頁。
② 陳夢家：《汉简年曆表》，《漢簡綴述》，第 234 頁。
③ 任步雲：《甲渠候官漢簡年號朔閏表》，載甘肅省文物工作隊、甘肅省博物館編《漢
　簡研究文集》，甘肅人民出版社，1984 年，第 444 頁。
④ 張小鋒：《漢簡與〈二十史朔閏表〉所記互異日月對校》，《簡牘學研究》第三輯，
　2002 年，第 166 頁。

31. T24:244 張掖肩水廣地候賓□□長昌昧死再拜□□　本始元年四月己
酉日蚤食時
騎置馳行上　入□□□長壽隧□□□隧長妻報報子□□□□
行在所公車司馬以聞
□□五年四月戊申日餔時受□□□

按："本始元年四月己酉日"有誤。陳、饒、徐三家曆譜表本始元年四月辛酉朔，T22:31 簡"本始元年四月乙酉"，乙酉爲二十五日，陳、饒、徐三家曆譜表所載該月朔日無誤。本始元年四月辛酉朔，"己酉"日爲第四十九日，故該年四月無"己酉"日。疑"己酉"爲"乙酉"之誤。

32. T24:262　本始四年九月壬戌朔丁未西鄉有秩賢敢告尉史宜歲里上
造董賁年卅五歲正令自言爲家私市　　☑

按：若本始四年九月朔爲"壬戌"，則"丁未"爲第四十六日，"壬戌"朔"丁未"日相互矛盾。陳、饒、徐三家曆譜表本始四年九月爲壬寅朔。 陳久金《敦煌、居延漢簡中的曆譜》考證居延漢簡 111.6 簡爲本始四年曆譜，並指出"按此簡干支，可推出本年十二個月的朔日干支爲：丙午、乙亥、乙巳、甲戌、甲辰、癸酉、癸卯、壬申、壬寅、辛未、辛丑、庚午"[①]，則本始四年九月確爲壬寅朔，因此"丁未"爲本始四年九月六日。此處疑"壬戌"爲"壬寅"之訛。

33. T24:284 初元年四月辛巳朔庚午肩水史譚敢言

按："初元年四月辛巳朔"中的"四月辛巳朔"與"庚午"矛盾。何雙

---

① 陳久金：《敦煌、居延漢簡中的曆譜》，載中國社會科學院考古研究所編《中國古代天文文物論集》，第 112 頁。

全①和張小鋒②分析 EPT51:193 簡 "初元年三月乙卯" 認定此簡即爲 "初元元年簡"。"初元元年" 在居延地區漢簡中常省作 "初元年"。陳、饒、徐三家曆譜表初元年三月爲丁酉朔，乙卯爲第十九日，故三家曆譜表初元元年曆譜無誤。據三月丁酉朔推算，四月當爲丁卯朔，庚午爲第四日。故 "初元年四月辛巳朔" 當爲 "初元元年四月丁卯朔"。

34. T26:13　牛一黄涂犗白腹下左斬齒七歲絜八尺　第八百九十二人
元鳳四年閏月丙申守農令久左尻以付第五令史齊卒張外人

按：據陳、饒、徐三家曆譜表，元鳳四年無閏月。但《居延漢簡釋文合校》（以下簡稱《合校》）之 299.13 簡亦有 "元鳳四年閏☒"③，同時《合校》中 "元鳳四年" 紀年簡 88.5 簡有 "元鳳四年正月丁酉"④、148.38 簡有 "元鳳四年六月乙亥"⑤，及 T10:311 簡有 "元鳳四年四月甲寅朔甲寅"。按陳、饒、徐三家曆譜表元鳳四年正月丙戌朔、四月甲寅朔、六月甲寅朔，皆與上列簡中的朔日干支不悖。故陳、饒、徐三家曆譜表中元鳳四年曆譜應無誤，且三家曆譜表以及張培瑜《三千五百年曆日天象》⑥中元鳳三年皆閏十一月，故元鳳四年不可能有閏月。再據斯琴畢力格等《太初曆特殊置閏問題》對太初曆的 15 次特殊置閏的研排⑦，亦不見元鳳四年的置閏。故 T26:13 與 299.13 簡的 "元鳳四年閏月" 或有誤。

---

① 何雙全：《居延漢簡研究》，載《國際簡牘學會會刊》第二號，蘭臺出版社，1996 年，第 104 頁。
② 張小鋒：《漢簡與〈二十史朔閏表〉所記互異日月對校》，《簡牘學研究》第三輯，2002 年，第 167 頁。
③ 謝桂華、李均明、朱國炤：《居延漢簡釋文合校》，文物出版社，1987 年，第 491 頁。
④ 同上書，第 153 頁。
⑤ 同上書，第 247 頁。
⑥ 張培瑜：《三千五百年曆日天象》，大象出版社，1997 年。
⑦ 斯琴畢力格、關守義、羅見今：《太初曆特殊置閏問題》，《内蒙古師範大學學報（自然科學漢文版）》2007 年第 6 期。

35. T26:87 河平五年五月庚子朔丙午都鄉守嗇夫敢言之肩水里男子王
野臣自言爲都尉丞從史徐興取傳謹案戶籍臧官者野臣爵大夫年十
九毋官獄徵事當得以令取傳謁移過所津關毋
五月丙午居延令宣守丞城倉丞赦移過所縣道毋苛留止如律令、掾□

按：紀年“河平五年”有誤，疑似爲“河平元年”。釋文“五”所對應
的原簡圖版字形寫作，當隸定作“元”字，撇筆和捺筆連寫，同簡中“五”
字寫作，兩字形體有差別。居延新簡 EPT51:189A 簡“河平元年八月戊辰
朔戊子”[1]及 EPT59:1 簡“河平元年九月戊戌朔丙辰”[2]，該年該月朔日與
陳、饒、徐三家曆譜表相合，河平元年五月正爲庚子朔，可信。河平元年庚
子朔丙午，爲河平元年五月初七。

另外，據《合校》35.22A 簡“河平五年正月己酉朔丙寅”[3]，與陳、饒、
徐三家曆譜表的陽朔元年正月己酉朔正合。肩水金關漢簡 T21:102A 簡“陽
朔元年五月丁未朔丁卯”以及 T21:98“陽朔元年三月戊申朔己卯”與三家曆
譜表亦合。“河平五年五月”應爲“丁未朔”而非“庚子朔”，且該年五月
“丁未朔”無“丙午”日。故整理釋文誤將“元”字釋作“五”字。

36. T28:56 河平三年七月丙戌居延丞□爲傳送囚
☑閏月丙寅入金關南　　八月戊子出金關北
鱳得

按“閏月丙寅”有誤，此簡應均爲河平三年。據陳、饒、徐三家曆譜
表，河平三年閏六月戊子朔，則該月無丙寅日。《合校》269.3 簡“河平三
年正月庚寅朔丁巳”[4]，居延新簡 EPT51:207 簡“河平三年十月丙戌朔癸

① 甘肅文物考古研究所等編：《居延新簡——甲渠候官》，第 80 頁。
② 同上書，第 156 頁。
③ 謝桂華、李均明、朱國炤：《居延漢簡釋文合校》，第 57 頁。
④ 同上書，第 452 頁。

丑”①，與三家曆譜表該年該月朔日相合，故七月丁巳朔、八月丁亥朔，與簡中七月丙戌、八月戊子相合，故閏六月爲戊子朔可信，無丙寅日。按此簡語境，河平三年七月丙戌押送囚犯，不太可能閏六月入金關南，八月戊子出金關北，關南到關北無須這麽長的時間，故疑“閏月”或爲原簡書寫錯誤，應該爲“七月”。

37. T32:5A ☑□長　初元四年四月丙子朔戊午臨莫隧 ……

按：紀年“初元四年四月丙子朔戊午”有誤，丙子朔，無戊午日。據陳、饒、徐三家曆譜表，初元四年四月爲己卯朔。T10:127 簡“初元四年四月己卯盡癸未”、T32:16A 簡“初元四年正月辛亥朔”，這兩簡的朔日與陳、饒、徐三家曆譜表中的該年該月朔日相合，故初元四年四月應爲己卯朔，但也無戊午日。此簡曆日爲原簡紀年書寫錯誤。

38. T34:46A 五鳳三年十二月癸卯朔庚申守令史安世敢言之復作大男
　　彭千秋故陳留郡陳留高里坐傷人論會神爵四年三月丙辰赦
　　今復作縣官一歲十月十日作日備免爲庶人道自致謁陳留過所縣道
　　河津函谷關毋苛留止如律令敢言之
　　十二月庚申居延令弘守丞安世移過所縣道河津關毋苛留止如律令
　　掾守令史安世

按：此簡中追述紀年“神爵四年三月丙辰”有誤。T37:520A 簡“神爵四年正月丙寅朔”，與陳、饒、徐三家曆譜表中神爵四年正月朔日相合，據此類推，神爵四年三月當爲乙丑朔，則該月不可能有丙辰日。神爵四年三月爲追述日期，此處疑原簡紀年抄寫錯誤。

---

① 甘肅省文物考古研究所編：《居延新簡——甲渠候官》，第 81 頁。

39. T37:223　常制曰可孝元皇帝初元四年十一月丙午下

按：此簡內容爲皇帝下達的詔書，"初元四年十一月丙午下"爲下達詔書的時間。陳、饒、徐三家曆譜表中初元四年十一月爲乙亥朔，T37:279A 簡"初元四年十月丙午朔"與陳、饒、徐三家曆譜表初元四年十月朔日相合，故初元四年十一月乙亥朔無誤，則該月無丙午日。此處紀年日期乃抄寫錯誤，"丙子"誤抄寫作"丙午"。

40. T37:389　鱳得敬老里公乘　元延二年正月辛酉

按：由於本簡紀年部分文字殘損嚴重，若依整理釋文，則"元延二年正月辛酉"有誤。陳、饒、徐三家曆譜表中，元延二年正月爲癸亥朔，T37:778 簡有"元延二年正月癸亥朔丙子"的紀年，與三家曆譜表該年月朔吻合，則元延二年正月癸亥朔無誤。故元延二年正月癸亥朔，該月無辛酉日。

41. H2:18　元康三年八月戊申南部候長

按："元康三年八月戊申"有誤。據陳、饒、徐三家曆譜表"元康三年八月辛酉朔"，無戊申日。在 T23:380 簡中"元康三年九月辛卯朔"、T30:41 簡"元康三年七月壬辰朔"與陳、饒、徐三家曆譜表中元康三年九月、七月的朔日相合，故三家曆譜表中元康三年八月辛酉朔無誤。因此，此簡的紀年日干支有誤。

42. F3:104　始建國三年三月辛酉朔辛未列人守丞　別送治簿卒張掖居
**　　　延移□□南代卒**

按："始建國三年三月辛酉朔"有誤。饒、徐兩家曆譜表中始建國三年四月均爲庚申朔，同探方 F3:76＋448A 簡"始建國三年三月庚申朔"與饒、徐兩家曆譜表該年月的朔日相合。另外，F3:155A 簡"始建國三年五月庚寅朔"、T24:36 簡"始建國三年柰月己丑朔"、F3:461＋476＋454 簡"始建國三年十一月丁亥朔"與饒、徐兩家曆譜表始建國五月、七月，十一月的朔日皆相合。而陳垣曆譜表中始建國三年四月爲庚寅朔、五月爲己未朔、七月爲戊午朔、十一月爲丙辰朔，這些朔日干支與饒、徐兩家曆譜表及簡文相應的年月朔日干支不同。產生這一誤差的原因是饒、徐二人認爲居攝三年十一月改元初始，十二月王莽建新朝，年號始建國，并以十二月爲歲首，故是年無十二月，則始建國元年正月爲癸酉朔。而陳垣曆譜表雖標注了居攝三年十一月改元情況，但仍列十二月癸酉朔，因此陳表的始建國元年正月是癸卯朔。根據西北漢簡居攝三年、始建國三年的紀年簡來看，當時的書史在書寫紀年時大概也是按居攝三年無十二月計算之後年月的朔日，由此推算下來，始建國三年四月應該是庚申朔。

43. F3:118A 始建國元年六月壬申朔乙未居延居令守丞左尉普移過所津關遣守尉史東郭 ＼ 護迎月公 鰱得當舍傳舍從者如律令　掾義令史商佐立

　　按：“始建國元年六月壬申朔”有誤，饒、徐兩家曆譜表中始建國元年六月朔日爲辛丑。T23:290 簡“始建國元年二月癸卯朔”、T24:22 簡“始建國元年八月庚子朔”、F3:125A 簡“始建國元年七月庚午朔”，三簡朔日與三家推算曆譜相合，由此可推算始建國元年六月朔日辛丑無誤，則該月無“乙未”日。但釋文“乙”對應原簡該字的圖版字形爲“＂，當隸定作“己”，則始建國元年六月辛丑朔己未，即始建國元年六月十九日。

44. F3:340 始建國五年九月壬午朔辛亥候長劾移昭武獄以律□

　　按：“始建國五年九月壬午朔”有誤。居延新簡 EPT5:1 簡“始建國五年九月丙午朔”與饒、徐兩家曆譜表里該年該月朔日相合，故始建國五年九月乃丙午朔，辛亥爲九月六日。

45. 72EJC:350　元始四年九月庚午朔肩☑

按："元始四年九月庚午朔"有誤。陳、饒、徐三家曆譜表中元始四年九月爲戊辰朔，非庚午朔。另據 T24:145 簡"元始四年三月辛未朔"、T23:278 簡"元始四年五月庚午朔"，以及居延漢簡 57.10A 簡"元始四年十二月丁酉朔"，這些簡文里記載的元始四年的三、五、十二月三個月的朔日與三家曆譜表中元始四年的相應月份朔日相同，由此可以推算出元始四年九月朔日確爲戊辰朔，庚午朔乃抄寫者誤書。

三、紀年簡考證

除上述原簡載有的明確紀年簡外，還有一部分日期簡、曆譜簡可考證相关紀年，這些考證出來的紀年有助於簡牘的斷代。

1. T3:23　五月戊子朔☑自言□父居延
　　☑年廿歲毋官獄征

按：據陳、饒、徐三家曆譜表，與"五月戊子朔"相合的紀年有後元元年、河平三年、居攝元年。《肩水金關漢簡（壹）》已有紀年簡中尚無後元元年簡，且西漢晚期居攝元年的簡在本卷中也爲數不多。T3 探方已有紀年簡中最早的爲本始四年，最晚的爲建平三年，亦無居攝年間的簡。故本簡的紀年可定爲河平三年。

2. T3:53　鬼新蕭登
故爲甲渠守尉坐以縣官事歐笞戍卒尚勃讄爵減
元延二十一月丁亥論　故鱳得安漢里正月辛酉入

按：紀年"元延二十一月丁亥"有誤。疑脫"年"字。T23:682 簡"元延二年十二月戊子朔☑"，與陳、饒、徐三家曆譜表中元延二年十二月戊子朔正合，故元延二年十一月爲戊午朔，丁亥爲第三十日。此簡記錄了蕭登因歐笞戍卒坐罪而在元延二年十一月丁亥被定罪，罪期爲三年刑徒，並於"正月辛酉"執行。"正月辛酉"應該爲"元延三年正月辛酉",即正月五日。

3. T3:114 ☑七月己卯朔己丑守令史信敢言之遣佐世辟☐
　　　☑過所金關毋留止如律令敢言之
　　　☑忠丞安富移過所金關毋留止如律令

　　按:據陳、饒、徐三家曆譜表,與"七月己卯朔"相合的紀年有天漢四年、地節四年、永光四年、元延四年。T3 探方中無天漢四年簡的記錄,故排除。地節四年、永光四年、元延四年在 T3 紀年簡中都有記錄,暫無更多的證據確定其具體年代。

4. T6:38A 露三年九月壬午朔甲申都鄉嗇夫充國以私印行小官事敢言
　　　之長秋里尚光自
　　　☐☐☐市居延謹案光年爵公乘年六十毋官獄事當得取傳謁移居
　　　延過所毋留止

　　按:"露"字前脱"甘"字。據陳、饒、徐三家曆譜表,甘露三年九月正爲壬午朔,與此簡記錄的朔日干支相合。

5. T6:39A ☐嘉二年七月丁丑朔丁丑西鄉嗇夫政敢言之成漢男子孫多
　　　牛自言爲家私市居延
　　　傳謹案多牛毋官獄征事當得取傳謁移肩水金關居延縣索出入毋苛留止
　　　七月戊寅觻得長守丞順移肩水金關居延縣索寫移書到如律令 / 掾
　　　尊守☐

　　按:本簡紀年中"☐嘉二年"殘缺字爲"鴻"。據陳、饒、徐三家曆譜表,鴻嘉二年七月朔爲丁丑,與此簡正合。

6. T6:74　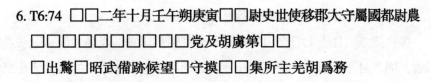

按：本簡文字殘蝕嚴重，字迹模糊。查陳、饒、徐三家曆譜表，與"二年十月壬午朔"相合的紀年只有永始二年。T6 探方已有紀年簡的時間跨度爲五鳳三年到建平元年，永始二年在此範圍內，故本簡紀年可定爲永始二年。

7. T6:113A　陽朔四年八月丙子☑

按：紀年"陽朔四年八月丙子"有誤。EPT51:9B 簡"陽朔四年六月壬寅"，據陳、饒、徐三家曆譜表，陽朔四年六月己丑朔，壬寅爲十四日。又EPT52:264 簡"陽朔四年四月庚寅朔□"與陳、饒、徐三家曆譜表中陽朔四年四月庚寅朔相合。陽朔四年六月己丑朔、四月庚寅朔，依這兩月朔日干支類推，陽朔四年八月當爲戊子朔，丙子爲第四十九日，該月無"丙子"日。故"丙子"既不是該月的朔日干支，亦不是日期干支，疑爲原簡書寫錯誤。

8. T7:89A　八月十六日壬寅到肩水府

按：據"八月十六日壬寅"可知，八月朔爲丁亥。查陳、饒、徐三家曆譜表，與之相合的紀年有始元四年、五鳳元年、河平三年。T7 探方已有紀年的時間跨度爲元康元年到始建國三年，此探方中無五鳳和始元年間的紀年簡記錄，暫排除。故本簡紀年暫可定爲河平三年。

9. T7:115　閏月丙辰朔戊子入襄豐車兩載穀石斗

按：簡文"閏月丙辰朔戊子"，該月有"戊子"日，據探方內簡牘紀年相對集中性的特點，T7 探方的紀年爲元康元年至新莽時期，"閏月丙辰朔"僅陽朔四年閏十一月爲丙辰朔，故本簡紀年爲陽朔四年。

10. T7:175　二月十七日癸丑

按：據"二月十七日癸丑"可知，二月朔爲丁酉。查陳、饒、徐三家曆譜表，與二月丁酉朔相合的紀年有元鳳二年和甘露元年。T7 探方已有紀年簡的時間跨度爲元康元年到始建國三年，元鳳二年不在此範圍內。再據 T7:208 簡的字體風格與 T7:175 簡極爲相似，且是甘露元年簡，故本簡年代可定爲甘露元年。

11. T8:34　☐受降隊卒滑便三年閏月　盡四年二月積☐☐

按："積☐"中的"☐"所代表的字，據原簡作 ▨ ，似爲"八"字的變異寫法。若爲八月，則三年閏月至四年二月積八月，即三年閏月爲六月，與此相符合的只有河平三年。河平三年閏六月至四年二月，正爲八月。

12. T9:4　三年二月己卯朔癸亥

按："己卯"釋文有誤。若三月爲"己卯"朔，則該月無"癸亥"日。釋文"己"，原簡中作 ▨ ，當是"乙"字，"己"係釋讀有誤。因"己"與"乙"形近，書寫和釋讀時常有訛誤。查陳、饒、徐三家曆譜表，與三年二月乙卯朔相合的紀年只有甘露三年。在 T9 探方中有 T9:92A 簡"甘露三年三月甲申朔己酉"、T9:34B 簡"甘露三年九月壬午朔甲午"等，與陳、饒、徐三家曆譜表中甘露三年的朔日相合，故此簡年代可定爲甘露三年。

13. T9:10　七年閏月甲辰金關塞
　　第一至千左居官右移金

按：在《肩水金關漢簡》第一卷紀年中與"七年閏月"相合的紀年只有始元七年。居延漢簡65.7簡、65.9簡、65.10簡出入符上均有紀年"始元七年閏月甲辰"，可證本簡中的"七年閏月甲辰"。陳夢家《漢簡綴述》在分析"始元七年閏月甲辰"時指出："始元七年應閏二月癸卯朔，三月壬申朔則與《漢書·諸侯王表》'元鳳元年三月丙子'相合。"①而陳、饒、徐三家曆譜表中"始元七年閏三月壬申朔"有誤。始元七年閏二月癸卯朔，甲辰爲第二日。故，本簡的年號應爲始元七年。

14. T9:17　二年八月己未朔□鱳□

按：據陳、饒、徐三家曆譜表，與二年八月己未朔相合的紀年只有永光二年。T9 探方已有紀年簡的時間跨度爲太始二年到鴻嘉四年，永光二年正在此範圍内，故此簡年代可定爲永光二年。

15. T9:19　□露二年六月己未朔辛

謹案毋官征事當

六月壬戌廚嗇夫□

□□□□□

按：紀年"□露二年"中的缺字爲"甘"字。T6:169 簡"甘露二年六月己未朔壬□"與陳、饒、徐三家曆譜表中甘露二年六月己未朔相合，二者可互證。

16. T9:275　□光二年☑　槀佗聖宜亭長張譚符　妻大女鱳得安□　弟大女☑

按：T9 探方紀年簡的範圍爲太始二年到鴻嘉四年，其中只有永光二年，故"□光"爲"永光"之殘。同書中 T7:128 簡"永光二年正月庚午"，與 T9:275 簡都爲家屬名籍，二簡可以互證。

17. T9:325　二月廿八日辛未□

按：據"二月廿八日辛未"可知，該年二月朔爲甲辰。查陳、饒、徐三

---

① 陳夢家：《漢簡綴述》，第 232 頁。

家曆譜表，與之紀年相合的有元鳳六年和初元五年。據本探方已有的紀年情
況看，暫定爲初元五年。

18. T10:177A 六月丙申朔辛丑廣地守候塞尉奉

按：據陳、饒、徐三家曆譜表，與"六月丙申朔"相合的紀年有永光元
年和元延元年。T10 探方已有紀年簡中，最早的爲元鳳四年，最晚的爲河平
二年，永光元年在此範圍内，故本簡紀年暫定永光元年。

19. T10:210A □□四年九月己巳朔己巳佐壽敢言之遣守尉史強上計大
守府案所占用馬一匹
□謁移過所河津關毋苛留止如律令敢言之
□□巳居延令守丞江移過所如律令/掾安世佐壽□

按：此簡殘蝕嚴重，筆畫漶漫不清。查陳、饒、徐三家曆譜表，與"四
年九月己巳朔"相合的紀年只有五鳳四年。又據 T9:104 簡"五鳳四年八月
己亥朔己亥，守令史安世敢言之，遣行左尉事亭長安世逐命張掖、酒泉、敦
煌、武威、金城郡中與從者陽里鄭常富俱乘，占用馬輻車一乘，謁移過所縣
道，毋苛留，敢言之。八月己亥，居延令弘、丞江移過所縣道，如律令/掾
忠、守令史安世"記載，此二簡都是傳，内容相近，都涉及"安世"這個人，
且二簡字體筆迹相近，故此簡紀年定爲五鳳四年，當確。

20. T10:493A ☑三年五月癸□☑
T10:493B ☑年七月戊申☑

按：A、B 面爲同一簡的正反兩面上的文字，書寫風格和字體一致，應爲
同一人同時書寫的簡。T10:493A 簡"三年五月癸"中"三"之前殘損的字，根
據圖版筆迹似爲"露"字。若爲甘露三年，則"五月癸□"，或爲"癸未朔"。
七月朔爲壬午，戊申爲二十七日，正合。故此簡紀年暫可定爲甘露三年。

21. T21:56 定昌衣用迺九月中渡肩水河車反亡所取鯔得丞傳今以令爲
取傳謁移過所縣道關毋苛留敢言之/十一月乙丑朔癸未居延守丞右
尉☑

按：陳、饒、徐三家曆譜表中與“十一月乙丑朔”相合的紀年只有天漢元年和地節元年。在《肩水金關漢簡（貳）》已有紀年簡中，最早的紀年爲武帝征和三年，排除了天漢元年。T24:252 簡“地節元年十二月丙辰”，陳、饒、徐三家曆譜表地節元年十二月甲午朔，丙辰爲二十三日，故漢簡曆日與陳、饒、徐三家曆譜表紀年相合。又 T21 探方中紀年簡集中分布在始元二年到元始元年，地節元年正在其中，故本簡紀年可定爲地節元年。

22. T21:347 五月辛巳朔癸丑□相

按：T21 探方中紀年簡的紀年範圍爲始元二年至新莽年間，僅建始三年五月爲“辛巳朔”，癸丑爲十三日。

23. T23:166　年三月己酉朔乙卯張掖　□□□□□□□□□

按：“三月己酉朔乙卯”爲三月七日，T23 探方中紀年簡在元始元年至始建國五年的紀年範圍內，僅永始三年三月爲己酉朔，故本簡紀年爲永始三年。

24. T23:315

	丁	丁	丙	丙	乙	乙
八日		春分				
	酉	卯	申	寅	未	丑

按：羅振玉稱此種曆譜爲“橫讀式”，肩水金關漢簡以此種曆譜爲主。日本學者森鹿三《論敦煌和居延出土的漢曆》[①]對此種漢曆有詳盡的分析。

---

① ［日］森鹿三：《論敦煌和居延出土的漢曆》，姜鎮慶譯，載中國社會科學院歷史研究所戰國秦漢史研究室編《簡牘研究譯叢》第一輯，中國社會科學出版社，1983 年。

此簡爲正月、二月、三月、四月、五月、六月連續六個月第八日的干支，則這六個月的朔日干支分別爲：正月庚寅朔、二月庚申朔、三月己丑朔、四月己未朔、五月戊子朔、六月戊午朔。陳、饒、徐三家曆譜表，與上面這六個月朔日相符的紀年只有居攝元年。張培瑜《三千五百年曆日天象》中"居攝元年二月八日丁卯爲春分"[①]，正與此簡曆譜記載相合。故此簡可定爲居攝元年。

25. T23:318

己　己　戊　戊　丁　丁　丙　丙　乙　乙　甲　甲

十日　　　　　　　　　　建

亥　巳　戌　辰　酉　卯　申　寅　未　丑　午　子

按：此簡爲某年十二個月第十日的干支，據此每月的朔日干支分別爲：庚寅、庚申、己丑、己未、戊子、戊午、丁亥、丁巳、丙戌、丙辰、乙酉、乙卯。據陳、饒、徐三家曆譜表，與這十二個月的朔日干支完全相合的紀年只有居攝元年。"建"爲占卜吉凶的一種方法，以"建"爲周期叫十二直。從正月建寅排算，居攝元年七月十日正值建申，故本簡紀年爲居攝元年。

26. T23:332

癸　壬　□　壬　辛　辛　庚　庚　巳　巳　戊　戊　丁

五日　　　　　　　　中伏

未　子　午　子　巳　亥　辰　戌　卯　酉　寅　申　丑

按：此簡有十三個月的干支，該年有閏月。由已知的十二個月第五日的干支可推出這十二個月的朔日干支分別爲：己卯、戊申、□□、戊申、丁丑、丁未、丙子、丙午、乙亥、乙巳、甲戌、甲辰、癸酉。據陳、饒、徐三家曆譜表，與這十二個月朔日干支完全相合的紀年只有居攝三年。是年閏正月，故二月五日的干支殘缺，該年二月戊寅朔，故第五日的干支爲"壬午"。"中

---

① 張培瑜：《三千五百年曆日天象》，第 96 頁。

伏”爲“三伏”之一，羅見今指出“夏至常在五月，因此中伏只可能在六月或七月”①，居攝三年閏正月，“五月三日己酉夏至”②，“庚辰”爲是年夏至后第四庚爲“中伏”，與《陰陽書》和敦煌永始四年曆譜的“中伏”相合，該年六月五日爲中伏。綜上，此簡爲居攝三年曆譜。

27. T23:432 三年八月戊午朔丙戌

　　　□戎俱謹案長

　　按：在 T23 探方紀年範圍内考查，“三年八月戊午朔”當爲始建國三年，正與饒、徐兩家曆譜表中始建國三年八月戊午朔相合，T24:36 簡“始建國三年桼月己丑朔乙未”也與饒、徐兩家曆譜表中始建國三年七月朔日干支相合。陳垣曆譜表中始建國三年六月爲己丑朔，七月爲戊午朔，與簡文和饒、徐兩家曆譜表對應的月份朔日正好各相差一個月，產生這一差異的原因前文紀年簡考證中已提及。居攝三年十二月朔，王莽改爲始建國年號，并以十二月爲正，饒、徐曆譜表則以居攝三年十二月癸酉朔爲始建國元年正月的朔日，而陳垣曆譜表則以癸卯爲始建國元年正月朔。

28. T23:579　☑始二年二月丙辰朔　☑

　　按：此簡爲削衣，文字殘損，紀年“始二年”不完整，可能爲太始二年、本始二年、建始二年、永始二年、元始二年。據陳、饒、徐三家曆譜表，只有永始二年二月爲丙辰朔。T24:23A 簡“永始二年九月壬子朔辛酉”與三家曆譜表該年九月壬子朔相合，故三家曆譜表該年曆譜無誤。且 T23 探方中有永始二年的記載，故本簡紀年可定爲永始二年。

---

① 羅見今：《居延新簡——甲渠候官中月朔簡年代考釋》，《中國科技史料》1997 年第 3 期，第 82 頁。
② 張培瑜：《三千五百年曆日天象》，第 97 頁。

29. T23:691

　　　　壬　　壬　辛

　廿三日

　　　　子　　午　亥

　　按：此簡下部殘斷，爲橫讀式曆譜，表示正月、二月、三月第二十三日的干支，由此推算是年正月、二月、三月的朔日干支分別爲庚寅、庚申、己丑。據陳、饒、徐三家曆譜表，與這三個月朔日相合的紀年有河平三年、居攝元年，因探方紀年簡分布具有相對集中性，居攝元年在 T23 探方中更爲常見，且在本探方中居攝元年的曆譜比較多，而河平年間的紀年簡在此探方中尚未發現。因此，本簡紀年爲居攝元年曆譜。

30. T23:772A □鳳四年四月辛丑朔甲寅南鄉嗇夫□敢言之□石里女子
　　　　蘇夫自言夫延壽爲肩水倉丞願以令取
　　　　居延□□□與子男□葆延壽里段延年□□所占用馬一匹軺車一乘
　　　　•謹案户籍在鄉□
　　　　夫□延年皆毋官獄徵事當以令取傳敢言之
　　　　☑移過所如律令/佐定

　　按：據陳、饒、徐三家曆譜表，唯五鳳四年四月辛丑朔與此簡合。T9:104簡"五鳳四年八月己亥朔己亥"，與陳、饒、徐三家曆譜表中五鳳四年八月己亥朔相合。又T9:104簡"五鳳四年五月庚辰"，與陳、饒、徐三家曆譜表中五鳳四年五月辛未朔，庚辰爲第十日，故陳、饒、徐三家曆譜表所載該年曆譜無誤。因此，"□鳳"字前殘缺字爲"五"。"五鳳"爲漢宣帝年號。五鳳四年四月辛丑朔甲寅，即五鳳四年四月十四日。

31. T23:801

甲	甲	癸	癸	壬	壬
			立夏		☑
寅	申	丑	未	子	午

廿五日（標於左側）

按：此簡表示該年前六個月第二十五日的干支，因此從正月到六月對應的朔日干支分別爲：庚寅、庚申、己丑、己未、戊子、戊午。據陳、饒、徐三家曆譜表，與這六個月朔日相合的紀年有河平三年和居攝元年。此簡記錄三月二十五日立夏，據張培瑜《三千五百年曆日天象》中記載居攝元年正是三月二十五日癸丑立夏[1]，而河平三年四月十二日庚午立夏，與此簡不合。故本簡紀年可定爲居攝元年。

32. T23:865A　四年三月甲辰朔北部守候長

按：據陳、饒、徐三家曆譜表，與"四年三月甲辰朔"相合的紀年只有永始四年。由漢簡曆譜實錄編纂的《漢簡曆譜》中的"永始四年三月甲辰朔"與陳、饒、徐三家曆譜表相合。EPT50:5簡"永始四年五月甲辰"，五月癸卯朔，甲辰爲第二日，故三家曆譜表該年曆譜無誤。且永始年間的簡在本探方中分布較多，如永始二年、永始三年、永始四年、永始五年在本探方均有出現，故此簡紀年可定爲永始四年，當確。

33. T23:901

丙	丙	乙	乙	甲	甲	癸	癸	壬	壬	辛	辛
					建						
申	寅	未	丑	午	子	巳	亥	辰	戌	卯	酉

七日（標於左側）

---

① 張培瑜：《三千五百年曆日天象》，第96頁。

T23:902

庚	庚	巳	巳	戊	戊	丁	丁	丙	丙	乙	乙
十一日				建	夏至				建		
子	午	亥	巳	戌	辰	酉	卯	申	寅	未	丑

T23:903

甲	甲	癸	癸	壬	壬	辛	辛	庚	庚	巳	巳
十五日											
辰	戌	卯	酉	寅	申	丑	未	子	午	亥	巳

T23:904

丙	丙	乙	乙	甲	甲	癸	癸	壬	壬	辛	辛
十七日									冬至		
午	子	巳	亥	辰	戌	卯	酉	寅	申	丑	未

按：這四枚曆譜簡分別表示某年中十二個月的第七日、第十一日、第十五日、第十七日的干支。從這已知的干支和日期推算，其十二個月相應的朔日分別爲：庚寅、庚申、己丑、己未、戊子、戊午、丁亥、丁巳、丙戌、丙辰、乙酉、乙卯。查陳、饒、徐三家曆譜表，與這十二個月朔日完全吻合的紀年只有居攝元年。又據張培瑜《三千五百年曆日天象》居攝元年五月十一日戊戌正爲夏至，十一月十七日辛丑正爲冬至[1]，與簡文所記正合。"建"爲占卜吉凶的十二直，從正月建寅推算，曆譜中四月建巳、五月建午、十二月建丑，與居攝元年曆譜中"建"的分布亦合，故此簡紀年爲居攝元年。

34. T23:1025　三月丙辰朔丁巳甲渠候□

按：據陳、饒、徐三家曆譜表，在T23紀年範圍中與三月丙辰朔相合的紀年只有元延三年。居延漢簡75.9簡"元延三年四月丙戌朔甲寅"與三家

---

[1]　張培瑜：《三千五百年曆日天象》，第96頁。

曆譜表該年四月丙戌朔相合，故三家曆譜表所載元延三年曆譜無誤。三月丙辰朔，即爲元延三年三月丙辰朔。元延三年在本探方紀年範圍内，故此簡紀年可定爲元延三年。

35. T23:1026　正月辛丑朔丁未千人令史袁昌敢言之遣

按：據陳、饒、徐三家曆譜表，在 T23 紀年範圍中與正月辛丑朔相合的紀年只有元壽元年。《漢書·五行志》"哀帝元壽元年正月辛丑朔"，與三家曆譜表所載朔日相合。又元壽元年正在本探方紀年範圍内，故本簡紀年可定爲元壽元年。

36. T24:300　□壽二年五月辛巳除

按：據陳、饒、徐三家曆譜表元壽二年五月爲癸亥朔，辛巳爲五月十九日，正合。EPT5:55A 簡 "元壽二年五月癸亥"，與陳、饒、徐三家曆譜表中元壽二年五月癸亥朔相合。由 EPT5:55A 簡可證 T24:300 簡 "壽" 之前的殘字確爲 "元"，元壽爲漢哀帝時年號。

37. T24:305

丙	乙	乙	乙	甲	甲	癸
十八日				重節	八鬼節	
申	丑	未	丑	□	子	巳

按：按曆日排列規律推算，簡文殘缺 "□" 的字應爲 "午"，即 "甲午"。此簡爲正月到七月這七個月第十八日的干支，故這七個月的朔日干支分別爲：己卯、戊申、戊寅、戊申、丁丑、丁未、丙子。查陳、饒、徐三家曆譜表，與這七個月朔日相符合的紀年只有居攝三年，是年閏正月。

38. T25:15A　□康元年十月壬寅朔庚午都鄉佐恩敢言之孤山里張輔

安樂里祝幸之自言爲家私市張掖酒泉郡界中持牛二車二兩謹案
輔、幸之毋官獄徵事當以令所傳謁移過所縣道河津毋苛留止

敢言之十月居延庚午守丞右尉充國移過所縣道津關毋苛留止如律
令、掾萬年佐安世

按：T25 有明確紀年的紀年簡時間跨度爲本始二年到元始元年。根據探
方內紀年簡分布相對集中的特點判斷，此處所殘的"囗康"應爲"元康"年
號。T27:28 簡"元康元年十月壬寅朔"與陳、饒、徐三家曆譜表吻合，則三
家曆譜表與簡上所記元康元年曆譜無誤。元康元年十月正爲壬寅朔，庚午爲
十月二十九日。故此處所缺字爲"元"，即本簡爲元康元年簡。

39. T26:6

壬　壬　辛　辛　庚　庚　己　己　己　戊　戊　丁　丁

十六日　　　　　　　　　初伏

寅　申　丑　未　子　午　亥　巳　亥　辰　戌　卯　酉

按：此曆譜簡爲某年十三個月的日干支，即該年有閏月。據該曆譜第十
六日的干支，可推該年每月的朔日干支依次爲：丁亥、丁巳、丙戌、丙辰、
乙酉、乙卯、甲申、甲寅、甲申、癸丑、癸未、壬子、壬午。T26 探方已有
紀年簡大致的紀年範圍爲元鳳二年到河平五年（陽朔元年），因探方內簡牘
年代的相對集中性，本曆譜簡所反映的年代也可能在元鳳二年到河平五年
之間。查陳、饒、徐三家曆譜表，與此朔日完全相合且有閏月僅本始二年。
據 T21:235 簡"本始二年五月乙酉朔"，與陳、饒、徐三家曆譜表本始二年
五月朔日正合；同時《合校》14.25 簡"本始二年七月癸酉除"[1]，與陳、饒、
徐三家曆譜表本始二年七月甲寅朔癸酉爲七月二十日，亦合。故本始二年
"五月乙酉朔"與"七月甲寅朔"之間必存閏月。《太初曆特殊置閏問題》

---

① 謝桂華、李均明、朱國炤：《居延漢簡釋文合校》，第 23 頁。

指出本始二年五月確有特殊置閏①。“初伏”爲夏至后的第三個庚日，張培瑜《三千五百年曆日天象》本始二年五月三十甲寅夏至②，本始二年閏五月中分別有六日庚申、十六日庚午、二十六日庚辰，則本始二年閏五月二十六日庚辰爲夏至后的第三個庚日，即“初伏”，與此曆譜簡吻合。綜上，本簡爲本始二年曆譜簡。

40. T26:111　☐始二年正月丁亥朔己亥☐

按：“正月丁亥朔己亥”，即正月十三日。查陳、饒、徐三家曆譜表，在西漢中晚期與“始二年正月丁亥朔”相合的有本始二年正月和永始二年正月。但 T26 已有紀年的時間跨度爲元鳳二年到河平五年，永始二年非此紀年範圍，當排除。T21:235 簡“本始二年五月乙酉朔”與三家曆譜表中“本始二年五月乙酉朔”相合，依此朔日干支類推，本始二年正月丁亥朔應無誤，故本簡紀年爲“本始二年”。

41. T26:114

　　　　　　癸

　　　廿日

　　　　　　亥

按：此曆譜簡下端文字殘損，僅保留正月干支日，據此可知該年正月的朔日爲甲辰。查陳、饒、徐三家曆譜表，西漢中晚期紀年表中包含“正月甲辰朔”的有始元七年、黃龍元年，《肩水金關漢簡》第三卷中已有紀年簡時間範圍爲漢昭帝元鳳二年到漢平帝元始五年，加之 T26 探方的紀年簡大致分布在元鳳二年到河平五年間，“始元七年”不在此紀年範圍內，當排除。

---

① 斯琴畢力格、關守義、羅見今：《太初曆特殊置閏問題》，《內蒙古師範大學學報（自然科學漢文版）》2007 年第 6 期。
② 張培瑜：《三千五百年曆日天象》，第 83 頁。

故本簡爲黃龍元年曆譜。

42. T26:178

　　　　　　　庚
　　　六日
　　　　　　　辰
　　T26:218
　　　　　　　乙
　　廿一日
　　　　　　　未

按：此兩簡爲曆譜簡，下端均殘，僅存正月日干支，兩曆譜正月皆爲“乙亥朔”。查陳、饒、徐三家曆譜表，在《肩水金關漢簡》第三卷及本探方已有紀年簡範圍內，僅元鳳六年爲正月乙亥朔。T10:209 簡“元鳳六年正月乙亥朔癸卯”，與陳、饒、徐三家曆譜表中“元鳳六年正月乙亥朔”相合。故，這兩簡皆爲元鳳六年曆譜殘簡。

43. T28:29　　年二月乙卯朔乙丑東部候長廣宗☐

按：“二月乙卯朔乙丑”，即二月十一日。T28 紀年簡的範圍爲地節二年到鴻嘉四年，查陳、饒、徐三家曆譜表，在此區間內唯有甘露三年二月爲乙卯朔。本探方中甘露三年的簡較多，加之 T28:16 簡“甘露三年四月甲寅朔”、T28:18 簡“甘露三年五月癸未朔”，則 T28:55 簡“甘露三年二月乙卯朔”與陳、饒、徐三家曆譜表中對應年月的朔日相合，故甘露三年二月乙卯朔無誤。本簡紀年爲甘露三年。

44. T29:69

庚　己　己

廿日　　　　　　☒

戌　卯　酉

按：此簡爲曆譜簡，爲某年正月、二月、三月第廿日干支，其餘干支殘損，故該年前三個月的朔日干支分別爲辛卯、庚申、庚寅。查陳、饒、徐三家曆譜表，與這三個月朔日干支完全相合的唯有甘露二年。此簡牘所記錄的甘露二年曆譜與三家曆譜表均吻合，故三家曆譜表該年曆譜無誤。本探方的紀年區間爲元康元年到初元二年，甘露二年正在此區間範圍内，符合探方紀年的相對集中性，故此簡爲甘露二年曆譜當確。

45. T30:1　四月廿二日丙寅偃受長叔外長下四千

T30:2　三月一日丙子偃受長叔十六萬五千　八月廿四日丙寅靳長叔入錢五千五百偃受

按：從原簡來看，兩簡形制和字體風格完全相同，當屬同人同時書寫，記錄了"長叔"這個人同一年不同日期的入錢情況。四月廿二日丙寅，則四月乙巳朔；三月一日丙子，則三月丙子朔；八月廿四日丙寅，則八月癸卯朔。查陳、饒、徐三家曆譜表，在本探方地節三年到元壽元年的紀年區間内，與三月丙子朔、四月乙巳朔、八月癸卯朔相合的唯有元康元年。T24:705 簡"元康元年七月甲戌朔"及 T27:28 簡"元康元年十月壬寅朔"與陳、饒、徐三家曆譜表中相應年月的朔日干支吻合，則三家曆譜表與簡上所記元康元年曆譜均無誤，故這兩簡的紀年爲元康元年。

46. T30:151A

庚子

四年正月己丑朔大　　　　　　☑

辛丑

按：此簡爲曆譜簡。查陳、饒、徐三家曆譜表，由“四年正月己丑朔大”可知，僅元康四年正月己丑朔大。T30 已有紀年簡的紀年範圍爲地節三年到元壽元年，元康四年正在此區間内。T31:20A 簡“元康四年六月丁巳朔”及居延新簡 EPT59.547 簡“元康四年九月乙酉朔”[1]，與陳、饒、徐三家曆譜表該年該月朔日相合，故簡所記與三家曆譜表均無誤。元康四年正月己丑朔，當確。許名瑲《〈肩水金關漢簡〉簡 73EJT30:151＋T24:136 考釋》將兩簡綴合，使 T30:151A 簡文下補增了 6 個干支，但因干支依然殘缺，其意尚不明確。[2]

47. T30:187

戊　戊　丁　丁　丙　丙

廿一日　　　　　　　　　　　　☑

戊　辰　酉　卯　申　寅

按：此簡爲某年前六個月第廿一日的干支，其他幾個月的干支殘斷，由此，該年前六個月的朔日干支分別爲戊寅、戊申、丁丑、丁未、丙子、丙午。查陳、饒、徐三家曆譜表，僅五鳳三年前六月個朔日與此相合，且與 T29:117A 簡記載的五鳳三年曆譜前六個月的朔日相合[3]，加之五鳳三年正在本探方的紀年區間内，故此簡爲五鳳三年曆譜。

---

① 甘肅省文物考古研究所等編：《居延新簡——甲渠候官》，第 173 頁。

② 許名瑲：《〈肩水金關漢簡〉簡 73EJT30:151＋T24:136 考釋》，武漢大學簡帛網：http://www.bsm.org.cn/?hanjian/6236.html，2014 年 8 月 21 日。

③ 張永山：《漢簡曆譜》，載任繼愈主編《中國科學技術典籍通彙·天文卷》第一册，第 237 頁。

48. T31:136 年六月乙卯朔辛巳都鄉□

☑　　　　　☑

當爲傳所過縣

按："六月乙卯朔辛巳"爲六月二十七日。T31 探方的紀年範圍爲本始四年到建平四年，查陳、饒、徐三家曆譜表，在此紀年區間的唯有永光三年六月朔乙卯。T21:19 簡"永光三年三月丙戌朔"以及《合校》177.4 簡"永光三年六月乙卯朔"[1]，與陳、饒、徐三家曆譜表該年該月的朔日相合。故簡文紀年與三家曆譜所記永光三年的朔閏相合，因此，本簡紀年爲永光三年。

49. T32:8

壬　辛　辛　辛　庚

廿五日　　　　　　　　夏至

戌　卯　酉　卯　申

按：此簡爲曆譜簡，爲該年前五個月第廿五日的干支，則這五個月的朔日干支依次爲戊戌、丁卯、丁酉、丁卯、丙申。查陳、饒、徐三家曆譜表，與這五個月朔日干支完全相合的唯有初元元年，此紀年正在本探方五鳳三年到建昭五年區間內。T4:179 簡"初元年十月甲午朔庚"、T26:221 簡"初元年八月乙丑朔"、T31:131 簡"初元年閏月癸巳朔"等與陳、饒、徐三家曆譜表中該年該月的朔日正合，故此簡記曆與陳、饒、徐三家曆譜表所記初元年的曆譜均無誤。再查《三千五百年曆日天象》初元元年五月二十五庚申日正爲"夏至"[2]，與本簡所記相合。本簡爲初元元年曆譜，當確。

① 謝桂華、李均明、朱國炤：《居延漢簡釋文合校》，第 282 頁。
② 張培瑜：《三千五百年曆日天象》，第 87 頁

50. T32:9

丙　乙　乙　甲　甲　癸　癸　壬　壬　辛　辛　　庚
廿四日　　　德　　　　　　　　　　　　冬至
申　丑　未　子　午　亥　巳　戌　辰　酉　卯　　庚

按：此簡爲曆譜簡，所記爲該年十二個月第廿四日的干支，則該年每月的朔日干支依次爲癸酉、壬寅、壬申、辛丑、辛未、己亥、己巳、戊戌、戊辰、戊戌、戊辰、丁酉。查陳、饒、徐三家曆譜表，與此朔日干支完全相合的唯有五鳳四年的朔日。T31:66 簡"五鳳四年十二月丁酉朔"、T9:104A 簡"五鳳四年八月己亥朔"等皆與陳、饒、徐三家曆譜表相合，故陳、饒、徐三家曆譜表五鳳四年曆譜無誤。再據《三千五百年曆日天象》，五鳳四年十一月二十四辛卯正爲"冬至"①，與本簡所記相合。故本簡爲五鳳四年曆譜。

51. T32:40　七月八日庚戌後伏

八月八日己卯秋分　　☑

九月廿三日甲子立冬

按：據七月八日庚戌、八月八日己卯、九月廿三日甲子知，該年七月癸卯朔、八月壬申朔、九月壬寅朔。查陳、饒、徐三家曆譜表，唯有永光五年和本始四年與此朔日干支相合，本探方的紀年範圍爲五鳳三年到建昭五年，本始四年不在此區間內。另據《三千五百年曆日天象》記載，永光五年六月二十一癸巳立秋，而立秋后的第一個伏日即爲"後伏"，正爲七月八日庚戌，八月八日己卯正爲秋分，九月二十三日甲子正爲"立冬"②，與此簡所記相同。故本簡紀年爲永光五年。

---

① 張培瑜：《三千五百年曆日天象》，第 86 頁。
② 同上書，第 89 頁。

52. T37:28A 官從者居延西昌……

誼從者居延利上里公大夫王外人年

□□□年九月辛丑朔壬子□□敢言之

按：T37 探方的紀年範圍爲地節二年到始建國二年。在這個紀年範圍內，查陳、饒、徐三家曆譜表，僅永始四年爲九月辛丑朔。T37:38 簡亦有"永始四年九月辛丑朔"，與陳、饒、徐三家曆譜表中的永始四年九月辛丑朔相合，故曆譜表無誤。因此，本簡紀年爲永始四年，當確。

53. T37:202 □鳳四年三月乙卯橐他候□守

按：此簡殘損嚴重，紀年部分文字殘缺。T37 探方的紀年範圍爲地節二年到始建國二年，在這個紀年範圍內，查陳、饒、徐三家曆譜表，"鳳四年"只可能爲五鳳四年。T37:1184 簡"五鳳四年三月壬申朔"與陳、饒、徐三家曆譜表中的五鳳四年三月壬申朔相合，故五鳳四年三月壬申朔無誤。但五鳳四年三月無乙卯日，原簡"乙卯"亦殘蝕掉一半文字，故此亦可能爲"己卯"。若爲"己卯"，則"五鳳四年己卯"爲五鳳四年三月初八。

54. T37:398 □年三月庚午朔癸酉東□□□

按：此簡殘損。據陳、饒、徐三家曆譜表，在 T37 探方內僅"元康二年"和"竟寧元年"三月朔日爲"庚午"，"癸酉"爲三月初四。但具體紀年尚無法確定。

55. T37:445A 年三月丁亥朔丙申　□□□如牒書

按："三月丁亥朔"在 T37 探方紀年簡範圍內，查陳、饒、徐三家曆譜表，僅建平二年三月爲丁亥朔。T37 探方內絕大多數紀年簡爲漢哀帝建平年間紀年簡，這些紀年簡上所記錄的月朔與陳、饒、徐三家曆譜表上的月朔相合，故曆譜表上建平年間的曆譜無誤。此簡的紀年當爲建平二年三月初十。

56. T37:533A 元年三月癸巳朔乙巳安定左騎千人況

按：此簡殘缺，查陳、饒、徐三家曆譜表，在 T37 探方紀年簡範圍內，僅建平元年三月爲癸巳朔，則"乙巳"爲三月十三日，故此簡殘損年號爲"建平元年"。

57. T37:606 四月辛亥朔辛亥

按：在 T37 探方紀年簡範圍爲地節二年至始建國二年的紀年，僅地節四年爲四月辛亥朔。由 F1:74 簡"地節四年五月庚辰朔"可推知，地節四年四月亦爲辛亥朔。故此簡紀年爲地節四年。

58. T37:649 十二月辛未朔庚　令取傳謹案

按："十二月辛未朔"在 T37 探方的紀年簡範圍內，查陳、饒、徐三家曆譜表，僅建平四年十二月爲辛未朔。T37:800A 簡"建平四年十二月辛未朔"與陳、饒、徐三家曆譜表中的建平四年十二月朔日相合，故該年十二月的朔日爲辛未，當確。因此，本簡紀年爲建平四年。

59. T37:1148 五月十七日辛巳除廿一日乙酉受遣
閏月十日甲辰發

按：據"五月十七日辛巳"和"廿一日乙酉"可知，該年五月爲"乙丑"朔。又由"閏月十日甲辰"可知，該年閏月爲乙未朔，在 T37 探方原有紀年簡的紀年範圍內，僅有甘露二年五月爲乙丑朔，閏月爲乙未朔。肩水金關漢簡中甘露元年的紀年簡有 T9:29 簡"甘露元年閏月乙未朔"、 T10:335 簡"甘露元年正月丁卯朔"、T10:441 簡"甘露元年九月癸巳朔"等。類推到甘露元年五月亦爲乙丑朔，這些簡牘上記載的甘露元年相應月份的月朔與陳、饒、徐三家曆譜表中的甘露元年相對應的月朔完全吻合，故以簡牘記載的甘露元年曆譜和陳、饒、徐三家曆譜表中甘露元年的曆譜無誤。因此，此簡爲甘露元年紀年當確。

60. T37:1502A　年十二月辛未朔甲戌張掖廣地候況移肩水金關吏使里年姓如牒書到出入如律令

按：此簡紀年殘損，"十二月辛未朔甲戌"爲十二月初四。在 T37 探方原有紀年簡的紀年範圍內，僅建平四年十二月爲辛未朔。值得注意的是，在 T37 探方的紀年簡中絕大多數爲漢哀帝建平年間的年號，這些相對集中的紀年簡是研究古代曆法的重要資料，也是與傳世曆譜進行互證的一手資料。

61. T37:1162A　　□□□年十月庚申朔癸亥橐他塞尉……　肩水界中官除如牒書到出入如律令□□

按：T37 探方紀年簡的紀年範圍爲地節二年至始建國二年，在這期間內元康元年和建平元年有"十月庚申朔"，兩者均在 T37 探方的紀年範圍內。故此簡紀年必爲兩者之一，具體紀年尚無法確定。

62. 72EJC:12

癸	癸	壬	壬	辛	辛	庚	庚	己	己	戊	戊
十九日		春分				後伏					
未	丑	午	子	巳	亥	辰	戌	卯	酉	寅	申

按：此曆譜簡爲某年每月十九日的干支日期，經推算，該年的正月到十二月的朔日依次是：乙丑、乙未、甲子、甲午、癸亥、癸巳、壬戌、壬辰、辛酉、辛卯、庚申、庚寅。且該年二月十九日爲春分，七月十九日之後爲後伏，即立秋之後的伏天，在《肩水金關漢簡》第五卷的紀年範圍內符合這一朔日干支和節氣的只有建始元年，故此簡乃漢成帝建始元年曆譜。

63. 72EJC:444 河平三年四月己未朔己巳張掖肩水都尉曼丞 ☒

　　亭乏候望今遣塞曹史禁等循行舉吏 ☒

　　至今未敢更是以罰不得取致也迫春月盡□ ☒

按："河平三年四月己未朔"的朔日有誤。T30:34A 簡"河平三年正月
庚寅朔"與陳、饒、徐三家曆譜表河平三年正月的朔日吻合。由此推算，河
平三年四月朔日應是"乙未"，此處"己未"或爲訛誤。

64. 72EJC:445A ☒元三年四月乙酉朔辛亥佐宣敢言之遣丞往 ☒

　　☒□河津關毋苛留止如律令敢言之

按：此簡上端殘損，紀年部分殘缺，根據肩水金關漢簡紀年範圍，此處
殘損紀年有始元、初元、永元三種可能，但根據其後的日期"三年四月乙酉
朔辛亥"，只有初元三年四月朔日爲乙酉，始元三年四月朔日乃乙丑、永元
三年四月朔日爲乙亥。T11:031A 簡"初元三年三月乙卯朔"亦能推算出初
元三年四月乃乙酉朔。故此處"初元三年"乃本簡紀年。

65. F3:338+201 始建元年三月壬申朔己丑關嗇夫欽以小官印行候文書事謂關

　　……縣爵里年姓如牒書到出入如律令

按：此處的紀年"始建元年"應爲"始建國元年"，"建"後脫"國"
字。始建國元年三月朔日爲壬申，簡文與陳、饒、徐三家曆譜表始建國元年
三月朔日相合。

66. F3:176

丙	乙	乙	乙	甲	甲	癸	癸	壬	壬	辛	辛	庚
三日			建				建		秋分			
申	丑	未	丑	午	子	巳	亥	辰	戌	卯	酉	寅

按：此簡爲某年第四日的干支，該年有閏月，共十三個月，經推算該年正月至十二月的朔日干支依次爲：癸巳、壬戌、壬辰、壬戌、辛卯、辛酉、庚寅、庚申、己丑、己未、戊子、戊午、丁亥。在肩水金關漢簡紀年範圍內，新莽天鳳三年各月干支與此正吻合。是年閏五月，九月四日正值秋分。

67. 4H:16＋18

廿九日
　　戊　戊　丁　丁　丙　丙　乙　乙　甲　甲　癸　癸

　　午　子　巳　亥　辰　戌　卯　酉　寅　申　丑　未

按：此簡爲某年二十九日的干支，經推算該年正月至十二月的朔日干支依次爲：庚寅、庚申、己丑、己未、戊子、戊午、丁亥、丁巳、丙戌、丙辰、乙酉、乙卯。在肩水金關漢簡紀年範圍內符合這年朔日干支的爲孺子嬰居攝元年，故此簡爲居攝元年曆譜簡。

除上所考證的 67 條紀年簡外，羅見今、關守義《〈肩水金關漢簡（壹）〉八枚曆譜散簡年代考釋》《〈肩水金關漢簡（壹）〉紀年簡考釋》《〈肩水金關漢簡〉（貳）曆簡年代考釋》，以及程少軒《〈肩水金關漢簡（壹）〉曆譜簡初探》亦對肩水金關漢簡的紀年有所考釋，故肩水金關漢簡中可考證出具體紀年的簡牘共計 95 枚。

四、紀年簡擬測

肩水金關漢簡斷代除依據紀年簡、曆譜簡外，簡文中還有一些特殊的語言文字有助於判斷簡牘書寫年代。

（一）新莽簡擬測

我們在"西北漢簡語料庫"中檢索新莽時期的年號"始建國""地皇""天鳳"得 264 條記錄，這些有明確紀年的簡文是簡牘分期斷代的直接依據。除這些紀年簡外，新莽時期獨有的語言文字特徵也是判斷新莽簡的直接或間接標準。王莽篡權建立新朝後，在政治、經濟、曆法等方面進行了一系列的托古改制，其政權結束後的各種新興措施和更改過的地名、官名以及貨幣名稱也相繼終結，後世繼用較少。正是這些新莽時期特有的字詞爲我們判斷簡牘的大致紀年留下了重要的依據。

　　新莽時期獨特語言文字用於新莽簡的判定學界早已有之。森鹿三《居延出土的王莽簡》一文較早歸納出王莽新政所改的職官名、地名，以及"奉"改"祿"、"石"改"䄷"、"七"寫成"㭉"、"四"寫成"亖"、"廿"寫成"二十"、"卅"寫成"三十"均爲新莽簡標志。① 李均明《新莽簡時代特徵瑣議》補正"四""廿""卅""冊"至少在始建國三年以後才出現，"石"改"䄷"始於始建國六年以後，"㭉""䄷"等字亦見於東漢簡，新莽簡的辨認應綜合考察。② 饒宗頤、李均明合著的《新莽簡輯證》"考證之部"對敦煌、居延兩批漢簡中的新莽簡特徵進行了詳細解讀。③ 吉仕梅《王莽改制在居延敦煌漢簡詞彙中的反映》從官爵、地名、貨幣三個方面分析了居延漢簡、敦煌漢簡中新莽時期的詞彙特徵，可爲判斷新莽簡提供參考。④ 焦天然《新莽簡判斷標準補説——以居延新簡爲中心》亦歸納了新莽簡的判斷標準，對前人的研究有一些補正。⑤ 紀寧《〈肩水金關漢簡（五）〉非紀年新莽簡輯證 20 例》一文根據新莽時期特殊的字詞輯證了 20 例新莽簡。⑥

　　肩水金關漢簡中亦有部分字詞具有新莽時代特徵，據此我們可以將一部分簡牘的紀年限定在新莽時期內，從而增加這批簡牘斷代的可靠性。

1. 地名

　　新莽政權僅持續了十四年，此間實施了一係列的新政改革，更改地名是

---

① ［日］森鹿三：《居延出土的王莽簡》，《東方學報》1963 年第 33 期。譯文載中國社會科學院歷史研究所戰國秦漢史研究室編《簡牘研究譯叢》第一輯，第 13—16 頁。
② 李均明：《新莽簡時代特徵瑣議》，《文物春秋》1989 年第 4 期。
③ 饒宗頤、李均明：《新莽簡輯證》，（臺北）新文豐出版公司，1995 年。
④ 吉仕梅：《王莽改制在居延敦煌漢簡詞彙中的反映》，《學術交流》2008 年第 4 期。
⑤ 焦天然：《新莽簡判斷標準補説———以居延新簡爲中心》，《中國國家博物館館刊》2016 年第 11 期。
⑥ 紀寧：《〈肩水金關漢簡（五）〉非紀年新莽簡輯證 20 例》，《長江大學學報（社會科學版）》2017 年第 2 期。

其改革行動的一個方面。肩水金關漢簡中涉及新莽時期地名更改的有：

（1）常安

新莽時期更"長安"爲"常安"。《漢書·地理志》："長安，高帝五年置。惠帝元年初城，六年成。戶八萬八百，口二十四萬六千二百。王莽曰常安。"①屬京兆尹十二縣之一。《漢書·王莽傳》："長安曰常安。"②居延新簡中 EPT20:27 簡"財發京兆史，及常安"、EPT59:117A 簡"縣·詔書長安更爲常安"、EPT59:117B 簡"詔書長□更爲常安府□□"等明確記載"長安"更名爲"常安"，屬京兆尹。與《漢書》記載相比，漢簡爲實時記錄，EPT59：117A/B 簡爲下詔更名"常安"的記載。這些漢簡記錄可與《漢書》記載相互印證。除新莽時期外，均稱"長安"，故"常安"具有很強的時代特徵，因此，肩水金關漢簡所見 T24:113B 簡"掾常安獄史殷昌"的紀年可依據地名"常安"判斷此簡爲新莽時期簡。

（2）嘉平

嘉平，《漢書·地理志》："安陵，惠帝置。莽曰嘉平。"③屬右扶風。肩水金關漢簡中僅兩例：

　　　　茂陵嘉平☑（T30:44）

　　　　茂陵嘉平里莊彊年卅三　　☑　（73EJC:14）

值得注意的是，T30:44 簡中還有"茂陵"這個詞。《漢書·地理志》："茂陵，武帝置。戶六萬一千八十七，口二十七萬七千二百七十七。莽曰宣城。"④此簡卻未用"宣城"而用"茂陵"，或與使用習慣有關。但"嘉平"僅在新莽時期使用，能代表新莽簡的時代特徵。

（3）文德

肩水金關漢簡中"文德"僅見一例：

---

① 班固：《漢書·地理志》，中華書局，1962 年，第 1543 頁。

② 同上書，第 4103 頁。

③ 同上書，第 1547 頁。

④ 同上。

此家累山里焦賢，載粟大石廿五石，就人文德清陽里陽賞年卅，

肩水，車一兩，用牛二（T23：622）

《新莽簡輯證》指出：“文德，新莽郡名，亦作縣名。王國維：‘文德、地名，不見漢志。他簡舉西北邊郡有文德、酒泉、張掖、武威、天水、隴西、西海、北地八郡（敦煌漢簡 2062 簡）。’舉文德而無敦煌，故沙氏釋文德爲王莽所改敦煌郡之初名。文德爲始建國元年事，至地皇元年又稱敦德。”①新近出版的懸泉漢簡中有 3 例“文德”，分別是：I90DXT0114①：176 簡“始建國元年十月己亥朔丁巳文德”②、II90DXT0113①：78+80 簡“出東合檄一板檄五皆文德大尉印章”③、I90DXT0310③：2A+5A 簡“始建國元年四月乙卯文德大尉…以置食粟八十斛”④，這些簡文表明最晚在始建國元年四月的時候敦煌就改名爲“文德”。肩水金關漢簡中亦有 2 處“敦德”的用例。因此，簡文中若書郡名“文德”“敦德”則該簡應屬於新莽簡。本簡中籍貫以縣名和里名組成，簡文中籍貫多以郡、縣、里形式表示，“文德”應是新莽時期“敦煌”的改稱。

2. 官職

新莽時期官制改革、官職換稱也較常見，具有很強的時代特徵，《漢書·王莽傳》《漢書·百官公卿表》均有記載。此現象在西北漢簡中亦有體現，肩水金關漢簡中有以下幾個官職稱謂的變化體現在簡牘中。

（1）宰

《漢書·王莽傳》“縣令長曰宰”⑤，即縣令長官改稱“縣宰”。如 T1：113A 簡“水宰封書□案如書以□”，此簡前後殘缺，爲書檄類文書，將“縣令”改稱“宰”，可確定該簡爲新莽簡。另 F3：76+448B 簡有“居延宰之印”，

---

① 饒宗頤、李均明：《新莽簡輯證》，第 170 頁。

② 甘肅簡牘博物館等編：《懸泉漢簡（壹）》（下册），中西書局，2019 年，第 505 頁。

③ 甘肅簡牘博物館等編：《懸泉漢簡（貳）》（下册），中西書局，2021 年，第 586 頁。

④ 甘肅簡牘博物館等編：《懸泉漢簡（貳）》（下册），第 409 頁。

⑤ 班固：《漢書·王莽傳》，第 4103 頁。

亦可印證。

（2）庶士

《漢書·王莽傳》記載："更名秩百石曰庶士，三百石曰下士，四百石曰中士，五百石曰命士，六百石曰元士，千石曰下大夫，比二千石曰中大夫，二千石曰上大夫，中二千石曰卿。"①除新莽時期外，不見"庶士"稱謂，故此簡具有新莽簡的時代特徵。

　　■右出麥六十一石，給乘塞庶士以下十九人，初除積卅，月十五日逋
　　時（T24:235）

　　☑□候長憲受庫庶士宣☑（T24:983）

居延漢簡156.4簡"輔平居成甲溝候官塞庶士候，爲輔平屬居成三十井候官塞庶士，爲輔平居成殄北候官塞庶士候"中的"塞庶士"與T24:235簡中相同，156.4簡"輔平""居成""甲溝"均爲新莽時期改稱，具有鮮明的時代特點，也是新莽簡的典型特徵。居延新簡、敦煌漢簡中"庶士"用例很常見。

此外，《新莽簡輯證》里歸納出很多新莽時期新增或更改的職官名，如：大尉、大尹、庫宰、城倉丞、司馬丞、鄣候、庶更等職官名在肩水金關漢簡中也有體現，此不贅述。

3. 量詞"石"改"斛"

"斛"爲容量單位。《漢書·律曆志第一》："量者，龠、合、升、斗、斛也，所以量多少也……合龠爲合，十合爲升，十升爲斗，十斗爲斛。"②"十斗"爲"一石"，"石"改稱"斛"，故"十斗爲斛"。

"斛"常被用來作爲新莽簡的判斷標準，森鹿三認爲："崇尚古風的王莽把已經成了慣用度量單位的十斗一'石'改爲'斛'，想必是理所當然的事，所以我把'斛'作爲挑選王莽簡的一個標準。"③李均明則依據

---

① 班固：《漢書·王莽傳》，第4103頁。
② 班固：《漢書·律曆志第一》，第967頁。
③ ［日］森鹿三：《居延出土的王莽簡》，載中國社會科學院歷史研究所戰國秦漢研究室編《簡牘研究譯叢》第一輯，第12頁。

《合校》266.32 簡 "入粟大石二十五石，車一輛，輸候官，始建國六年二月乙丑將□守尉" 補充: "建國六年還在使用'石'，天鳳六年簡才見'斛'的用法（346.44 簡），故'斛'的用法至少是始建國六年以後的事"①。

西北簡中 "斛" 的使用：額濟納漢簡中 2 例、敦煌漢簡中 42 例、居延漢簡中 22 例、居延新簡中 84 例、肩水金關漢簡中 30 例，其中帶有紀年的簡有：

出糜二斛，元和四年八月五日，僦人張季元付平望西部候長憲（1960）②

入正月奉，穬麥一斛。建武廿二年閏月廿六日癸巳，平望朱爵隧長宋力布，受尉史仁（1978）

入十二月食，秔麥一斛。建武卅一年十二月癸巳，宜秋卒代仲民，受尉史敬（2010）

入粟二斛。起五月十一日，建初二年五月七日，富貴卒王利，受□☑盡月（2088）

入六月食，二斛三斗。永平十一年五月九日，富貴徒尹當，受尉史義（2089）

入七月奉麥四斛。永平四年七月乙亥，□☑（2176）

入七月奉穬麥八斛。建武廿九年七月丁酉，高望隧長，代張蒲受萬歲候長赦（2182）

入正月食大麥一斛五斗。永平七年正月十二日，來（2250）

入九月食麥一斛五斗。永平十年九月十二日，□卒□史，受□□長□（2251）

五十六斛，永平十二年十二月十四日（2429）

始建國天鳳六年三月甲戌朔□□，束釭利搖揚戌兆揚青五□，六月

---

① 李均明：《新莽簡時代特徵瑣議》，《文物春秋》1989 年第 4 期。
② 文中敦煌漢簡的簡號爲"1960"類的數字；《居延漢簡釋文合校》的簡號爲"346.44"類數字。

斛斗□，用□（346.44）

　　□□始建國天鳳五年，定入五百斛（EPT59:542）

　　□食□□子傳馬五匹。出粟一斛，始建國五年二月乙亥，第二十三候長（EPT59:587+585+589）

由上述例證可知"斛"在東漢時期仍有使用，敦煌漢簡中帶紀年的"斛"均爲東漢時期，最晚的爲1960簡中記載的爲東漢章帝元和四年（公元87年）。目前西北屯戍漢簡中能見到的最早開始使用"斛"的是居延新簡中的"始建國五年二月"（EPT59:587+585+589簡），這説明"石"改稱"斛"最遲在始建國五年就已使用，比李均明先生認爲始建國六年（公元14年）以後才使用"斛"的推算要稍早。

值得注意的是，敦煌漢簡22A簡中量詞"石"和"斛"同時使用，原簡內容如下：

　　廩名，□□□三石，得二石六斗□，三年正月，得三石。自出。六月泰日，從府貸一斛。八月，得三石。自出。此三月食。九月，得二石，少一石。自出。二月，得一石五斗五升，候莊卿出。己未日，復一斛六斗一升。

此簡爲廩食名籍，無具體的紀年。但其使用的"三""黍"的寫法始於新莽時期，"三"僅見於新莽時期，表明22A這枚簡爲新莽時期簡。"石"和"斛"同時使用，或正爲"石"改"斛"的過渡時期。"斛"在"始建國五年二月"已使用，故其開始使用的年代最遲爲始建國五年（公元13年），在此之前或已開始使用。

量詞"石"在新莽時期的使用，有紀年的簡如：

　　始建國二年正月壬辰，觜家昌里齊憙。車一兩。出粟大石廿五石。就人同里陳豐，付吞遠置令史長（EPT4:48A）

　　始建國天鳳一年三月乙丑，將輸守尉尊□□，車二兩，入粟大石五十石。輸吞遠隊倉（EPT65:412）

□建國天鳳五年，定入二千石□（EPC:5）

始建國五年六月，令史，受訾家當遂里王護，入粟大石二十五石，車一兩，輸甲溝候官（16.2）

始建國六年二月己丑將輸守尉，入粟大石二十五石，車一兩，輸候官（266.32）

入，正月食穬麥三石。建武廿六年正月甲午，安漢隧長孫忠，代王育受音（2175A）

上述紀年簡表明，建國五年之後的始建國六年、天鳳一年、天鳳五年，乃至東漢的建武廿六年均有量詞"石"的使用。因此，我們認爲量詞"石"改稱"斛"始於新莽時期，但並非新莽一開始就使用，"斛"最遲在建國五年就已經開始使用。與此同時，舊稱"石"仍在使用。由此看出，新稱"斛"產生後並未完全取代舊稱"石"，二者往往同時使用。故"斛"不能作爲判斷新莽簡的直接依據，亦非新莽簡獨特的時代特徵。

4. "錢"稱"泉"

"泉"，《漢書·食貨志》："天鳳元年，復申下金、銀、龜、貝之貨，頗增減其賈直。而罷大、小錢，改作貨布，長二寸五分，廣一寸，首長八分有奇，廣八分，其圜好徑二分半，足枝長八分，間廣二分，其文右曰'貨'，左曰'布'，重二十五銖，直貨泉二十五。貨泉徑一寸，重五銖，文右曰'貨'，左曰'泉'，枚直一，與貨布二品並行。又以大錢行久，罷之，恐民挾不止，乃令民且獨行大錢，與新貨泉俱枚直一，並行盡六年，毋得復挾大錢矣。"[①]新莽時期曾進行了四次貨幣改革，第四次改革即爲天鳳元年罷大、小錢而行貨泉、貨布。肩水金關漢簡中"泉"的用例有：

齒十二歲，賈泉四千五十　卩（T23:257）

☑茭泉，居延官除如牒書到出入，如律令（T23:277）

出賦泉六百（T23:417）

---

① 班固：《漢書·食貨志》，第1184頁。

□三枚□二枚直□□□四直廿，並直二百廿四，入泉九十八少百一十六，期還取餘泉（T23:898B）

子涇業君家室煒子毋恙，閒起得毋有它，數以田宅泉，累子涇業君毋它，叩頭□昆弟家室皆得毋有它，常客爲吏道遠不數相聞毋恙叩頭叩頭。常日日欲遣素親田又未得奉錢毋以自遣，因至今願子涇爲土　田使人持之即毋持□（T23:919A）

出泉二□（T24:350）

轉粟大石至今死爲，泉少千五百□不買長☑（T24:368）

入賦泉六百，受望泉隧長田並□（T24:399）

以上簡牘中"泉"字用例均不含紀年。西北漢簡中"泉"字含有紀年的簡分別見於居延新簡和居延漢簡，各兩例：

出書繩百斤，泉九百三十。始建國天鳳一年十一月庚（EPT5:38）

九月奉泉七百，少千四百六十九。宣又當得元年十二月辛丑盡二年（EPT59:30）

直四千，勒君兄泉，廿官泉，始建國二（110.17）

□始元年三月齎泉（508.17）

居延漢簡508.17簡"□始元年"，此簡上端殘缺，年號殘損，簡文"齎泉"表明該簡爲新莽簡，此處紀年或可補充爲"初始元年"。張小峰《"初始"年號使用時間辨析》認爲"初始"年號開始使用於王莽居攝三年十一月二十一日，爲居攝到新莽建國的過渡性年號。[①]這表明在初始元年"錢"已經改稱"泉"了。

肩水金關漢簡T24:153簡"居攝二年六月□□守尉馮、候長昌，錢□"，其"居攝二年"依然稱"錢"。居延新簡EPF22:29簡"建武三年十二月癸丑朔辛未，都鄉嗇夫宮敢言之。廷移甲渠候書曰：去年十二月中，取客民寇

---

① 張小鋒：《"初始"年號使用時間辨析》，《河南科技大學學報（社會科學版）》2006年第2期。

恩爲就，載魚五千頭到觻得。就賈，用牛一頭，穀廿七石。恩願沽出時行錢
卅萬，以得卅二萬。又借牛一頭"，據簡文之意，"建武三年"亦稱"錢"。
根據簡文這些零星材料的記載，我們可以推斷"錢"稱"泉"爲新莽時期特
定改稱，具有新莽時代特徵。因此"泉"作爲貨幣稱謂可以作爲新莽簡的斷
代依據。

5. 數字的特殊寫法

森鹿三指出"四"寫作"三"是新莽時期的特點，雖也同時使用"四"
的寫法，但特意寫作"三"的簡牘可以看作是新莽簡。通過考察西北漢簡，
我們認同森鹿三的觀點，在明確的新莽紀年簡牘中，未見其他時期寫作"三"
的情況，故"三"這種復古的寫法可以作爲判斷新莽簡的依據。不過對於森
鹿三認爲"七"寫作"桼"、"廿"寫作"二十"、"卅"寫作"三十"也
是王莽簡特點的説法，李均明則認爲這些數詞的新寫法最遲在始建國三年
（公元 11 年）已開始出現。西北漢簡"二十""三十""四十"的寫法雖
並非在新莽時期一開始就改寫，但確實是新莽時期所特有，故可以作爲新莽
簡的時代特徵。"七"寫作"桼"在下文中將稍作補充。

森鹿三認爲漢簡"七"（簡文寫作➤[T10:82]，特點是橫長豎短）的
寫法與"十"（簡文寫作┃[T10:82]，特點是橫短豎長）容易混淆，王莽時
期爲了避免這種混淆，習慣於把"七"寫作"桼"。但把"七"寫作"桼"
的簡當作是王莽時期特有的寫法，值得商榷。西北漢簡中"七"寫作"桼"
且有紀年的簡文舉例如下：

始建國二年桼月盡三年二月，候舍私從者、私屬粟致。（358）

□始建國三年桼月壬辰下（EPT59:43）

始建國天鳳二年二月戊辰朔戊寅，第十桼候長良敢言之，謹移戍卒
病死，爰書旁行衣物券，如牒，敢言之（EPT48:136）

始建國天鳳二年桼月丙申朔戊戌，第十候長育敢言之，爰書：第十
二釱戍卒宣調當曲隧，爰書，敢言之（EPT59:57）

甲溝候官新始建國天鳳上戊二年桼月，吏□□至下士秩別名
（210.34）

始建國天鳳五年桼月乙丑，甲溝守候恭，謂第三（EPF22:675）

□建國地皇上戊二年桼月丁□（EPT6:119）

◆新始建國地皇上戊二年桼月盡九月三時簿（EPF22:468A）

·居成部甲溝候官新始建國地皇上戊二年桼月盡九月，吏名籍
及□（EPW:91）

新始建國地皇上戊三年桼月己卯朔乙巳，甲溝守候陽敢言□
（EPF22:334A）

甲溝候官，新始建國地皇上戊三年桼月盡九月，肱出入簿(EPF25:1)

建武桼年四月戊辰，甲渠鄣守候憲敢言之。謹移隧長徐（61.24）

建武桼年三月甲午朔庚申，甲渠鄣守候　敢言之。謹移三月
（EPF22:430A）

建武八年桼月丁亥朔癸卯，甲渠鄣守□□□□□□□□□
（EPT14:14）

從上述紀年簡來看，數字“七”寫作“桼”在新莽時期建國三年就已出現，目前尚未見到建國元年“七”寫作“桼”的例證。但數字“桼”不僅在“始建國三年”“始建國天鳳二年”“始建國天鳳五年”“始建國天鳳六年”“新始建國地皇上戊三年”等紀年簡中出現，而且在東漢光武帝“建武桼年”“建武八年桼月”等東漢時期簡中也寫作“桼”。故“七”寫作“桼”非新莽時期特有。

此外，“七”寫作━━的寫法在始建國三年之後仍然存在，如：

受官泉六千當□泉，積六匹一丈，匹千二百，積□泉三，百凡當匹七千八百前圓泉二千三百，出泉六百五顧治圓財用直，餘泉千六百八十五，當得出付泉千二百五十泉（225.45）

第十六隧長居延利上里上造鄭陽，年卅七，始建國地□㮐（231.106）

•新始建國地皇上戊三年七月，行塞省兵物錄(EPF22:236)

▢里公乘程永，年卌五，更始二年七月甲申除（41.33）

•萬歲部，建武三年七月校兵物少不備簿，故候長樊隆主(EPF22:373)

建武六年七月乙亥（225.6）

•甲渠候官，建武七年正月盡三月，穀出入四時簿(EPF22:398)

"七"改寫作"桼"發生于建國三年初，在此後的新莽時期及東漢時期均有數字"桼"的寫法，"七"寫作"桼"非新莽時期特有，且"▬▬"的寫法也伴隨其中。因此，數字"桼"不能作爲判斷簡牘是否屬於新莽簡的直接依據。

綜上，雖然"桼"等字詞的寫法非新莽時期特有，但至少可以肯定其始於新莽時期，沿用於東漢。這些新莽時期特有的字詞，至少可以將一批没有明確紀年的簡牘大致確定在新莽時期，也有助于簡牘斷代。

（二）簡册紀年推斷

簡册編聯，尤其是有紀年的簡册有助於推測出更多簡牘的紀年。英國漢學家魯惟一在《漢代行政記錄》中提出，在試圖把所挑選的簡牘看作同一份簡册的組成部分之前，有必要先説明這些簡牘是在同一地點發現的，同時還要根據書寫材料的類型、簡牘的尺寸、簡文的風格、簡文的表達方式和術語、簡文筆迹、編聯方式等多方面的綜合考慮，來對簡册進行編聯。[1]屬於同册的簡牘至少要同時具備以下條件：

出自同一探方。肩水金關漢簡是按層級發掘整理的簡牘，每個探方内的紀年簡在分布上具有相對集中性。同探方中編聯相關的簡册具有一定的可靠性，但也不排除少量簡册散落於其他探方中的情况。

簡牘的形制相同。簡牘的形制主要包括簡牘的尺寸大小、長短、寬窄以及形態等。同一簡册的簡牘其形制一般比較統一，常有便於編聯的刻齒。

---

① ［英］邁克爾•魯惟一：《漢代行政記錄》，于振波、車今花譯，廣西師範大學出版社，2005年，第20—21頁。

簡文的布局相同。同簡册的簡文文字布局一般比較一致，文字間的疏密、語句間隔都具有一致性。

簡文的內容相關。同簡册的簡牘內容密切相關，表達方式和術語使用相同。

簡文書寫風格一致。書寫風格也是判斷簡册是否相同的重要標準，書寫風格主要指書體、筆勢等，同一簡册多爲同一人同時所書，其書寫風格基本相同。

根據上述五種判斷標準，在肩水金關漢簡中有如下簡册應屬同一簡册，它們的書寫紀年日期應相同，如：

1. 穀出入簿

T10 探方中帶有紀年的"穀出入簿"有：

通道廄元鳳五年十月穀出入簿　（T10:62）

元鳳六年四月盡六月財物出入簿（T10:65）

通道廄佐謹元鳳五年十一月穀出入簿（T10:107）

通道廄設餘元鳳六年四月穀出入簿（T10:137）

通道廄佐元鳳五年十二月穀出入簿（T10:150）

通道廄佐元鳳五年十二月穀出入簿（T10:295）

這些簡顯然爲"穀出入簿"簡册的簽牌，即相當於封面，起到簡册類型提示作用。T10:67—T10:97、T10:165—T10:175、T10:100、T10:101、T10:113、T10:117、T10:180、T10:187、T10:277、T10:296、T10:306、T10:308、T10:316、T10:317、T10:322、T10:325、T10:345—T10:347、T10:356、T10:459、T10:471，共計六十一枚簡全爲穀出入登記，簡牘大小、長寬一致，標準隸書書寫，表達方式和術語使用相同，簡文布局除 T10:67、T10:68、T10:82、T10:85、T10:89、T10:94、T10:96、T10:101、T10:113、T10:117、T10:356 這十一枚簡爲兩行書寫外，其他簡均單行書寫。按上述標準來判斷，這些簡應屬元鳳五年或元鳳六年"穀出入簿"，因爲簡牘未編聯，有的簡甚至離散得較嚴重，故不能精確確定這些簡的準確紀年，但大致可以確定爲元鳳五年至元鳳六年之間。

2. 守御器簿

T37:1538 簡"橐他莫當隧始建國二年五月守衛器簿"，其後 T37:1539—T37:1559 爲守御器物的記載，其簡牘形制、簡文文字排列、書寫筆迹都完全一致，故屬於始建國二年"守御器簿"。

3. 詔書

F1:1—F1:15 簡的内容爲丞相方進和御史光上奏的奏書，簡牘所述内容爲同一份詔書，其簡牘編號相鄰，簡牘形制相同，簡文雙行排列布局，書體均爲隸草，明顯出自同一人之手。F1:8 簡"制可"，爲皇帝審核批准之詞，F1:9 簡"永始三年七月戊申朔戊辰御……下當用者"爲批閱時間，則這封奏書應在永始三年寫成，或稍早一點。F1:1—F:15 簡的紀年可判定在"永始三年"，即《永始三年詔書》。

4. 同人物繫聯

根據同一地點、同一職位、同一名字，可確定相關簡牘之間的關係，如"肩水候房"。肩水金關漢簡中"肩水候房"多出現在"地節四年、地節五年、元康二年"等紀年簡中，與這個人相關的簡應該都在這個紀年時間内，這是可以確定的。如：

地節五年正月丙子朔戊寅肩水候房以私印，行事謂士吏平候行塞，書到，平行（T21:42A）

元康二年九月丁酉朔己未肩水候房以私，行事謂候長長生候行塞，書到，候事（T21:43A）

正月癸巳肩水候房以私印行事，告尉謂士史平候長章等，寫移書到，除前書以後書，品約從事，毋忽如律令/尉史義。（T21:103）

T21:103 簡的紀年定在漢宣帝時期，根據内容的相關性，地節五年和元康二年均有可能爲 T21:103 的紀年。再據 T21:103 簡中"正月癸巳"知，地節五年正月有癸巳日，元康二年正月無，故此簡紀年爲地節五年。

五、小　結

　　簡牘上的紀年較爲複雜，其所記載的紀年並不一定就是當時實際的日期，有的或爲追述紀年。但根據簡牘的內容來看，即便是追述前事，其時間應相距不遠，故亦可根據簡牘上的紀年對簡牘進行分期斷代。

　　在統計簡文中紀年簡的數量時，有兩種特殊情況：

　　其一，新舊年號並用時的年代統計。新舊年號並用即指本已改用新年號，但在實際的紀年中仍書舊年號。這批簡中新舊年號並用的有"始元七年"與"元鳳元年"、"本始五年"與"地節元年"、"本始六年"與"地節二年"、"地節五年"與"元康元年"、"甘露五年"與"黃龍元年"、"河平五年"與"陽朔元年"、"陽朔五年"與"鴻嘉元年"、"鴻嘉五年"與"永始元年"、"永始五年"與"元延元年"、"建平五年"與"元壽元年"、"元始六年"與"居攝元年"，共十一個新舊年號並用。[①]統計時，仍按簡牘書寫的年號計算。

　　其二，紀年簡正反面（或多面）皆書有文字者，若正反（或多面）各書有年號，則按實際所記的年號爲準。若僅一面書有年號，另一面的內容若與書紀年的那一面的內容密切相關，則未書年號的那一面文字亦同算作該紀年，如：

　　　地節五年正月丙子朔戊寅，肩水候房以私印行事，謂士吏平候行塞書到，平行（T21：42A）

　　　印曰：候房印，正月戊寅鄣卒福以來（T21：42B）

　　這枚簡的 A/B 面內容相關，簡牘所要表達的日期應都爲地節五年。這類簡在紀年統計時，就算兩枚簡的紀年。有的 A/B（或多面）之間的內容無相關性，如：

────────────

① 新舊年號並用原因較爲複雜，學者對此已有詳論，此不贅述。參見李學勤《論漢簡、錢範所見紀年超長現象》，《湖南大學學報（社會科學版）》2005 年第 5 期；肖從禮《金關漢簡新舊年號並用舉隅》，《魯東大學學報（哲學社會科學版）》2012 年第 5 期。

甘露四年四月戊寅朔壬午，西鄉有秩元敢言之，中丘里胡年自言爲……

謹案年毋官獄☑（T10:230A）

地地史史史史史史史史（T10:230B）

這枚簡 A 面是出入傳文書，B 面是習字簡，A、B 面在内容上没有直接的聯繫，故 B 面書寫内容暫不能斷定爲甘露四年。在紀年統計時，這類簡只計算書有明確紀年的那枚簡。

考慮這些特殊情况后，我們在肩水金關漢簡中統計出原簡牘所載紀年的簡 939 枚，據月朔、曆譜、特殊字詞以及簡册推測出的紀年簡 240 枚，一共 1179 枚紀年簡，紀年簡約占總簡數的 9.6%。

根據原紀年簡的紀年記録以及考證出的紀年顯示，肩水金關漢簡的紀年範圍可確定在漢武帝太初五年至東漢和帝元興元年，歷時 205 年。其中，漢宣帝時期的紀年簡最多，漢成帝、漢元帝、漢哀帝、漢昭帝及新莽時期紀年簡次之，漢平帝、孺子嬰時期亦有部分紀年簡，東漢紀年簡很少。因此，肩水金關漢簡的紀年簡主要集中在西漢中晚期和新莽時期，實際上，這也能表明肩水金關漢簡主要書寫於西漢中晚期，少量簡牘書寫于東漢初期。

第二節　肩水金關漢簡内容分類

一、西北漢簡分類研究概述

西北屯戍漢簡分類研究起步較早，早期的分類研究主要圍繞斯坦因所獲漢晉簡牘和居延漢簡展開。根據國内外西北漢簡分類研究的特徵，現概述如下：

（一）20 世紀初，簡牘分類研究嘗試期

早期的簡牘分類研究以王國維、羅振玉合著的《流沙墜簡》爲代表，該書根據英籍考古學家斯坦因在敦煌地區發掘的敦煌漢簡、羅布泊漢晉簡牘以及少量紙片、帛書等簡帛文獻，按簡帛内容和性質將上述簡帛分爲小學術

數方技、屯戍叢殘、簡牘遺文三大類。其中，屯戍叢殘類包括簿書、烽燧、戍役、廩給、器物、雜事六類。[①]羅、王二人按簡牘性質、内容分類編排的方法開漢簡分類研究的先河，奠定了簡牘分類研究的基礎。1943 年勞榦在《居延漢簡考釋·釋文之部》將居延漢簡分爲文書、簿録、信札、經籍、雜類五大類。文書類包括書檄、封檢、符券、刑訟四小類；簿録類包括烽燧、戍役、疾病死傷、錢穀、器物、車馬、酒食、名籍、資籍、簿檢、計簿、雜簿十二小類；信札相當於王、羅簡牘遺文類；經籍相當於王、羅二人的小學術數方技類。[②]較王、羅二人的分類，勞氏的分類更爲細緻。

（二）20 世紀中後期，簡牘分類研究探索期

隨著居延漢簡圖版傳到日本，以森鹿三、大庭修、永田英正爲主的日本學者運用古文書學方法對簡文進行簡册集成和復原。1959年森鹿三《居延漢簡集成——特別是關於第二亭食簿》[③]以簡牘形制、書寫格式及筆迹復原了“第二亭食簿”册書。1960年森鹿三又作《論居延出土卒家屬廩名籍》[④]對居延漢簡中的24枚隧卒家屬穀物配給簡文進行了研究，復原了1册家屬廩食名籍。1961年大庭脩《元康五年詔書》[⑤]一書提出了簡册復原的基本條件：出土地點同一、筆迹同一、材料同一、内容關聯，由此復原了“元康五年詔書”簡册。1967年漢學家魯惟一在《漢代行政記録》中運用古文書學理論對居延漢簡中710枚簡牘按照出土地點、書寫形式、簡牘形制、書寫筆迹等因素進行分類集成，復原了詔書、公文、曆譜、郵書、吏卒名籍、戍卒活動、穀物和設備發放、通關文書、烽燧巡視、物品登記簿等43份文書簡册，它們絕大部分爲簿籍性質。

① 王國維、羅振玉：《流沙墜簡》，中華書局，1993 年。

② 勞榦：《居延漢簡考釋·釋文之部》，商務印書館，1943 年。

③ [日]森鹿三：《居延漢簡集成——特別是關於第二亭食簿》，載永田英正編《居延漢簡研究》，張學鋒譯，廣西師範大學出版社，2007 年。

④ [日]森鹿三：《論居延出土卒家屬廩名籍》，載中国社会科学院历史研究所战国秦汉史研究室编《簡牘研究譯叢》第一輯，中國社會科學出版社，1983 年。

⑤ [日]大庭脩：《秦漢法制史研究》，林劍鳴譯，上海人民出版社，1991 年。

　　1974年永田英正《居延漢簡集成——破城子出土的定期文書（一、二）》[①]一文對破城子出土的五千多枚簿籍簡牘以出土地點、書寫格式以及書寫內容爲主進行分類集成，並按照簡牘文書中的本身題名來命名，這是簡牘分類的一大進步，但其分類只涉及簿籍簡，範圍較窄。大庭脩《漢簡研究》[②]收錄了他1977年至1991年間發表的"册書研究"相關內容，探討了册書復原的原則。

　　這一時期，海外學者尤其是日本學者的簡牘分類研究和簡牘集成成果十分突出。古文書學的引入完善了簡牘文書分類法，這種綜合出土地、簡牘形制、文書格式、書寫筆迹、簡文內容等多種因素對簡文進行分類集成的研究方法爲後世提供了寶貴的分類視角，是簡牘文書系統分類研究的開端。

（三）20世紀末至21世紀初，簡牘分類研究成熟期

　　這一時期是國內簡牘分類研究的高峰期，分類研究物件不再局限於西北屯戍漢簡，秦文書簡分類研究正在興起，與此同時簡册復原研究也取得了突出的成績。李均明、劉軍合著的《簡牘文書學》（廣西教育出版社，1999年）、李天虹的《居延漢簡簿籍分類研究》（科學出版社，2003年）、李均明《秦漢簡牘文書分類輯解》（文物出版社，2009年）等簡牘分類研究成果最具代表性。何雙全《雙玉蘭堂文集》（蘭台出版社，2001年）中的"簡牘編綴與文書分類"，以及白軍鵬《"敦煌漢簡"整理與研究》（吉林大學博士學位論文，2014年）對敦煌漢簡進行了文書分類歸納。魏振龍《肩水塞出土漢簡整理與研究》（武漢大學博士學位論文，2021年）對肩水塞轄區（包括大灣、地灣、金關遺址）出土的簡牘進行文書分類、文字釋讀、綴合編聯等文本整理工作，同時也對肩水候官的組織機構、交通運輸、生活保障及行政運作等進行了綜合研究。王旺祥《西北出土漢簡漢代律令佚文分類整理研究》（西北師範大學博士學位論文，2009年）整理了律令類簡牘佚文。最新

---

① ［日］永田英正：《居延漢簡集成——破城子出土的定期文書（一、二）》，載永田英正《居延漢簡研究》，張學鋒譯，廣西師範大學出版社，2007年。
② ［日］大庭脩：《漢簡研究》，徐世虹譯，廣西師範大學出版社，2003年。

出版成果，王錦城《肩水金關漢簡分類校注》（花木蘭文化出版社，2022年）將肩水金關漢簡進行了窮盡性的分類，并按類對簡文字詞作了校注與集釋，是近年來分類研究較具系統性的成果。此外，一些碩士學位論文對敦煌漢簡、居延漢簡的書籍類簡牘進行專題的分類研究，也具有一定的參考價值。

二、肩水金關漢簡分類

我們在充分借鑒前人科學分類的基礎上，從肩水金關漢簡自身的特徵出發對其進行大致的分類，以便考察文書類型對字體書寫的選擇性影響，從而更進一步探究其對異體字的影響。肩水金關漢簡中除去圖畫簡，文字蠹蝕嚴重、筆畫漶漫不清的簡牘外，將整理釋文按内容和性質分爲書檄記、簿籍、藝文、刺課符券、檢楬、其他等六大類，各大類中又包含若干具體的小類。

（一）書檄記

書，指官方通行的文書；檄，特指告誡類的文書；記，一般指書信，簡文中有官、私書信之别。這三類簡牘在内容和性質上均有區别。肩水金關漢簡中此類簡牘的數量最多。

1. 皇（王）室往來文書

與皇（王）室往來的文書主要包括兩類：一是由皇（王）室發出的自上而下的詔書、制書、命書等命令、批示性文書，其標志性的文書用語如：制詔言、制詔納言、制詔某（人名或官職）、制書言、詔書曰、制曰等。如：

> 制詔張，毋爲所□（T22:20）
>
> 制曰：刺史之部明教吏謹□☑（T28:71）
>
> 常，制曰：可。孝元皇帝初元四年十一月丙午下（T37:223）

二是臣民由下至上上書給皇（王）室的章奏、請詔等請示性文書，其標志性用語如：臣某昧死言、頓首頓首死罪死罪、糞土臣某上書、糞土臣昧死再拜上書、稽首再拜上書、臣某誠惶誠恐等。示例如：

> 丞相方進御史臣光昧死言，明詔哀閔元元、臣方進御史臣光，往秋

郡被霜，冬無大霧，不利宿麥，恐民□（F1:1）

　　調有餘給不足，不民所疾苦也，可以便安百姓者，問計長吏守丞，
條封。臣光奉職無狀，頓首頓首死罪死罪，臣方進、臣光，前對問上計
弘農大守丞□（F1:2）

　　言預可許。臣請除貸錢它物律，詔書到，縣道官得假貸，錢□□。
縣官還息與貸者，它不可許，它別奏。臣方進、臣光，愚戇頓首頓首死
罪死罪(F1:7)

　　居延都尉糞土臣武上書☑，□□□□詣行在所公車司馬☑，元鳳
二年□月辛酉☑（T26:17B）

2. 官府間往來文書

官府間往來文書包括：府書、傳、除書、遣書、調書、病書、致書、視
事書等諸多具體事務通告的文書。其中府書按官府級別分爲上行文書、下行
文書、平行文書三種。府書常見的文書用語爲寫移書到、謹移、敢言之、書
到言、如律令、如治所書律令等。

（1）府書

　　甘露二年五月己丑朔甲辰朔（衍"朔"），丞相少史充、御史守、少
史仁，以請詔有逐驗大逆無道故廣陵王胥御者惠同產弟、故長公主蓋卿大
婢外人，移郡大守。逐得試知外人者，故長公主大奴千秋等曰：外人，一
名麗戎，字中夫，前大子守觀奴嬰齊妻。前死。麗戎從毋捐之，字子文，
私男弟偃，居主馬市里弟。捐之姊子，故安道侯奴林，取不審縣里男子字
游爲麗戎聟，以牛車就載藉田倉爲事。始元二年中，主女孫爲河閒王后，
與捐之偕之國。後麗戎游、從居主机菜弟，養男子孫丁子沱。元鳳元年中，
主死，絕戸。奴婢没入詣官。麗戎、游俱亡。麗戎脱籍，疑變更名字，匿
走絕迹，更爲人妻，介罪民間，若死，毋從知。麗戎此時年可廿三四歲，
至今年可六十所。爲人中壯、黃色、小頭、黑髮、隋面、拘頤、常戚額如
頻狀，身小長，詐魔少言。書到，二千石遣毌害都吏（T1:1）

　　嚴教屬縣官，令以下嗇夫、吏、正、父老，禖驗問鄉里吏民，賞取
婢及免婢以爲妻，年五十以上，刑狀類麗戎者，問父母昆弟，本誰生子，
務得請實，發生從迹，毋督聚煩擾民。大逆同産當坐，重事，推迹未窮，
毋令居部界中不覺。得者，書言白報，以郵亭行，詣長安傳舍。重事，
當奏聞，必謹密之，毋留，如律令。六月，張掖大守毋適、丞勳敢告部
都尉卒人，謂縣，寫移書到，趣報，如御史書律令，敢告卒人。/掾很，
守卒史禹置，佐財。（T1:2）

　　七月壬辰，張掖肩水司馬陽以秩次兼行都尉事，謂候、城尉，寫移書
到，廋索部界中毋有，以書言，會廿日。如律令。/掾遂、守屬況。七
月乙未，肩水候福，謂候長廣宗□，寫移□到，廋索界中毋有，以書言，
會月十五日須報府，毋□□，如律令。/令史□。（T1:3）

此爲追查逃犯麗戎的抄送到各單位的下行文書，發文者爲丞相少史、御
史、少史，要求各級基層單位逐級傳抄此份文書，是典型的下行文書。

　　元始四年五月庚午朔乙未，東部候長放敢言之，謹移亡人火出入界
相付日時一編，敢言之。（T23:855A）

　　元康二年閏月戊戌朔甲子，屋闌司空嗇夫盖梁以私印行丞事敢言
之，謹移囚錄一編，敢言之。（T30:42+69）

上述簡爲上行文書，上行文書用語常含“謹移、謹案、敢言之”等敬詞。

　　神爵四年正月丙寅朔辛巳，居延丞奉光移肩水金關都尉府移肩水
候，書曰：大守府調徒復作四人送往來過客，今居延調鬼新徒孫。
（T37:520A）

　　甘露四年四月戊寅朔甲午，甲渠鄣守候何齊移肩水金關令史□，罷
軍徒補觻得臨谷候官令史，書到，案籍内如律令。（T5:68）

平行文書爲行政級別相同機構的文件轉發，如上兩簡中居延都尉和肩
水都尉、甲溝（甲渠）候官和肩水候官均爲同級別候官。

（2）傳

傳是與“符”相近的出入通行憑證，但因需要官方的簽署，且有較爲固定的文書格式。傳有公傳與私傳之分，公傳爲公事出入關，私傳爲私事出入關，二者都有嚴格的審批程序。肩水金關漢簡中所見傳以私傳爲主，如：

永始二年九月壬子朔辛酉，東鄉有秩相敢言之：廣世里，案：毋官獄徵事，謁移過所，勿苛留，敢言之。九月辛酉，熒陽守丞承移過所，如律令。（T24：23A）

熒陽丞印（T24：23B）

陽朔五年正月乙酉朔庚戌，犂楊丞臨，移過所譴廚佐。閭昌爲郡，送遣戍卒張掖居延，當舍傳舍，從者如律令。（7T6：23A）

犂楊丞印/掾譚，令史賞。（T6：23B）

傳常見的文書用語爲“舍傳舍”“移過所”“無官獄徵事”“移縣道河津關”“毋苛留”“乘軺車”“以令取傳”等。凡是含有這類詞語的簡牘，我們皆歸入此類。

（3）病書、視事書

肩水候官受候隧長，氐池安樂里，公乘，解定國，年廿六，病（T6：146）

•右除及病視事書。（T9：25）

到官視事行道。（T23：1014）

病書爲吏卒因病向官府申請告假的文書。文書中須在申告時説明爲何種病症，肩水金關漢簡中尚未見完整的病書，只能根據殘存簡牘的只言片語暫歸入此類。另外，與病書對應的視事書即爲病愈之後恢復工作的報告書，視事書會寫明具體的視事日期，如 T21：377 簡“□月甲午視事”，以及超過病假期限而未到視事的日期，如 T23：643 簡“□日，可徵日兇•冬以時到官視事，未到□”。

（4）遣書

□者，省擇其十人，作牛車輸工，遣詣天水郡（T2：18）

始建國元年二月癸卯朔丁巳，張掖居延都尉□丞□將過，遣居延尉

史，衛望延（T23：915）

遣書，即古代官員遷任到別處時的報到憑證，完整的遣書常有"到課言"的文書用語，實爲遣書的回執用語。肩水金關漢簡中遣書簡牘不多見，且無完整的遣書記錄。

（5）除書

　　　二月庚子斥免令□（T1：280）

　　　候長代杜裏（T1：296）

　　　元年二月甲戌除爲肩水騂（T9：23）

除書，李均明謂"不僅僅是任命書，而是一組涉及與某項任免相關的調動、升遷、免職、代理事宜的文書"[①]，即官方的人事變動方面的文書。肩水金關漢簡中因簡牘殘斷，尚未見完整的除書，結合文意我們將含有"調、遷、免、代、除"等關鍵詞的簡歸入此類。

3. 司法文書

司法時產生的文書，如舉書、劾狀、爰書、驗問書、奏讞書等，常使用"舉書曰、劾狀、爰書、謹驗問"等文書詞語。如：

　　　劾狀：而劾之狀具此（T1：51）

　　　爰書：朔庚子，令史勳敢言之：爰書士吏商、候長光、隧長昌等，□即射候賞，前令史，□辱發矢數於牒，它如爰書，敢（T10：206）

　　　驗問書：塞，吏疑子功絕，從肩水界中過，盜馬使昭武移書沙頭，驗問，不應律案，相等皆吏知子功（T5：71）

　　　奏讞書：鬼新蕭登，故爲甲渠守尉，坐以縣官事歐笞戍卒，尚勃讞爵減。元延二十一月丁亥論。故鮳得安漢里正月辛酉入（T3：53）

追捕逃亡人員的文書，我們也納入此類。追捕文書常包含逃亡之人樣貌特徵的描繪，如 T23：795 簡 "☑年卅六，七尺五寸，中壯，大刑面，鼻黑"這些詳細的體貌特徵描述。《甘露二年御史書》本也屬於追捕令的文書，但

---

① 李均明：《秦漢簡牘文書分類輯解》，文物出版社，2009 年，第 55 頁。

因其完整的下行文書格式特徵，我們歸入官府文書類。嚴格地説，司法文書亦屬官府文書類的文書，但因其性質具有特殊性，其文書用語也與官府文書類有明顯的不同，故將其列入司法文書中。

4. 檄文

檄文"是一種行事急切、具有較強的勸説、訓誡與警示作用的比較夸張的文書形式"[①]，包括府檄、警檄、刑罰檄，常使用"檄到、檄言、官檄曰"等文書用語。肩水金關漢簡中未見比較完整的檄文，多以殘損的檄文爲主，如：

　　　　□令寫移檄（T1：63）

　　　　河平二年十二月甲戌，騂北亭長章，敢言之，治所檄曰（T10：125）

　　　　□檄，右各寫，方取財木，日必具，以檄言：毋忽如律（T21：28B）

5. 官私書信

官私書信在西北漢簡中非常豐富，包括官方書信、友朋書信以及家信，其用語具有明顯的書信特徵。官信常用"官告某某、府告某某、告某某"等詞語，行文較私信簡潔。私信常含"某某足下/坐前、伏地再拜請、某某叩頭言、謹叩頭再拜白、頃久不見、幸甚、毋恙"等書信用語，如：

　　　　孫常叩頭言：宋巨卿坐前毋恙，頃久不望。見舍中起居得毋有它，先日數累左右毋它，它欲伏前，面相見加巨卿，時力過府君行事毋它，欲往會病心腹丈滿，甚□□注以故至今，請少□☑疾之比得左右。願叩頭因白，官移記諸部，令移☑□言君（T23：359A）

　　　　宣伏地言：稚萬足下善毋恙，勞道決府甚善，願伏前會身小不快更河梁難以，故不至門下拜謁，幸財罪請少偷伏，前因言累以所市物謹使，使再拜受幸，願稚萬以遣使。天寒已至須而以補願斗食遣之，錢少不足請知數，推奏叩頭幸甚，謹持使奉書。宣再拜。□□張宣（T30：28A）

[①] 李均明：《秦漢簡牘文書分類輯解》，第 103 頁。

（二）簿籍類

簿籍是賬簿和名籍的合稱，肩水金關漢簡中各類賬簿、財物簿、器物簿及名籍簡非常豐富。簿籍簡名目繁多，記錄詳細。此類簡數量僅次於書檄簡。

1. 賬簿類

肩水金關漢簡中的賬簿包括收入、支出、校計、審核等，還有日迹、日昨登記簿。此類具體包括：穀出入簿、錢出入簿、鹽出入簿、茭出入簿、守御器簿、被兵簿、日作簿、日迹簿、校簿、計簿等。

（1）穀出入簿

穀爲糧食的總稱，包括粟、麥、糜等各種穀物。各類穀出入簿例如下：

出穀小石卅四石四斗一升，其四石六斗五升粟，廿九石七斗六升麥，以食傳馬六匹，一月，其二匹縣馬（T10:67）

通道廄佐元鳳五年十二月穀出入簿（T10:295）

出糜七石，以食亭卒五人，十月壬寅□□（T24:429）

出麥五石四斗以食監常樂等三人三月食（T5:113）

（2）錢出入簿

錢出入登記簿中錢的出入主要用於支付賦税、奉禄及貰賣日常生活用品，如酒、肉、布、衣等。例如：

■凡出賦錢九十七萬七千三百一十六　丿（T3:100）

出錢二百，酒二石；出錢☑；出☑；出錢□□，肉十斤；出錢☑；出二；出☑；出錢；出十三（T6:154A）

出錢千八百，以給尉史萬定世，四月盡六月積三月（T6:56）

出錢二百卌，買練一丈；出錢廿四，買二□□；出錢五十四，繩四百五十枚卩；出錢六百，買尊布一匹；出錢卌四，買車鈎一具、鍵卅枚；出錢百六十九，緣六尺半卩（T7:19）

（3）鹽出入簿

鹽出入簿主要登記出鹽多少及鹽的去向，如：

出鹽一斗七升，四月丙，令拓以廩止虜隧卒部賢，爲張定刑留取三月四月食（T1:23）

出鹽三斗，以食□中隧長淳於，五月食（T22:68）

（4）茭出入簿

作爲飼養牛馬的主要作物，茭是喂食牲畜的干草。牛馬是當時的主要乘用工具，爲保證糧草，茭的收支也有嚴格的登記，如：

出茭千束，付從吏丁當，凡出茭五千二百束，今餘廿五萬四百冊束，其十一萬束積故□□□（T2:26A）

買茭廿，買茭卅束，買茭卅束居（T10:418）

出茭萬二千四百五十束，以食騎士力牛六（T21:418）

（5）守御器簿

守御器簿爲守衛城關所用的器具登記簿，如：

□□八，□□二，茹十斤，馬矢六石，長椎一，□□三，芳一斤，煙造四，梧椎四，□□三，□四斗，沙造二，連椎四，☑，牛頭石冊，破釜一所，□（T21:182）

出瓦箕十枓十（T4:23B）

橐四，深目六，轉射七（T23:310）

（6）被兵簿

被兵簿爲配置武器裝備登記簿，包括隧別被兵簿、部別被兵簿、名籍兵簿、兵守御器負算簿等四類，如：

受降隧，有方一，用緹五寸（T21:326）

□□部候史，橐矢九十一（T2:31）

當陽卒郭玉枱，六石具弩一，橐矢五十（T1:82）

肩水禽寇隧長韓武彊，弩一，右淵死二分，負五算，凡負七算，蚩矢一。差折負二算（T10:131）

（7）日作簿、日迹簿

日作簿爲屯戍人員的每日勞作登記簿，日作過程中分工明確，記錄詳細。日迹簿爲每日的巡邏統計登記簿。從這類登記簿可知，邊境士卒在非戰時期要從事生產勞動和防禦設備維護工作，以補充糧食的自給和保證防禦設備的正常使用。如：

乙未，右前部千人嬰齊，作六十人，其一人決，一人弓，一人土（T10:416）

壬申，卒廿二人，廿人運校，盡戊寅積七日，致校五百八十丈率出致五十八丈，其一日，沐治準，其二人養（T21:97）

積卅人守園（T21:217）

王成迹盡界毋越塞出入迹（T22:58）

甲寅迹毋越塞出入迹（T23:483）

（8）校簿

校簿爲實物與原登記賬單的盤點賬簿，包括兵器折傷簿、兵器校簿、錢物校簿三類，如：

戍卒濟陰郡定陶常富里董安定，三石具弩一完、承弦二完、靳干幡各一完（T23:145）

候長，四石具弩二傷二角，候史□□，四石具弩一完，四石具弩二傷二角（T23:1062）

閣錢二千數，少卅一，就十二，見千九百（T4:133）

江卿少三，趙卿少一•毛卿少二，凡少□（T23:981）

肩水金關漢簡中校簿常用詞語包含："完""少""見""餘""毋出入""凡"等。

（9）計簿

計簿爲士卒日常生活中的流水賬登記簿，肩水金關漢簡中凡是無法歸入相應賬簿的殘斷簡都歸入計簿類討論。如：

日計，篿一直十八，贛□一直六十（T23:663A）

　　□□子□計，取牛寬一直卅五，酒一斗付廣地卒，治□廿，錢卅，又糒一斗十三，麥五斗直卅五，酒二斗飲內中，飯錢六。又取錢卅，予沙頭卒，布單衣廿，☑中，糒一斗十三，薪束六，又卅取堂上，又卅七，錢廿七（T2:27A）

此外，簡牘中還有什器簿、稟食粟出入簿、折傷兵器簿、貰直簿等。

2. 名籍類

名籍即名單，用以登記屯戍人員基本信息。名籍登記有助於邊境屯戍人員的有效管理，糧食、衣服、錢財、兵器等的發放與檢查。另外，休病、坐庸、調換、除代等各類事件都有嚴格的名籍登記。肩水金關漢簡中名籍簡包括：卒名籍、吏名籍、葆名籍、從者名籍、騎士名籍、備代名籍、出入名籍、稟食名籍、俸錢名籍、債名籍、貰賣名籍、衣物名籍、賜奪勞名籍、吏射名籍、被兵名籍、除代名籍、調換名籍、功勞名籍及其他名籍等幾十個小類，簡文殘損較多無法細分者統一歸入"其他"類。名籍類簡牘種類多，現列舉簡文中數量較多、極具代表性的名籍簡，簡述如下。

（1）卒名籍

卒名籍是對士卒籍貫、姓名、爵位、年齡等基本信息進行登記的記錄簿，以便對士卒進行管理、發放俸祿等。卒名籍一般包括所屬卒類、籍貫、爵位、姓名、年齡、身高等內容。肩水金關漢簡卒名籍數據統計時，殘損簡文包含這些相關內容的也算作名籍簡。例如：只存籍貫的，如 T23:34 簡"田卒上黨郡泫氏市□"；只存年齡和身高，如 T22:151 簡"□年廿八歲長七尺二"；只存姓名和籍貫，如 T1:119 簡"謁者里范壽"；只存姓名和年齡，如 T6:98 簡"里臧強年卅一"；只存籍貫和爵位，如 T9:143"觻得孔嘉里公乘"；只存年齡的，如 T10:10 簡"年五十四"等。肩水金關漢簡中較完整的名籍簡如：

田卒平干國張榆里簪褭呂儋年卅二（T1:5）

戍卒汝南郡召陵倉里宋猜年廿五（T1:8）

田卒平干國廣平澤里籍襄李田利里年廿六 （T1:37）

（2）吏名籍

吏名籍，即官吏名籍，其内容一般包括官吏的職位、籍貫、姓名、爵位、年齡等，簡文中以隧長、候長等小吏名籍爲主。如：

止姦隧長居延卅井里 （T6:130）

陷陣隧長屋蘭莫當里孔戊(T7:4)

第六隧長昭武□□里公乘成(T7:86)

居延卅井誠南隧長市陽里周仁年卅六歲 （H2:14）

（3）葆名籍

"葆"通"保"，葆名籍即被擔保出入關門人員的名單及信息。完整的葆名籍包括"葆"與"被葆"人的基本信息，但因簡牘殘損，肩水金關漢簡中完整的葆名籍不是特別多。馬智全《肩水金關漢簡中的"葆"探論》指出"葆"包括"吏對民的擔保、吏對官奴的擔保、民對民的擔保以及家庭成員間的擔保。肩水金關漢簡中的'葆'主要是一種爲通關而進行的擔保以及由此產生的身份特徵"[1]，如：

葆同縣安定里公乘張忠，年卅五，長七尺 （T2:36）

葆淮陽国陽夏北陽里公乘張不武年廿三， 長七尺二寸， 黑色(T10:118)

□□丞，葆同里大夫王威， 年廿七歲， 黑色 （T10:245）

肩水都尉屬令狐賞，葆蘭大昌里孫聖年廿八，長七尺五寸，黑色(T14:3)

居延令史薛宣，葆居延當遂里男子張武，軺車一乘、馬一匹，十月(T37:32)

（4）從者名籍

從者名籍即隨從人員的名單，包括家奴、從者、私從者等人員名單。從

---

① 馬智全：《肩水金關漢簡中的"葆"探論》，《西北師範大學學報（社會科學版）》2013 年第 1 期。

者名籍一般記錄隨從人員的籍貫、姓名、爵位、年齡、膚色等，有的還記隨
申物品配備情況，如：

> 從者京兆尹長安大原里賈相，年十六歲，長五尺，黑色（T9：94A）
>
> 從者望垣萬年里季利世，弓一，矢十四　　（T9：94A）
>
> 從者居延廣地里上造張青齒，年十五，黑色（T11：4）
>
> 從者玉門臨泉里程不識年卅五，軺車三乘，用馬六匹，閏月辛卯北
> 出（T37：53）
>
> 居延亭長平明里不更張廣年廿三，長七尺五寸，黑色。軺車一乘，
> 用□。從者居延□□里大夫徐□年十二，長五尺四寸，黑色。五月己亥
> 入，七月（T37：833A）

（5）騎士名籍

騎士名籍，即騎兵名單。相對於其他類名籍，騎士名籍所含信息較爲簡
單，一般包含縣名、姓名、年齡等基本信息，如：

> 日勒騎士延壽里張定（T1：78）
>
> 屋蘭騎士減胡里蘇乙（T4：9）
>
> 右前騎士關都里；右前騎士關都里王；右前騎士白石里孟賀；左前
> 中營右騎士千秋里龍昌；左前騎士□；中營右騎士累山里亓襄；左前
> （T3：7）
>
> 觻得騎士富貴里高齊年廿五（T23：384）

（6）傭代名籍

“傭”簡文中作“庸”，傭代名籍即爲雇傭代役人員的名單，包括雇主
的籍貫、姓名、爵位、年齡和被雇人的籍貫、姓名、爵位、年齡。雇主與被
雇之人在年齡上沒有要求，但是在籍貫和爵級上一般爲同郡、同縣、同爵級
的人相傭代，這或爲代戍的基本條件，如：

> 戍卒梁國睢陽秩里不更丁姓年廿四，庸同縣駝詔里不更廖亡生年
> 廿四（T1：81）

戍卒梁國杼秋東平里士五丁延年卅四, 庸同縣敬上里大夫朱定, □
（T5:39）

戍卒穎川郡定陵遮里公乘秦霸年五十, 庸池里公乘陳寬年卅四
（T6:93）

戍卒趙國邯鄲東趙里士伍道忠年卅, 庸同縣臨川里士伍郝□年卅　丿
（T7:42）

田卒梁國睢陽朝里寇遂年卅二, 庸同縣丞全里張遂年廿八
（T21:373）

（7）出入名籍

出入名籍即出入關卡時的通行記錄, 記錄上包括出入人員的籍貫、姓名、爵位、年齡、出入時間, 有的還包括出入人員的職位、身高、膚色、乘用車馬、出入事由, 以及隨行物品等。“膚色”是出入名籍中較爲常見的要素, 肩水金關漢簡中所登記的膚色大多爲黑色。如:

□□年卅, 長七尺二寸, 黑色, 軺車一乘馬一匹, 弓一, 矢十二枚, 六月癸酉入。丿（T3:80）

廄佐范惲, 用馬一匹, 騮牡, 齒七歲, 高五尺八寸。十月辛丑入。十一月甲子出(T3:64)

治渠卒河東解臨里李驩年卅五, 長七尺三寸, 黑色。丿（T10:112）

戍卒上黨郡襄垣石成里大夫李輔功年廿四, 長七尺二寸, 黑色
（T23:163）

（8）廩食名籍

廩食名籍即發放糧食的名單, 肩水金關漢簡發放的糧食種類主要爲穀、麥、豆、鹽、粟、白粱、糲米等, 發放的對象爲候官及候官下屬各部、隧長及隧卒、官吏、士卒及其家屬、隨從人員、奴婢等, 如:

廩受降隧卒呂充, 四月食。又張異衆, 四月食(T11:2)

以食臨渠卒張誼, 九月十月 （T1:58）

　　□卒楊延壽三月食，　自取（T6:149）

居延新簡中較爲完整的廩食名籍則更爲常見一些，如：

　　第七隧卒王譚，十月食三石三斗三升少，九月乙卯自取。卩（EPT5:2）

　　收虜隧卒薛猛，十月食三石三斗三升，九月庚辰自取。卩（EPT5:2）

（9）俸錢名籍

　　"俸"簡牘中作"奉"，俸錢名籍即給官吏支付俸錢的名單。此類名籍分爲實際發放的俸錢登記名單和拖欠的俸錢登記名單，如：

　　神爵二年五月乙巳朔甲戌，□　士吏吳樂就，取四月甲午盡六月奉（T4:100）

　　河平元年十月丁酉，斗食輸給執適隧長業章，九月奉（T21:96）

　　肩水候史鱳得宜樂里呂萬年，未得☒　盡六月奉錢五千☒，地節元年十二月丙辰，除，已得都內賦錢五千四百（T24:252）

（10）債名籍

　　"債"簡牘中作"責"，債名籍爲有債務關係的名單，一般包括債權和借債者雙方，如：

　　功曹史相簿，責橐他塞尉奉親肩水士吏敞，橐他尉史則，二月（T10:179）

　　府告，肩水關嗇夫許常，負學師張卿錢五百錄（T23:883）

　　元延二年正月癸亥朔壬午，肩水關嗇夫欽，以小官行事，隧長章輔，自言遣收責橐他界中，出入盡十二月晦，如律令（T23:79A）

（11）貰賣名籍

　　貰賣，即賒貸。貰賣名籍爲有賒貸關係的債務名單，如：

　　肩水戍卒梁國睢陽同廷里任輔，自言貰賣白布復袍一領，直七百五十，故要虜（T3:104）

　　廣野隧卒勒忘貰賣蘹一匹，隧長屋闌富昌里尹野所　丿（T23:965）

　　肩水□□隧卒陳□，貰賣布襲一領，布絝一兩，並直八百，界□（T1:55）

（12）衣物名籍

衣物名籍爲衣物所有者的名單。肩水金關漢簡中衣物名籍不多見，我們將布匹類的簡牘也歸入衣物名籍中，如：

　　　　□陵邑富里張護，官布復袍一領，犬絉一兩，枲履一兩，皁布單衣一領，尸（T5:65）

　　　　官韋皮裘一領（T21:84）

除上述數量較多的名籍簡外，肩水金關漢簡中還有債名籍、賜奪勞名籍、吏射名籍、被兵名籍、除代名籍、調換名籍、功勞名籍、日作籍等名籍種類，此不一一贅述。

（三）刺課符券類

此類簡牘包括郵書刺、表火刺、符、券四大類。"刺"是用於稟報的實錄文書，如表火刺爲烽火通過時的記錄、郵書刺爲郵書傳遞過程的實錄。"課"爲考核結果登記文書，包括實錄和考核評語，主要分爲郵書課和表火課兩類。"符"爲憑證，通常爲出入符，用作出入關卡使用，還有戍卒日迹活動時使用的勤務憑證日迹符、士卒哨所值勤時使用的警符等。

1. 郵書刺、課

肩水金關漢簡郵書登記簡較多，是郵書傳遞過程的實時登記。郵書刺登記內容細緻，包括郵件數量、發文者、收文者、經手人、傳遞方向等。郵書課則除了如實登錄郵書傳遞過程外，還有考核評語。注重郵書傳遞時限記載，超過時限的簡文稱"過程"，剛好達到時限的簡文稱"中程"，這是郵書課中常見的考核詞語。

　　　　居令延印，一封詣酒泉會水、一張掖大守府、一封詣氐池、一封居延甲候詣姑臧、二封張掖廣地候印、一封詣尉府、一封詣肩水城尉府、一封郭全私印詣肩水、城官檄二、居延令印詣昭武、□□卒高宗、受橐他莫隧卒趙人、即行日蚤時付沙頭亭卒先(T23:938)

　　　　南書二封：其一封候印詣肩水府，二月辛亥起。一封肩候印詣肩水

府，二月壬子起(T26:58)

北書三封：右三封肩水都尉章，一封詣橐他候官、一封詣廣地候官、一封詣居延都尉府、☒（T32:42）

其一受入函，四月乙卯日東中時起，萬世隧其日下餔五分時，第六隧卒同付府門界中，出萬世隧函二，卌五里函行四時五分，中程（T23:764）

前三條無考核登記的爲郵書刺，後一條"函"也屬郵書傳遞的一種，包含考核詞"中程"，即爲郵書課。

2. 表火刺、課

表火刺，即烽火通過烽燧時的記錄。如：

四日巳未，毋表火（T7:64）

十二月丁巳日，且入時舉，亭上一蓬表一至日入時。十二月戊午日，平旦時，橐他燔積薪，日蚤食時□(T21:63A)

四月乙卯，日蚤食表一通，日下餔時表一通，日入(T23:243)

時萬福隧卒同受平樂隧卒同，即日日入一分半分時，東望隧卒□，入亡人赤表一壹，通南。完軍隧長音界中卌五里表行三分半分，中程（T24:46）

前三條爲沒有考核登記的表火刺；最后一條爲有考核記錄的表火課，"中程"意爲符合規定時限，爲考核詞。

3. 符券類

符，實爲憑證，簡牘所見符主要爲出入關卡時通關所需的憑證以及戍卒值勤時的日迹符和哨所值勤用的警候符。券，亦爲憑證，通常爲債券。肩水金關漢簡多見家屬出入符、普通出入符，如：

橐他通望隧長成襃，建平三年五月家屬符：妻大女鰈得當富里成虞年廿六；子小女侯年一歲，車二兩；弟婦孟君年十五，用牛二頭；弟婦君始年廿四，馬一匹；小女護惲年二歲；弟婦君給年廿五（T3:89）

橐佗候官與肩水金關爲吏妻子葆庸出入符，齒十從一至百。左居官右移金關符合以從事（T22:99）

元鳳二年二月癸卯，居延與金關爲出入六寸符券齒百，從第一至千左居官右移金關符合以從事，第九百五十九（T26:16）

T3:89 簡爲家屬出入符，一般爲吏家屬出入憑證，包含了家屬成員人數以及與該吏員的關係。普通士卒及家屬使用 T22:99 簡類的出入符，不書名籍，爲可多人重複使用的一種出入憑證。

上述僅是肩水金關漢簡中典型的刺課符券類簡文，還有些小類尚未列出。

（四）藝文類

藝文類簡牘包括典籍、數術、方技、習字簡等四類。其中典籍類簡有《論語》《詩經》《孝經》等諸子類殘簡；數術類簡以干支、日書、曆譜、乘法表簡爲主；方技類簡以醫方、藥書簡爲主；西北簡中的習字簡多爲文書類的文字。凡整理者標注有"習字簡"的或單字重複較多但未標注也都歸入習字簡類。習字簡書寫風格各異，或爲書法練習之作，或爲學習書寫之作。

1. 典籍類

☑勿忘也比見且自愛（T24:728A）

不行禁不止使驕其子長毋文理不效其（T24:739）

☑□□一日不知纖紝二日不□□☑（T24:742）

☑毋遠慮必有近憂☑（T24:802）

曰天河言哉四時行焉萬物生焉　年之喪其已久矣君子三（T24:833）

2. 數術類

曆譜：

丁　丁　丙　丙　乙　乙　甲　甲　癸　癸　癸　壬

廿二日

丑　未　子　午　亥　巳　戌　辰　酉　卯　酉　寅　　　　（T9:115）

日書：

　　　反支未戌未酉午酉午申巳申亥（T23:863）

　　　月殺丑戌未辰丑戌未辰丑戌未辰（T23:908）

乘法表：

　　　九九八十一、八八六十四、七七冊九、六六卅六、五五廿五、二三

而六、七八五十六、八九七十二、六八冊八、六七冊二、五六卅、四五

廿、一二而二（T26:5A）

3. 方技類

肩水金關漢簡方技類簡數量非常少，且簡牘殘損嚴重，如：

　　　☑☑之央毋予鼻疾（T24:976）

　　　鼻寒跕足數臥起據犀之炊鼻以四毒各一程•肬鼻溫腹不滿□□跕

足數臥起自□抻陞犀之灌淳酒二□薑桂△烏□半升烏喙□毒各一刀刲

並和以灌之☑（T21:24）

　　　加匈脅丈滿心腹不耐飲食□（T23:771）

4. 習字簡

習字簡多爲二次書，即在廢棄的簡牘上練習書寫。從內容來看，這批習

字簡以公文用字的習字爲主，含有少量賬簿用字習字，如：

　　　地地史史史史史史史史史（T10:230B）

　　　張張張張張伏張伏地（T4:209）

　　　☑爲☑爲爲爲爲再幸甚甚甚甚☑（T23:336B）

　　　居聑二年十月長長長長□□外具及見（T24:31B）

通過這些習字簡可知，習識公文用字應該是士卒日常生活的一部分，反

應了漢代士卒書法意識的自覺，同時也反映出漢代社會對書吏的文書抄寫

有一定的要求。

（五）檢楬類

檢楬類簡牘爲提示說明類文書。"檢"是用作封緘各種物品和文書，常

含有"回"字形符號標記。"楬"是用於説明物品或文書基本内容的提示性文書，常有標題，簡前端常以"■"符號標記。

1. 檢

檢分爲封緘實物的實物檢、盛裝實物囊橐的實物檢，以及封緘文書的文書檢。函封本爲文書封面，大多爲封泥槽被鋸掉后形成的收文記錄，故我們按其性質將函封也歸入到文書檢中。如：

　　槍卅（T21:134）

　　肩水金關，居延令印•奴□□，十月壬寅官奴李□以來（T6:5A）

　　印曰張肩塞尉，四月庚寅就家李幼君以來，丁（T9:59A）

　　牟放印，令史發，五月乙未以來，君前（T23:855B）

實物檢一般包括封緘的物品及其數量、封緘人和封緘時間。文書檢實爲收文記錄，常包含封緘的印章、送達人及送達時間等。

2. 楬

楬首端多畫有網格或塗黑，這是"楬"區別於"檢"的重要標志。"楬"實際也爲繫於物品囊橐或文書外的標簽。如：

　　■候長陳長生，六石具弩一（T6:19）

　　■鴻嘉五年，吏妻子及葆出入關名籍（T21:35A）

檢、楬爲標簽類的文書，具有極强的標識性，其文字非常工整，字迹也非常清晰，字體多爲標準的隸書。

上述舉例分析，只是暫列了簡文中極具代表性，且數量比較多的文書類型，實際的窮盡性分類過程中，簡文小類更加豐富。圖畫簡、殘損簡極其嚴重、以及釋文漶漫不清的簡等則歸入"其他類"暫存。

三、小　結

綜上所述，按簡文内容和性質，綜合簡牘形制等諸多因素，肩水金關漢簡可以分爲上述五大類，其中書檄記類簡、簿籍類簡數量最多。整體而言，簡文内容分類對異體字研究的意義在於：

　　第一，明確簡牘的内容與性質，了解其文字面貌。從分類情況來看，肩水金關漢簡以文書檔案、賬簿名籍、刺課符券、檢楬等類型爲主，是西漢中晚期到東漢初期邊境官私文書往來和日常生活記録。其中又以文書類和簿籍類爲主，具有較强的時代特徵，真實地保存了當時的文字面貌。

　　第二，明確簡文内容和性質差異對文字書寫的影響。書檄記類的文書一般内容較豐富，文字數量較多，簡牘容量有限，在文字書寫時字與字之間的距離較小，書寫速度較快，文字多書隸草。而簿籍類文書爲實時登記，文字書寫較爲隨意，風格也較爲多樣，隸書、隸草更爲常見。檢楬、典籍類簡牘的書寫最爲工整，多以標準隸書書寫，可視爲研究西漢中晚期隸書的最好材料。總之，簡牘的内容與作用對書手的書寫態度有直接的影響，書手的書寫態度對文字形態與風格也有一定的影響。

　　第三，明確各類簡牘的數量分布，利於從文書類型的角度考察異體字成因。通過對每類文書中的用字考察異體字的產生，可了解文書内容的不同與書寫態度的差異對文字的歷史演變的影響。

第三節　肩水金關漢簡的書體

　　字形是文字學研究的本體，字形包括文字結構和文字體態兩個方面。[①]文字結構指文字的符號及符號組合，是普通文字學研究的範疇；文字體態則指書寫出的文字形態，通常是書法藝術研究的範疇。近年來文字學界認爲文字體態亦是文字學研究的重要内容，從而產生了文字學的"字體"與書法學的"書體"兩個概念名與實的討論。

---

① 周有光《文字演進的一般規律》（《中國語文》1957年第7期）將文字外形研究分爲"符號構成（字式）"與"符號體態（字體）"；蔣善國在《漢字學》（上海教育出版社，1987年）中指出漢字形體的演變分爲"字的結構"與"字的筆勢，即筆畫的姿態"兩個方面。

一、書體及相關研究

　　"字體""書體"在很長一段時間里是混用的，如陳夢家認爲："所謂字體或書體是指在不同時代寫於不同材料上所用的不同筆勢，也指在不同時代、不同身份的人爲不同目的所書寫的文字。"①黃簡在《中國古代書法史的分期和體系》中提出字體和書體是兩個不同的概念，"字體是從文字學的角度説的，考慮的基點是文字的結構。凡構造上符合共同原則、形體具有共同特點的同一系統的文字可稱一種字體。書體是從書寫角度説的，考慮的基點是書寫的風格。凡文字上書寫具有共同特徵或具有某一成熟的藝術風格者，可稱爲一種書體"②。劉延玲《"字體"與"書體"論辯》③中歸納引述了郭紹虞、啓功、黃簡、黎泉、潘曉晨等人關於"字體""書體"的觀點，並將它們歸納，見表 2-1。

表 2-1　字體與書體的區別

類型 ＼ 標準	文字結構	書寫風格	
		書寫類型總風格	個人或流派風格
郭紹虞、啓功	字體		
黃簡	字體	書體	
黎泉	字形	字體	書體
潘曉晨	字體		書體

　　王鳳陽認爲："字體就是字的外在形式特徵，就是字的風格。文字學研究的主要對象是字的時代風格，即某一時代或時期的通用文字的字形特徵。字體只研究字的構字基本材料——綫條或筆畫。"④

----

① 陳夢家：《漢簡綴述》，第 310 頁。
② 黃簡：《中國古代書法史的分期和體系》，《書學論集》，上海書畫出版社，1985 年，第 93 頁。
③ 劉延玲：《"字體"與"書體"論辯》，《書法研究》2001 年第 2 期。
④ 王鳳陽：《漢字學》，吉林文史出版社，1989 年，第 177—179 頁。

　　王寧在《漢字構形學講座》中指出："漢字字體是指不同時代、不同
用途（鼎彝、碑版、書册、信札等）、不同書寫工具（筆、刀等）、不同
書寫方法（筆寫、刀刻、範鑄等）、不同地區所形成的漢字書寫的大類別
和總風格。"①

　　綜上，"字體"與"書體"的差異主要在於書寫"大類別、總風格"的
歸屬問題。啓功、王寧、王鳳陽、黎泉、潘曉晨等認爲"大類別、總風格"
是字體範疇，而黄簡則認爲是書體的範疇。然而，劉延玲認爲"大類別、總
風格"既是文字學研究的内容，也是書學研究的内容。

　　肩水金關漢簡書體現狀考察是爲後文的文字研究服務的，因此也是著
眼於篆、隸、草、楷、行等"大類別、總風格"的探討，包括筆畫、結構、
章法等區别特徵的概括。這既是文字學"字體"概念的運用，又是書法學"書
體"概念的結合。在具體的字形體態描述過程中，常常是二者的結合，很難
截然分開。

　　西北漢簡字體或書體的分類研究成果主要有以下幾種：馬瑞在《西北屯
戍漢簡文字研究》中指出西北漢簡文字兼備各大字體，包括小篆、古隸、漢
隸、草書、真書、行書六大類字體。②林雪《居延漢簡字體風格研究》歸納
居延漢簡字體以漢隸爲主，草書次之，兼有行書、楷書和一些筆畫部件帶有
篆意。③徐舒桐《居延漢簡書體研究》亦將居延漢簡的書體分爲隸書、草書、
楷書、行書四大類，並將各類書體與同時期的其他文字材料中的同類書體特
徵進行了比較研究。④陳維德《從〈額濟納漢簡〉看漢代文字的發展——兼
談啓功先生古代字體論》則從文字學及字體演變的角度將額濟納漢簡分爲
古隸、八分、草書以及楷書。⑤

---

① 王寧：《漢字構形學講座》，上海教育出版社，2002年，第11頁。
② 馬瑞：《西北屯戍漢簡文字研究》，博士學位論文，西南大學，2011年，第26頁。
③ 林雪：《居延漢簡字體風格研究》，碩士學位論文，河北師範大學，2013年，第41頁。
④ 徐舒桐：《居延漢簡書體研究》，碩士學位論文，鄭州大學，2014年，第21—52頁。
⑤ 陳維德：《從〈額濟納漢簡〉看漢代文字的發展——兼談啓功先生古代字體論》，《第
　三届啓功書法學國際研討會論文集》，文物出版社，2009年。

二、肩水金關漢簡的書體類型

根據肩水金關漢簡的實際情況，我們認爲其包含了篆書、隸書、隸草、草書、楷書、行書六類書體。其中，隸書和隸草中還包含了古隸和古隸的草寫。下面簡要概述肩水金關漢簡中各類書體的情況。

（一）篆書

肩水金關漢簡中篆書簡 17 枚，共計 68 字。其中干支簡 11 枚、文書簡 4 枚，内容尚不明確的簡 2 枚。其中篆書寫的干支並不是曆譜或者紀年簡，而是習字簡。日常的官私文書、賬薄、符券、郵書刺課、檢楬等較正式的書寫中，未見篆書的使用。

肩水金關漢簡所見篆書，筆畫圓潤、粗細均匀；字形結構對稱細長，有的筆畫書寫夸張。肩水金關漢簡中書有篆文的簡牘大多是殘損簡或二次書簡，也有的書寫在廢棄簡的空白處。因此，篆書字體基本爲邊境屯戍人員的習字所作。因這類字體的簡牘數量非常有限，書寫的文字量也很少，因此在後文的深入討論及字形分析時篆書簡不計入。

（二）隸書

對於隸書的發生，學界的看法不一致，如：陳夢家認爲隸書産生於秦代[1]；唐蘭認爲："春秋末年的陳尚陶釜就頗有隸書的風格了。六國文字的日漸草率，正是隸書的先導。"[2]裘錫圭指出："從考古發現的秦系文字資料看，戰國晚期是隸書的形成時期。"[3]趙平安又補充："本文的看法與裘先生的看法有所不同，一是把戰國時期秦國文字的某些簡的寫法直接看作古隸，二是把隸書的産生時間明確卡在戰國中期。"[4]隸變發生的時間上限存在爭議，有待更多的出土文字資料予以證明，但是隸變的成熟時間是有據可依的。

肩水金關漢簡是漢武帝晚期到東漢初期的簡牘，其間已有書寫成熟的

---

[1] 陳夢家：《中國文字學》，中華書局，2006 年，160 頁。

[2] 唐蘭：《中國文字學》，上海古籍出版社，2005 年，第 131 頁。

[3] 裘錫圭：《文字學概要》，第 67 頁。

[4] 趙平安：《隸變研究》，第 9 頁。

隸書，簡文中的隸書形體結構與西漢早期的古隸有了明顯的區别，與後世的
“八分”極爲接近，有的甚至認爲肩水金關漢簡中成熟的隸書就是“八分”。

1. 隸書的成熟

　　日本學者田中有《漢簡隸書考——八分的完成》一文將漢簡“八分”字
體分爲四個階段：太初三年至始元年爲古隸到八分的萌芽時期、元鳳元年到
神爵年爲八分隸書古式樣成立期、五鳳元年到初始年爲八分新式樣發生和
確立期、始建國元年到更始年爲八分爛熟完成期。[1]文公烈《漢簡牘書法研
究》一文將“八分”的演變分三個時期：秦末至漢武帝爲萌芽期、昭宣之際
爲發展期、漢元帝至東漢中後期爲鼎盛期。[2]馬瑞則認爲八分隸書的初形至
少可以追溯到秦末，而八分發展到西漢中期的漢宣帝時，已盡脱隸意，趨於
成熟。[3]裘錫圭指出：“至遲在昭宣之際，八分已經完全形成。從書體上看，
在武帝晚期也已經出現了古隸即將演變成爲八分的形勢。”[4]

　　字體的萌芽與成熟通常没有絶對的界限，我們都只是根據現有的文字
資料推測其大致的發展演變過程。從肩水金關漢簡有明確紀年的隸書簡來
看，漢武帝太初五年時實際已有成熟隸書（即“八分”）的寫法，如太初五
年的 T4:107 簡，雖僅寥寥四字，卻已經具備了成熟隸書的蠶頭雁尾、波磔
筆法以及豎筆的長尾波。之後的漢昭帝年間有紀年的成熟隸書簡有始元二
年的 T21:111 簡；始元六年的 T22:97 簡；始元七年的 T21:112 簡；元鳳二年
的 T22:84、T26:16、T26:220 三簡；元鳳五年的 T10:62、T10:107、T10:150、
T10:200、T10:203A、T10:295、T10:341、T21:310、T26:183 九簡；元鳳六年
的 T10:65、T10:137、T10:328、T10:209、T26:178、T26:218 六簡，共計 21 枚。
因此，根據有紀年的隸書簡數量可以看出，漢昭帝時期成熟的隸書寫法已不

---

① ［日］田中有：《漢簡隸書考——八分的完成》，《内野博士還曆紀年東洋學論文集》，
　　1964 年，第 355—356 頁。
② 文功烈：《漢簡牘書法研究》，碩士學位論文，首都師範大學，2001 年，第 14—15 頁。
③ 馬瑞：《西北屯戍漢簡文字研究》，博士學位論文，西南大學，2011 年，第 34—36 頁。
④ 裘錫圭：《文字學概要》，第 80 頁。

是偶然，漢武帝晚期的太初五年 T4:107 簡文已是成熟的隸書。

　　漢宣帝時期紀年簡中成熟的隸書簡就更爲常見了。從有明確紀年的隸書簡可知，大約在漢武帝晚期的太初年間就已有成熟的隸書，它們的寫法與秦簡及西漢早期漢簡中的古隸已有明顯的差別，在没有紀年的隸書簡中不排除有漢武帝時期或更早時期書寫的簡牘的可能。因此，我們大膽地認爲隸書的成熟時期至少可以推算到漢武帝晚期。擇幾枚漢武帝及漢昭帝時期較爲清晰的成熟隸書簡爲例，見表 2-2。

表 2-2　隸書簡舉例

大初五年（武帝晚期）	元鳳二年（漢昭帝）	元鳳五年（漢昭帝）	元鳳五年（漢昭帝）	元鳳六年（漢昭帝）
T4:107	T26:16	T10:62	T10:107	T10:137

2. 隸書的特點

（1）筆畫特徵

橫筆多蠶頭雁尾、撇捺有波磔、筆畫粗細有秩，末筆偶有粗筆，折筆方折突出。其中，橫筆的蠶頭雁尾和撇捺的波磔起勢是成熟隸書最突出的特點。橫筆突出，加上左撇右捺的波磔，使隸字重心壓縮，從而形成扁平之勢。因肩水金關漢簡爲實用性文書，講求書寫效率，故在書寫時大多筆畫粗細均勻，少有夸飾之筆。除標準隸書外，簡文隸字中部分微變體的隸書不如標準隸書的筆法講究，但其蠶頭雁尾、撇捺波磔的基本筆法依然存在，見表 2-3。

表 2-3 標準隸書與變體隸書

標準隸書	標準隸書	變體隸書	變體隸書
T30:144	T29:123	T30:3	T30:204

（2）結構特徵

簡文隸書字形扁平[①]，大小均勻、上下收緊、左右舒展、橫向取勢，整

---

① 劉志基先生就隸書扁平特徵指出："八分筆畫的本質特徵，是左右橫向展開，無論是撇、捺的末端強調，還是橫畫的波勢，無不在視覺效果上造成橫展之勢。可以這樣認爲，正是由於橫展的筆畫，纔將隸書的體態拉扁。爲了充分利用簡牘的有限寬度，將字形盡力橫展，隸書筆畫中左向的撇、右向的捺及橫畫的波就得到越來越多的強調。與此同時爲了在一簡中盡可能多的容字，字的長度又會遭到盡力壓縮，橫展與縱壓共同作用，終導致隸書橫展之勢的確立。"（《隸書字形趨扁因由考》，《中國文字研究》第一輯，廣西教育出版社，1999 年，第 253—256 頁。）

字呈内緊外松。就單字而言，構件左右勻稱、伸縮相互避讓、上下構件結構緊密。爲彰顯成熟隸書的字形結構特點，下面列舉西漢早期的古隸與肩水金關漢簡中的隸書進行對比，見表2–4。

表2–4 古隸與成熟隸書對比

《張家山漢簡》	《銀雀山漢簡·守法兵令》	肩水金關漢簡
西漢吕后二年之前	文景至武帝初年	西漢中晚期至東漢初期

（3）章法特點

簡文中隸字字形端正、筆畫整齊、筆畫間距得當、字距疏密有秩。書寫規整的隸書皆有端莊典雅之氣，筆畫的波磔增加了字形的靈動感。整齊講究的筆畫和合理的筆畫距離，避免了字體結構過密或過疏。字與字之間相互揖讓，根據簡牘大小和書寫內容多少來協調字裏行間的茂密與舒朗。肩水金關漢簡以單行隸字簡爲主，字少者字間距舒朗，字多者字間距茂密。較寬的簡牘則書多行，有的通篇茂密，有的通篇舒朗，有的字間茂密行間舒朗，有的行間舒朗字間茂密，見表2–5。

表 2-5　簡文中隸書的章法

字間舒朗	字間茂密	通篇茂密	通篇舒朗	字間茂密 行間舒朗	字間舒朗 行間茂密
T30:86	T31:1	T9:92A	T24:22	T31:64	T24:267A

　　肩水金關漢簡是西漢中晚期及東漢初期的簡牘，其書寫工整的隸書已經是成熟隸書體，與秦及西漢早期的古隸在字形結構上有明顯的區別，與同時期漢碑上的隸書字形有頗多共通之處。然而，這些簡牘上的文字畢竟是日常生活用字，書寫並無嚴格的規範要求，大部分的隸書簡書寫並非十分工整，有的筆畫或構件甚至是古隸書字體的遺存，整體仍是隸書風格，這類簡我們也歸入隸書簡予以討論。

　　（二）隸草

　　"隸草"一詞最早見於東漢趙壹的《非草書》："蓋秦之末，刑峻網密，官書煩冗，戰攻並作，軍書交馳，羽檄分飛，故爲隸草，趣急速耳。"這裏所說的"隸草"指因軍務煩冗，在快速書寫軍事文書時產生的隸書草寫即爲隸草。隸草是介於隸書與草書之間的書體，與隸書、草書在形體上既相似又有區別。王文超《 "隸草" "草隸" 辨》認爲：

> 魏晉以前所講的"隸草"僅是指爲了急速書寫，出於實用需要而產生的字體的進化過程，其母體爲秦隸，時間範圍是秦朝至西漢末年，在官文書大量快速抄寫的手寫體中應用。簡而言之，即正體書的潦草寫法。如西漢敦煌馬圈灣木簡，只是隸書的潦草快寫，雖然有些和"草書"的筆法偏旁很接近，但並不是成熟的"草書"字體。①

在前人具體的簡牘研究中，"隸草"常被歸入廣義的"草書"，如陸錫興的《漢代簡牘草字編》、李洪財的《漢代簡牘草字整理與研究》、金美蘭《漢代簡牘草書藝術研究》②等論著討論漢代簡牘草書時，均將西北漢簡中的隸草字體納入分析。

侯開嘉《隸草派生章草今草説》根據書寫的自發性和自覺性差別將隸草和章草區分開來：

> 在漢代簡牘中，凡是書寫潦草的字，哪怕有些字下意識地帶有某種筆法的意味（如類似今草筆勢或章草筆勢），它仍應屬於自發性的草書。我們把漢代簡牘中爲實用而潦草書寫的字通通劃歸爲"隸草"。而"章草"和"今草"是在後漢、魏晉的書家們對民間書體的不斷加工、美化後形成了具有很強藝術性的兩種草書，書寫的目的不是爲了實用，而是在於追求創造，是一種自覺性的草書。③

肩水金關漢簡是邊境屯戍人員日常使用的文字，簡文大量以草寫的隸

---

① 王文超的《 "隸草" "草隸" 辨》（《中國書畫》2014 年第 8 期，第 69 頁）還分析了"草隸"，認爲唐代以前的文獻中提及的"草隸"多指章草、今草或八分書、楷書。魏晉以後草隸與隸草交錯使用，才基本爲同一意思。

② 詳見陸錫興《漢代簡牘草字編》，上海書畫出版社，1989 年；李洪財《漢代簡牘草字整理與研究》，博士學位論文，吉林大學，2014 年；金美蘭《漢代簡牘草書藝術研究》，博士學位論文，中央藝術研究院，2013 年。

③ 侯開嘉：《隸草派生章草今草説》，《四川大學學報（哲學社會科學版）》2002 年第 5 期，第 62—63 頁。

書爲主，裘錫圭認爲“草率的隸書不能看作狹義的草書”[①]，隸草與草書是字體發展的兩種不同書體，二者在體態上有明顯的不同，草化程度也有差異。隸草書寫較爲隨意，既不像成熟隸書那麼費時費力，又不像草書那樣難於辨認，因其書寫快速且容易識讀的優越性，使得隸草成爲肩水金關漢簡中最主要的字體。因此，我們將“隸草”與“草書”這兩種草化程度有較大差異的字體區別來談。我們認爲凡是書寫較爲隨意草率、有連省筆，結體存有較濃隸意的字體均爲隸草。

1. 隸草的特點

（1）筆畫特徵

隸書與草書筆法相互融合。隸草少了橫筆的蠶頭雁尾和撇捺筆的波磔，折筆的方折變得圓轉，多了草書筆畫的省減和連筆。整體筆畫勾連、省減自然，隸筆與草筆自然融合，是介於隸書與草書之間的一種過渡字體。隸書、隸草、草書之間的書體差異，見表2-6。

（2）結構特徵

隸草存隸意、多橫向取勢、存扁平之體，字形筆畫省減、結體靈動、重心較平穩。字形參差錯落，大小匀稱。字體結構緊密，左右、上下構件布局鬆緊有度。隸草爲草寫的隸書，其本質爲隸書章法上的快速書寫，是對隸書筆法的自覺改進，以適應繁重的公文及賬簿抄寫。因此，無論是在字形結體上，還是在筆畫章法上均存隸意。隸草書寫較爲隨意，規範性較低，故隸草簡中每個字的草化程度不同，有的字草化程度高，有的字草化程度低，有的字甚至沒有草寫，這在隸草簡中都是較爲常見，見表2-7。

---

① 裘錫圭：《文字學概要》，第85頁。

表 2-6　隸書、隸草、草書簡對比表

隸書簡	隸草簡	草書簡
T24:22	T5:8A	T37:707A

表 2-7　隸草簡結構特徵

T1:118	T5:8A	T10:312A	T23:797B

（3）章法特點

　　隸草的章法體現爲字字獨立，字距行距靈活多變。整體而言，隸草的章法不如隸書整齊勻稱，字間筆法隨意靈活，字距依書寫内容和簡牘大小靈活揖讓。肩水金關漢簡中的隸草字距嚴密者較多，字距舒朗者較少。同時，多行書寫的隸草行簡間距直接受制於簡牘的大小和書寫内容的多少，如《甘露二年御史書》有的將其認定爲草書。嚴格来説，應爲隸草，其字裏行間均十分茂密，章法略顯雜亂，見表 2-8。

表 2-8　簡文隸草的章法特點舉例

字間舒朗	字間茂密	字行均舒朗	字行均茂密
T10:125	T10:134	T3:113	T1:1（上半部分）

隸草，是肩水金關漢簡乃至西北其他漢簡使用得最爲廣泛的字體，隸草的廣泛使用與書寫的經濟性密切相關。此外，隸草簡中包含了部分古隸簡草寫簡，因古隸簡牘數量有限且字體相近，我們將古隸的草寫簡合並到隸草類簡牘中討論。

（三）草書

陳夢家指出：“草書，即解散了形體更爲省易較爲潦草的字體。”[①] 啓功云：“草，本是草創、草率、草稿之義，含有初步、非正式、不成熟的意思。在字體方面，又有廣狹義：廣義的不論時代，凡寫得潦草的字都可以算。但狹義的或説是當作一種專門的字體名稱，則是漢代才有的。”[②]啓功的草書論爲後世接受。學者在具體的簡文書體研究中也大多遵循了啓功的廣義草書論，諸如陸錫興的《漢代簡牘草字編》、李洪財的《漢簡草字整理與研究》等，在漢簡草字處理時將簡文寫得潦草的字均處理作草書。

唐蘭指出：“我們現在所看見的有年號的木簡，早在西漢武帝時，那時只有較草率的隸書……到建武二十二年的一簡，卻顯然已是草書了，所以草書的成熟，至晚也在西漢末，東漢初。”[③]裘錫圭認爲：“在使用古隸的簡牘里，可以看到整簡、整牘的字都寫得相當草率的例子……但是絶大多數字雖然寫得潦草，字形構造卻仍然跟一般的古隸没有多大的區別。所以這些簡牘的字體只能看作草率的隸書，不能看作草書。”[④]唐、裘二位學者論及了隸草與草書的區別及草書發生的年代，廣義的草書包括了隸草；狹義的草書指書寫極爲潦草、隸意基本解散的字體，不包括隸草。我們取狹義的草書來分析肩水金關漢簡中的草書簡。

1. 草書的成熟

裘錫圭根據居延漢簡 271.17 神爵二年簡和 562.3A 永光元年簡上的草書

---

① 陳夢家：《漢簡綴述》，第 310 頁。
② 啓功：《古代字體論稿》，文物出版社，1999 年，第 32 頁。
③ 唐蘭：《中國文字學》，第 138 頁。
④ 裘錫圭：《文字學概要》，第 85 頁。

推測其形成至遲不晚於元、成之際，很可能在宣、元時代就已經形成。①李
洪智在《漢代草書研究》中也指出"據我們掌握的材料即可以肯定地説，漢
代草書在宣、元時期已經形成"②。爲了進一步補正漢代草書成熟的年代，
我們排比了肩水金關漢簡中有紀年的草書簡，其中有明確紀年的草書簡 41
枚，成熟草書的寫法最早可見的爲漢宣帝地節三年的 T30:68 簡，其寫法已
經脱離了隸草的意味，筆畫減省、連寫流暢、字字獨立。此外，還有 T30:108、
T7:132、T30:17、T30:20A、T9:308、T9:104、T9:29A、T10:61、T10:313A、
T29:63、T10:254、T30:73 等簡分别爲漢宣帝元康、五鳳、甘露年間草書簡。
這些簡上的草書已然是成熟的草書，尤其是 T7:132 元康元年的草書簡，書寫
極爲草率。這些草書簡表明作爲成熟書體的草書在漢宣帝早期就已經産生。

　　裴錫圭認爲：　"從居延漢簡中有明確紀年的那些簡來看，武帝晚期和
昭帝時代的簡上只有草率的隸書。"③肩水金關漢簡以及其他的西北漢簡
中，有明確紀年的成熟草書簡爲漢宣帝時期，還有大量没有明確紀年的草
書簡，不排除有早於漢宣帝時期者，但因西北漢簡的紀年範圍基本限定在
漢武帝晚期到東漢初年内，能見到的草書簡最早也可能不會早於漢武帝晚
期。肩水金關漢簡中有紀年的 35 枚草書簡記録了草書的發展與成熟。

2. 草書的特點

　　前賢相關研究成果已對草書特點進行了歸納，如：李洪智在其論著
《漢代草書研究》第五章"漢代草書的特點"中分析了漢代草書在文字
學上的三個特點：第一，帶有明顯的八分書筆意，多波挑筆形，以及簡
牘書寫時有意識的横向取勢；第二，殘留古文字特徵；第三，草化不夠
徹底也不夠均匀；第四，草法尚不完善，系統也欠嚴密，書寫隨意性較
強，異字同形、同字異形現象過多。④李洪財的博士學位論文《漢代草字

---

① 裴錫圭：《文字學概要》，第 86 頁。
② 李洪智：《漢代草書研究》，北京師範大學出版社，2014 年，第 60 頁。
③ 裴錫圭：《文字學概要》，第 85 頁。
④ 李洪智：《漢代草書研究》，第 148—166 頁。

整理與研究》第四章歸納了漢簡草字的整體特徵：第一，書寫大多草
率，結構簡化嚴重，錯訛俗寫突出；第二，字形極不規範，書寫多變；
第三，保留了一些古文字形體特徵；第四，同形字或形近字相混現象突
出。[1]《漢代草書研究》和《漢代草字整理與研究》也包含居延漢簡、居
延新簡草字簡的特徵歸納，肩水金關漢簡與這兩批簡牘的書寫風格和特
徵一致，故前人歸納的這些簡牘草字特點亦適用於肩水金關漢簡。在此
基礎上，據肩水金關漢簡草字簡的個體性特徵，我們略作補充。

（1）筆畫特徵

筆畫減省、連筆突出。葉喆民認爲："解散隸法而又不失隸法之外。"[2]草
書解散了隸書嚴苛的方折平直、蠶頭燕尾的筆法，偶爾強調撇捺筆畫或末筆，
筆畫有頓挫，如 T30:28A 簡（因簡牘較大分上、下兩部分）：

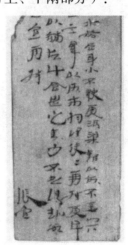

（T30:28A 上）　　　　　　　（T30:28A 下）

　　T30 探方的紀年範圍爲河平三年到元壽元年間，因肩水金關漢簡是按層
位出土的，每個探方的紀年具有相對集中性，因此這枚簡的紀年大概也是在

---

① 李洪財：《漢簡草字整理與研究》，博士學位論文，吉林大學，2014 年，第 69—74 頁。
② 葉喆民：《中國書法通論》，清華大學出版社，2007 年，第 41 頁。

漢宣帝到漢平帝之間，爲西漢中晚期簡。此簡字體已是成熟的草書，隸法基本解散，偶露蠶頭雁尾，不失隸法之意味。如 T30:28A 這枚草書簡中，"言"寫作"　"、"天"寫作"　"、"直"寫作"　"、"使"寫作"　"、"張"寫作"　"。這些字的蠶頭雁尾明顯，尚存隸書筆法。正如啓功所言："漢代簡牘草書中的字樣，多半是漢隸的架勢。無論一字的中間如何簡單，而收筆常常帶出雁尾的波腳。"[1]

（2）結構、章法特徵

字形大小均勻、字字獨立、字與字之間相互揖讓。章法疏密有秩、字體間距較小，書檄類的草書簡整體行文較爲緊密，如 T30:28B 簡：

 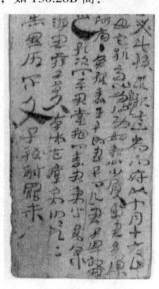

（T30:28B 上）　　　　　　　　（T30:28B 下）

（四）楷書、行書

楷書，又稱正楷、正書、真書。楷書、行書作爲一種通用字體是在南北朝時期，但其發端或可追溯到西漢中晚期。西漢中晚期及東漢初期的居延新簡、居延漢簡、肩水金關漢簡中都能見到萌芽狀態的楷書，有些字的寫法甚

① 啓功：《古代字體論稿》，第 32 頁。

至已經接近成熟的楷書。從這幾批簡牘材料中可見，楷書是在綜合漢隸（成熟的隸書）和草書的基礎上逐漸產生的，其字形平直方正，簡化了隸書的蠶頭燕尾和波磔，同時又吸收了草書的簡省和連筆寫法，使得字形更加簡單方正。肩水金關漢簡所見楷書簡如：

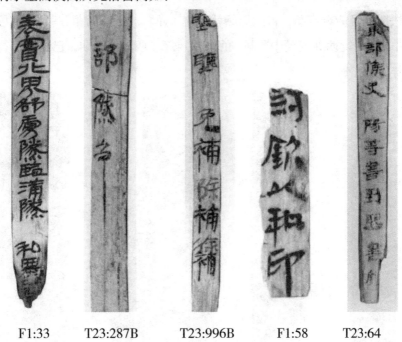

F1:33　　　T23:287B　　　T23:996B　　　F1:58　　　T23:64

以上這幾枚簡牘中的楷書已較成熟。與隸書相比，這幾枚簡中的字形寬度收縮、大小更爲匀稱，筆畫波磔消失，橫平豎直，頓筆少。完整的楷書簡在肩水金關漢簡或其他西北漢簡中並不多見，單字楷書穿插於其他書體簡牘中則稍微常見一些。目前所見的楷書簡幾乎均無紀年，尚無法判斷這些楷書簡的年代，只能根據探方紀年的相對集中性確定其大致的紀年範圍。因此，肩水金關漢簡中所見楷書字體、楷書簡大約産生於西漢中晚期或東漢初期。楷書的形成時間或可以追溯到西漢時期，我們認爲居延漢簡、居延新簡、肩水金關漢簡中所見楷書爲楷書的萌芽狀態，偶爾也能見到一些書寫比較成熟的楷書字形。

　　行書，是字形風格介於楷書和草書之間的一種字體。何學森在《論行書的形成與風格演變》中認爲 "結合日益衆多的出土資料去考察，可以確定行書萌蘖可以追溯到西漢，正式産生大體在漢魏之際"， "由於應用的苟簡而漫衍出草、行、楷諸體。本來並没有草、行、楷的預設的模式，只是爲了書寫快捷並且能夠辨認，自然而然就出現了草、行、楷的萌芽"。① 這種説法是中肯的。從西北漢簡中所見到的簡文來看，西漢中晚期確已出現了行書的萌芽。如下圖：

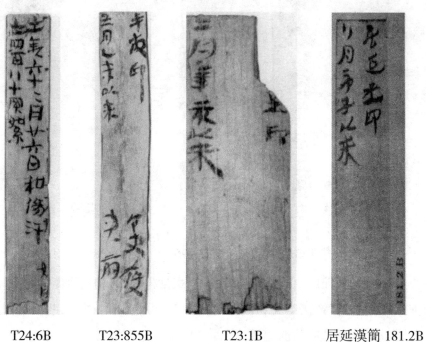

T24:6B　　　　T23:855B　　　　T23:1B　　　　居延漢簡 181.2B

　　上述四枚簡中的行書書寫已較成熟，既有草書的筆畫簡省，又含楷書的結體特徵。

　　此外，需注意的是簡文中還有五類簡牘尚無法判斷其書體類別：第一類，簡牘上僅書 "丿" "弓" "卩" 等符號的簡；第二類，圖畫簡；第三類，文字書寫不清晰的簡；第四類，簡牘多次書寫，文字特别模糊，無法判斷字體

_____

① 何學森：《論行書的形成與風格演變》，第 20、24 頁。

的簡；第五類，簡牘上文字殘損嚴重的簡，已無法辨析文字形體。這五類簡共計 790 枚，不計入書體統計數據。另外，篆書、楷書、行書簡數量少，不單列討論。隸書、隸草、草書是肩水金關漢簡中的三種主要字體，下面就隸書、隸草、草書在肩水金關漢簡中的分布使用情況做簡要的概述。

　　經初步統計，肩水金關漢簡中隸書簡 4861 枚、隸草簡 5808 枚、草書簡 683 枚。此外還有少量的篆書、楷書、行書簡。簡文中各類文書的書體使用也呈現出了一定的傾向性。各類文書中均見隸書字體，但檢楬和藝文類簡牘幾乎只書以隸書，檢楬是提示説明的標題、封緘，其字數較少，文字要求清晰易識，故書以標準的隸書；藝文類包括典籍、干支、方技、小學習字等爲學習和使用類文書，亦要求書寫規整便於識讀。習字簡也多書以隸書。簿籍類簡牘中隸書簡占簿籍類總簡數的 37.7%。整體而言，隸書簡中書檄類和簿籍類的簡牘數量最多。

　　簿籍類簡以書隸草最多，約占隸草總數的 44.6%；書檄類簡牘占隸草總數的 39.7%；刺課符券類簡牘用隸草書寫的占該類文書總數的 54.6%。書檄類簡牘是整批簡中數量最多的簡牘，隸草亦是書檄類簡牘的常用字體。檢楬、藝文、習字簡的簡牘書寫隸草的較少。

　　草書主要應用於書檄類文書中，占總草書簡的 71.5%。同時，尤其是書信簡，幾乎皆書草字，其草字書寫已經成熟，是草書簡的代表。此外，簿籍類的簡牘也多書寫草字，占總草字簡的 14.7%。檢楬類和藝文類的簡牘書寫草書極少。

　　綜上所述，在肩水金關漢簡中隸書、隸草、草書多使用於書檄簡和簿籍簡。從文書類型的角度看，檢楬、藝文類簡牘以書寫隸書爲主，刺課符券、書檄、簿籍類簡以書寫隸草爲主。草書簡在肩水金關漢簡中以書檄類簡牘爲主，書檄類簡牘裏又以書信簡書寫草書多見，草字字形書寫流暢，草書特點成熟。

　　肩水金關漢簡書體複雜，各簡之間簡文書體自由轉換，書體靈活多變。鑒於各書體之間字形差異較大，異體字的字形分析應在同一書體或相近的書體中進行。排除肩水金關漢簡中數量極少，不足以進行系統性字形分析的篆書簡、楷書簡、行書簡外，隸書和隸草是這批簡文的主要字體。隸書和隸草書體風格相近，文字形體差異較小，可合並在一起進行字形分析；草書與隸書、隸草字形差異較大，故不宜納入隸書、隸草簡中進行字形分析。因此，本文主要是在肩水金關漢簡的隸書簡和隸草簡中進行異體字形分析，以研究各異體字之間形體變異的規律。

　　由中西書局出版的五卷本《肩水金關漢簡》，采用先進的紅外綫掃描儀
對簡牘進行掃描，該書圖版清晰，整理者對釋文的隸定較爲準確，爲學術界
提供了十分珍貴的研究資料。但我們在編撰《肩水金關漢簡字形編》時，發
現部分釋文的隸定仍有值得商榷之處。如對形近字訛混這一現象的處理，整
理者在釋文隸定時往往根據簡文的語境直接隸定成語境意義上的字，而忽
略了簡文中該字的原有字形，造成隸定字與被釋字之間的不匹配，如"梁"
與"粱"、"蘭"與"闌"、"廩"與"稟"、"弟"與"第"、"熒"與
"榮"等。對這些形近訛混字，本文不單列校訂，本文只對單條簡文的字詞
問題進行校訂。需要説明的是，我們在舉到某些釋文的隸定問題時有的並非
是隸定錯誤，而是釋文在隸定時選用了通行字、通假字或異體字，從文字學
的角度而言，按照原簡字形從嚴隸定更能反映當時的書寫問題或特殊的用
字現象。

1. T1:18　　張掖肩水塞閉門關嗇夫糞土臣

　　按：整理釋文"閉"，原簡該字字形作，爲"關"字的草寫，當隸定
作"關"。肩水金關漢簡中"關"字類似的寫法有（T6:91）、（T24:25）、
（T21:136）等。原釋文"閉門"文意不通，而"關門"即表示肩水塞關
卡的出入關關門。

2. T1:40　曲□卒謝充

按："曲"後一字整理者未釋，原簡該字字形作〔圖〕。馬智全、李洪財均釋此字作"河"，馬智全認爲"右半略省，是'河'字的簡寫"[1]。西北漢簡中未見"可"字簡省作此字右邊字形的例證，從簡文字形來看，此字當釋作"沔"，或爲"曲河"的"河"字之訛。

"沔"字亦見於居延漢簡 90.29 簡"漢中郡沔陽曲平里莊□"，"沔"字寫作〔圖〕。北大漢簡《倉頡篇》007 簡〔圖〕字，整理者釋作"晒"，〔圖〕字右邊構件所從與〔圖〕字右邊構件相同。張家山漢簡《二年律令》27 簡整理者釋作"眄"的字，原簡該字字形作〔圖〕，張家山漢簡研讀班改釋此字爲"晒"[2]，可從。〔圖〕和〔圖〕右邊所從構件與〔圖〕右邊所從構件相同。

敦煌漢簡 2413 簡"麪二"[3]，吳礽驤等釋作"麪"[4]。《中國簡牘集成》第三册第 334 頁釋文寫作〔圖〕，從丏，應該是寫誤。居延新簡 EPF22:298 簡有隧長人名"桃勺"，"勺"原簡該字字形作〔圖〕，此字整理者釋作勺[5]。《中國簡牘集成》釋作勺[6]，馬怡、張榮強釋作勺[7]，白海燕釋作"匃"[8]，《居延新簡集釋》釋作"丏"[9]。

敦煌漢簡 891A 簡有〔圖〕字，《敦煌馬泉灣漢簡集釋》紅外綫圖版旁邊的

---

① 馬智全：《肩水金關漢簡（壹）校讀記》，《考古與文物》2012 年第 6 期，第 107 頁。李洪財：《漢簡草字整理與研究》，第 479 頁。

② 張家山漢簡研讀班：《張家山漢簡〈二年律令〉校讀記》，載李學勤、謝桂華主編《簡帛研究二〇〇二、二〇〇三》，廣西師範大學出版社，2005 年，第 178 頁。

③ 甘肅省文物考古研究所等編：《敦煌漢簡》，中華書局，1991 年，第 315 頁。據對應表，此簡來自斯坦因編號 T. XLⅣ. c・09・沙畹、馬伯樂夏鼐編號 M. 147。

④ 吳礽驤、李永良、馬建華釋校：《敦煌漢簡釋文》，甘肅人民出版社，1991 年，第 263 頁。

⑤ 甘肅省文物考古研究所等編：《居延新簡——甲渠候官與第四燧》，第 496 頁。

⑥ 中國簡牘集成編輯委員會：《中國簡牘集成》第 12 卷，敦煌文藝出版社，2001 年，第 88 頁。

⑦ 馬怡、張榮強主編：《居延新簡釋校》，天津古籍出版社，2013 年，第 782 頁。

⑧ 白海燕：《居延新簡文字編》，博士學位論文，吉林大學，2014 年，第 842 頁。

⑨ 張德芳主編：《居延新簡集釋》第七册，甘肅文化出版社，2016 年，第 501 頁。

釋文作“匂”，集釋部分作“勾”[1]。我們認爲此字形當即“丏”字。西北簡常見“匂”字，一般作 （T6:22A）、 （T23:293B），與此形均不類。“丏（勾）”字中間還有其他筆畫，如里耶秦簡的 、北大簡的 ，與“沔”“眄”等字所從構件“丏”一樣，左從乚，右從人，只不過“乚”與“人”的距離有遠有近。《説文》：“丏，不見也。象壅蔽之形。”乚即壅蔽之物象形。《説文》：“乚，匿也，象 曲隱蔽形。”

綜上， 字右邊的構件當隸定作“丏”，整字隸定作“沔”。“曲沔”，漢代文獻未見。《北史》有“曲沔蠻”。此簡或爲“曲河”的“河”字之訛。“曲河”在肩水金關漢簡中有 7 例，如 72EJC:196 簡中“河”字形作 ，與此形略近。

3. T2:105 延□督成里使邊隧

按：釋文“督”，原簡該字字形作 ，此字左邊構件殘損，右邊構件字形清晰，爲“畐”字，或可隸定作“福”。肩水金關漢簡中“福”常寫作 （T2:78），而“督”字簡文常寫作 （T30:86），原簡字形“ ”與“督”字的字形差異大。“ ”或爲“福”的殘字，“福成里”爲里名。

4. T3:14 庚子朔已丑肩水司馬令史翟延

按：釋文“己丑”的“己”字，原簡該字字形作 ，當隸定作“乙”。辭例上，庚子朔，無“己丑”日，而“乙丑”則爲該月二十六日。

5. T3:38B 張子方百——府六六五五六六八八九十

按：釋文“十”字后，脱“十”。原簡有兩個“十”。

---

① 張德芳主編：《敦煌馬泉灣漢簡集釋》，甘肅文化出版社，2013 年，第 606 頁。

6. T3:53　鬼新蕭登

故爲甲渠守尉坐以縣官事歐笞戍卒尚勃讖爵減

元延二十一月丁亥論　　故鰈得安漢里正月辛酉入

按：簡文中的 ，整理者釋作"讖"。從字形來看，左邊構件從"氵"，當釋"灦"。《説文》："灦，議皐也。"該字在秦漢簡牘中共見 63 例[1]，除了懸泉漢簡 1 例未見圖版無法確定外[2]，均寫作"灦"。學者或直接釋作"讖"[3]，不符合簡文該字原形。"讖"字不見於《説文》，但見於傳世字書《玉篇》《廣韻》《集韻》《類篇》等；見於傳世文獻《漢書》《後漢書》，當是一個後起的字形。《禮記》等早期文獻中的"讖"字可能是後來改字。

7. T3:58A　綏和六年三月己巳朔癸酉肩水候憲□☑

按：釋文"綏和六年"中的"六"，原簡該字字形作" "，當隸定爲"二"。綏和年號中無第六年，西北屯戍漢簡中未見"綏和六年"的記錄。綏和二年三月正爲己巳朔，癸酉爲三月五日。

8. T4:24　田卒上黨邨留

按：釋文"邨"，原簡該字字形作 ，當隸定作"屯"。T4:71 簡"上黨郡屯留案里"的"屯"字寫作 （T4:71），與本簡中的"屯"字寫法相同。《漢書·地理志》記載"屯留"爲上黨郡下屬縣。

9. T4:41A　吉佐並敢告尉史步昌里張宜自言取

□二月辛巳尉史豐至敢言之謹

---

① 睡虎地簡 7 例，嶽麓簡 26 例，張家山簡 24 例，居延新簡、肩水金關漢簡、懸泉漢簡各 1 例，甘谷漢簡 1 例，武威漢簡 2 例。

② 胡平生、張德芳編撰：《敦煌懸泉漢簡釋粹》，上海古籍出版社，2001 年，第 15—16 頁。

③ 張學正：《甘谷漢簡考釋》，載甘肅文物工作對、甘肅省博物館編《漢簡研究文集》，甘肅人民出版社，1984 年。

□過所如律令/
詣詣事　（二次書）

按：釋文“豐至”中的“至”爲衍文，原簡無此字。

10. T5:56　　己 戊 戊 丁 丁 丙 丙 乙 乙 甲 甲 癸
十一日
酉 寅 申 丑 未 子 午 辰 巳 戌 辰 酉

按：此簡爲某年十二個月第十一日的干支，其中八月的“乙辰”當爲“乙亥”。原簡該字字形作，筆畫略殘，與肩水金關漢簡中“亥”字的常見字形相同，當隸定作“亥”字，另據 T5 的紀年範圍以及本曆譜簡其他十一個月第十一日的干支，可以推算出此簡爲元平元年曆譜，而元平元年八月十一日正爲“乙亥”日。

11. T5:95　　九人酒二石百六十肉十斤廿五入直百八十五凡

按：釋文“入直”中的“入”誤釋。“入”字對應的原簡該字字形作，應隸定作“凡”，“凡直”爲肩水金關漢簡中表示總價的常用語。

12. T6:94　　魏郡魏右尉公乘杜陵富成里張贛年卌八長八尺□

按：釋文中的“魏郡”之“魏”，原簡該字字形作，“魏右尉”之“魏”原簡該字字形作。原簡中這兩個字均由構件“魏”和“山”組成，當隸定作“巍”，“巍”通“魏”，魏郡，漢高帝置。魏右尉爲郡尉官職。T21:95 簡“戍卒魏郡魏利陽里不更孫樂成年廿八”中的兩個“魏”，原簡中的字形分別爲和，“魏”字下亦均有構件“山”，應該隸定作“巍”。T21:195 簡“魏郡庠丘臨豪里大夫”中的“魏”字，原簡該字字形作，當隸定作“巍”。整理釋文“庠”字，原簡該字字形作，當爲“斥”字。據《漢書·地理志》記載，“斥丘”爲魏郡下屬縣。T21:4

簡"魏氏射得負□品"中釋文"魏"，原簡該字字形作 ，當隸定作"巍"。

13. T6:121 出平ᐸ易二角

按：釋文"易"字，原簡該字字形作 ，左側似有殘筆，當釋作"傷"。肩水金關漢簡中"傷"字寫作 （T21:46），與此相同。"ᐸ"，《類篇》同"弰"，張弓貌。這裏"平ᐸ"可能是與弓弩相關的一種物件，故字形從"弓"。T21:46 簡、T23:1062 簡有弩"傷二角"的記錄，"傷"是器物折損程度的描寫。

14. T6:150 戍卒魏郡繁陽靈里公乘任衆年卌二

按：釋文"繁"，原簡該字字形作 ，當隸定作"緐"。"緐"通"繁"，據《漢書·地理志》記載，"繁陽"爲魏郡下屬縣。

15. T7:33　河渠卒河東安邑賈里公乘王

按：釋文"河渠卒"中的"河"字，原簡該字字形作 ，殘存字形有點模糊，從字形輪廓上看當隸定作"治"。T7:41 簡"河渠卒河東解監里傅章年廿六"中的"河"字從殘留字形輪廓來看，也當隸定作"治"字。肩水金關漢簡及其他西北漢簡中均以"治渠卒"常見，即治理河渠的士卒。故"河"隸定作"治"尚可。

16. T7:60　畜産自死家當有□

按：釋文未釋的字"□"，原簡該字字形作 ，當隸定作"妖"字。""右邊構件與《馬王堆簡帛文字編》中"夭"字的字形 相同，所以""右邊部件爲"夭"。該字形左邊部件爲"女"，肩水金關漢簡中"女"字常寫作 （T29:52）、（T30:62）。因此， 當隸定作"妖"字。簡文即畜産自死，家當有妖。

17. T8:7 戍卒穎川郡穎陰邑真定里公乘仁青跗明年卅四　　　丿

按：釋文衍"明"字。原簡簡文字迹清晰，無"明"字。

18. T8:73 戍卒穎川穎陰邑真定里公乘司馬如年卅一長七尺二寸　　　丿

按：釋文"如"字，原簡該字字形作▨，應隸定作"始"；"卅"，原簡該字字形作▨，應隸定作"卅"。

19. T9:266B　印曰居延後農長印

　　　□月辛亥犁工關卒彊以來

按：釋文"關卒"二字爲衍文。原簡無此二字。

20. T9:103A 外人□□親郭長卿君遣外人送▨外人失不喪檄叩頭唯長長卿厚恩

按：釋文中的兩個未釋字"□□"，原簡這兩字的字形分別爲▨和▨，應隸定爲"叩頭"二字。其中，▨的"口"和"阝"部件可辨，隸定作"叩"字。▨左邊爲"豆"，右邊部件似"見"，或爲"頁"的訛寫。辭例上，此二字正與同簡後文的"叩頭"呼應，均表示叫"外人"的這個人對郭長卿的叩謝之意。

21. T9:212B 教者獨府大

　　　後一、二日辭

按：釋文"辭"字，原簡該字字形作▨，當隸定作"辤"字。《説文·辛部》："辤，不受也。從辛從受。"《説文·辛部》："辭，訟也。從䇂，䇂猶理辜也。"肩水金關漢簡中按原簡該字字形本當隸定作"辤"，而整理者根據辭例直接隸定作"辭"字，如：T21:59 簡"獄至大守府絕匿，房誼辭，起居萬年不識,皆故劾房誼失寇乏□敢告之"中釋文"辭"字,原簡該字字形作▨；

T21:141 簡 "敢具辭，謹道前日中倩丈人言欲賣" 中的釋文 "辭" 字，原簡該字字形作 ；T23:14 簡 "辭曰：誠得錢地長即治論" 中的釋文 "辭" 字，原簡該字字形作 ；T37:1429 簡 "辭謾若令辭者，罰金一" 中的釋文 "辭"，原簡該字字形作 。上述簡文中除 T9:212B 簡文殘，語意不太明確外，其他四簡中的 "辤"，據語境均有訴訟之意，"辤" 通 "辭"，表訴訟。

22. T9:267B 　……日表中表二通

按：釋文中的 "二" 字，原簡該字字形作 ，應隸定爲 "一"。

23. T10:41 　淮陽國始昭陽里郭賢

按：釋文 "國" 字，原簡該字字形作 ，當隸定作 "固"。肩水金關漢簡 T9:83 簡、T21:121 簡、T25:91 簡、T30:154 簡等均有 "淮陽郡固始"，T9:253 簡還有 "淮陽郡古始"。據《漢書·地理志》記載，"固始" 爲淮陽國下屬縣。T9:253 簡 "古始" 中的 "古" 爲 "固" 的通假字。此外，肩水金關漢簡 "淮陽国" 和 "淮陽郡" 出現頻率較高，也證明了淮陽地區郡國稱謂的更替。周振鶴《西漢政區地理》對此有較詳細的研究[1]，黃浩波《〈肩水金關漢簡（壹）〉所見淮陽簡》也有論及[2]，此不贅述。

24. T10:101 　　　　　　其百六十八石二斗四升麥
今余穀百七十八石二斗四升
　　　　　　九石粟

按：釋文 "七十八" 中的 "八"，原簡該字字形作 ，當隸定爲 "七"。此簡爲餘穀簿，"百六十八石二斗四升" 與 "九石" 之和正好爲 "百七十七石二斗四升"。

---

① 周振鶴：《西漢政區地理》，人民出版社，1987 年，第 41—42 頁。
② 黃浩波：《〈肩水金關漢簡（壹）〉所見淮陽簡》，《歷史地理》2013 年第 1 期。

25. T10:173　傳馬一匹騮牡齒十二歲五尺八寸

按：釋文"五"字前脱"高"字，原簡有"高"字。西北漢簡中"高"常用來形容牛、馬的身高。

26. T10:203A　元鳳五年十二月乙巳朔癸卯□□□□□乘敢言
謹移穀出入簿一編敢言之

按：釋文"□□□□□"代表五個未釋字，實際與原簡對應的只有四個字未釋，且"癸卯"之後的兩個字，字形雖較爲模糊，但根據殘存的字形，或可釋作"通道"。剩餘兩個未釋字非常模糊，難於辨認。但根據 T10:200 簡"元鳳五年十二月乙巳朔癸卯通道廄佐敢言之謹移穀出入簿一編敢言之"，與本簡的簡牘形制、書寫風格、書寫内容基本相同，因此，另外兩個未釋的字或爲"廄佐"二字。另外，釋文"乘"字，原簡該字字形作" "，曹方向隸定爲"護"，何茂活隸定爲"讓"[①]。通過肩水金關漢簡中"讓"和"護"字形的比較，此字隸定作"讓"更爲妥當。"讓"此處用作人名，"讓"字在西北屯戍漢簡中用作人名比較常見。

27. T10:213A　六月乙未廚嗇夫武行右尉事
六月乙未滎陽丞崇移過所如律令

按：釋文"廚"，原簡該字字形作 ，當隸定作"廄"。居延新簡 EPF22:64A 簡釋文"廄"字，原簡該字字形作 ，與本簡中 字形結構完全相同。肩水金關漢簡中"廄"字，簡文字形作 （T5:7）；"廚"字，簡文字形作 （T6:23A），二字有較明顯的結構差異。 這一字形或是"廄"字的構件"殳"訛作"寸"。"廄嗇夫"爲管理馬舍的小吏。同樣，T7:8 簡釋文"廚佐"的

---

① 曹方向：《初讀〈肩水金關漢簡（壹）〉》，武漢大學簡帛網：http://www.bsm.org.cn/show_article.php?id=1549，2011 年 9 月 16 日；何茂活：《〈肩水金關漢簡（壹）〉釋文訂補》，復旦大學出土文獻與古文字研究中心網：http://www.gwz.fudan.edu.cn/Srcshow.asp?Src_ID=2392，2014 年 11 月 27 日。

"廚"字, 原簡該字字形作 , 也當改釋爲"廐"; T14:11A 簡釋文"廚嗇夫"的"廚"字, 原簡該字字形作"", 亦當改釋爲"廐"。

28. T10:215A　九月辛卯府告肩

傳診張掖卒史王卿有傳

按: 釋文"診", 原簡該字字形作 , 馬智全隸定作"謁", 認爲是 "謁"字的草書。簡文中"謁"字草寫一般寫作 、 等, 與本簡中的 字不盡相同, 或爲"謁"的草訛。辭例上"傳謁"爲文書常用語, 肩水金關漢簡中很常見。

29. T10:251　　　　　　　　　出十六□　　出九

□長趙彭祖九月奉六百　出八治罷卒簿　　出

　　　　　　　　　　出廿七食計　　出

按: 釋文"□長"中未釋字"□", 原簡殘存字形作 , 當隸定作"隧"。肩水金關漢簡中的 T23:176 簡"第六隧長殷延壽, 未得九月奉六百"證實隧長月俸爲六百。辭例上, "奉六百"正與漢代隧長薪俸情況相合。

30. T10:261　□黑色七尺二寸 乘方相车驈駮牡馬一匹齒十八歲弓一十二

按: 釋文"黑色"后脱"長"字, 原簡爲"黑色長七尺二寸"。漢簡中 "長"指稱人的身高, "高"指稱動物及物品的高矮。

31. T10:267A　南陽郡宛縣柏楊里段帶

按: 釋文"楊", 原簡該字字形作 , 當隸定作"陽", "柏陽里" 爲里名。

32. T10:322 以食從史

按: 釋文"從",原簡該字字形作 ,當隸定作"御"。簡文中"從"常寫作 ,與 字形區別明顯。"御史"爲監察官泛稱。

33. T10:327B 受教遣使錢伏前宜當自伏門下恐

按:釋文"錢"與"伏"之間脫"持"字。原簡該字字形作 ,字形清晰,整理者漏釋此字。

34. T15:9 □十頭遣路奉君

按:釋文"遣",原簡該字字形作 ,當隸定作"遺"。肩水金關漢簡中"遣"寫作 (T4:128)、(T24:36)等,"遺"寫作 (T15:9),本簡中的 字的二級構件"貝"省寫撇點和捺點,與肩水金關漢簡中"遺"的寫法相同。本簡上下端均殘損,語意尚不明確。

35. T21:46 □□張鐵扣弦各一

按:釋文"扣"字,原簡該字字形作 ,當隸定作"把"。此字以往學者亦有隸定作"把"者。相同的文例見於敦煌漢簡、居延新簡,字形均與此相同,如:

(1)□□□□□□立徼臬把弦一,完。(《敦煌馬圈灣漢簡集釋》0827)[1]

(2)立徼臬把弦一。(《敦煌漢簡》(下)091673)[2]

(3)☑張。漆木便張一,把弦鐵鉤一,無次要。(《敦煌漢簡》

---

① 張德芳主編:《敦煌馬圈灣漢簡集釋》,甘肅文化出版社,2013年,第127頁。

② 甘肅省文物考古研究所等編:《敦煌漢簡》下冊,中華書局,1991年,第284頁。張麗萍改釋爲"把"。見氏著《〈簡牘集成・敦煌漢簡〉釋讀補正九則》,武漢大學簡帛網:http://www.bsm.org.cn/show_article.php?id=2163,2015年2月28日。

（下）2231）①

（4）□張扡弦一　（《居延新簡集釋》EPT53:237）②

例（1）中釋文"把"，原簡該字字形作；例（2）中釋文"扡"，原簡該字字形作，《中國簡牘集成》第三冊233頁將此字釋作"杞"，并注："枭杞弦，似爲腰引弩使用之挂於腰間鐵鉤上的麻繩"。左邊構件从"扌"，也應釋作"把"字。例（3）中釋文"把"字，原簡該字字形作；例（4）釋文隸定作"把"字，原簡該字字形作，字形較爲模糊。《居延新簡集釋》釋作"扡"。這些例證中的字形與本簡中的字形結構均頗爲相似，語境亦相同，都應釋作"把"。

36. T21:177　……舍戶□卩

塢前垣不塗治卩 落端不離卩　　　河上舍□

垣北不除卩　　河中毋天田卩　　蘭樓幣

……壞卩　□□□庍（斥）呼二所卩　　……

T21:177（1）　　72EJC:119（2）　　T37:1069　（3）

按："庍（斥）呼"前三字整理者未隸定，原簡對應的這三個字如（1）所示，當隸定作"塢南面"。肩水金關漢簡中記載有"塢南面"的還有三例，72EJC:119簡的兩處寫作（2），T37:1069簡寫作（3）。T21:177簡所

---

① 甘肅省文物考古研究所等編：《敦煌漢簡》下册，第306頁。
② 張德芳主編：《居延新簡集釋（四）》，甘肅文化出版社，2016年，第174頁。

缺釋的三字字形均與這兩簡中的"塢南面"字形寫法相近。再據 T31:67 簡中的"面"字寫作 ，與 T21:177 簡文中的 字形也相近。"塢南面庌（斥）呼二所"即防守塢南面破損的有兩所。因此，字形和文意上隸定作"塢南面"均可行。

37. T21:216　□□乘馬一匹騂牡齒八歲

按：釋文"牡"，原簡該字字形作 ，當隸定作"牝"。《説文·牛部》："牝，畜母也。"肩水金關漢簡中 T37:1015 簡的 字、T37:1042 簡的 字，均隸定作"牝"，與 T21:216 簡的 的字形相同，均爲 ，即"牝"的異寫。

38. T23:145　……蘭冠各一完

按：釋文"冠"，原簡該字形作 ，當隸定作"寇"。這裏 爲 的訛寫，"蘭冠爲蘭器之蓋"[1]。

39. T23:198　及捫　胃肉完不離絕毋維□

按：釋文"胃"，原簡該字字形作 ，當隸定作"骨"。"胃"在簡文中的通用字形作 ，與 在筆畫上有差異。辭例上，"骨肉"更符合文意。

40. T23:265B　□使安住也謹因

按：釋文"住"，原簡該字字形作 ，根據文意此字恐釋作"往"更妥當。秦漢簡中構件"彳""亻"互作很常見，如"徑"或作"俓"。"往"作"住"的例子也不罕見，如肩水金關漢簡 T23:44 簡"□使一卒往之"，"往"字寫作 。T21:142 簡"積百廿人，侶渠往來百廿里，率人侶一里"，"往"字寫作 。居延漢簡 273.3 簡"往來行者"，"往"字作 。類

---

[1] 沈剛：《居延漢簡語詞彙釋》，科學出版社，2008 年，第 70 頁。

似例子還有定县漢簡 990 簡 "天住〈往〉也，天下不適不住〈往〉（往）"
等。居延新簡 EPT5:171 簡 "□遣宏□德住□"，這裏原釋作 "住" 的字，
《居延新簡集釋》根據字形 改釋作 "往"①，與前文 "遣" 字意義相合。

　　根據我們的數據庫檢索，秦漢簡帛中語義明確的 "往" 字共計 351 例。
而 "住" 字的記錄卻僅有一條，見里耶秦簡 2259Z 簡 "☑【南】鄉□☑☑
☑□曰住□☑☑吏卒救南☑"②，"住" 字寫作 。不過此簡文字殘損較
多，語境不全，無法確認其一定是 "住" 字，此字有可能也是 "往" 字。"住"
字《説文》未收，字書見於《玉篇》《廣韻》。《説文·馬部》："駐，馬
立也。" 段玉裁注："人立曰侸，俗作住。" 可見它是一個後起俗字。從現
有出土文獻來看，"住" 字的使用時間也應該比較晚。除了上述里耶秦簡中
并不能確認的一例外，秦漢簡帛及碑刻中均未見此字。魏晉碑刻及紙文書有
一些 "住" 字的例子③，唐代碑刻中 "往" 字使用比較多。

　　因此，結合 "往" 字在秦漢簡中的書寫和使用情況，以及在本簡中的具
體語境，本簡的 應當釋作 "往"，"使安往" 文義更妥帖。

41. T23:311 橛一　張掖肩水司馬　四月辛亥功曹史房白發

　　按：釋文 "房"，原簡該字字形作 ，當隸定作 "防"。"房" 在簡
文中常寫作 （T21:42A）、（T37:1101）、（T37:1491）等，"户"
部與 " 阝 " 區别明顯。"房" 在西北簡中是常見的人名，這裏 或爲
的訛字。

---

① 張德芳主編：《居延新簡集釋》，蘭州：甘肅文化出版社，2016 年，第 160 頁。
② 陳偉主編：《里耶秦簡牘校釋》（第一卷），武漢大學出版社，2012 年，第
　　452—453 頁。
③ 臧克和主編：《汉魏六朝隋唐五代字形表》，南方日報出版社，2011 年，第 78 頁；
　　毛遠明：《漢魏六朝碑刻異體字典》，中華書局，2014 年，第 1237 頁；侯燦、楊代
　　欣編著：《樓蘭漢文簡紙文書集成》，天地出版社，1999 年，第 450—451 頁。

42. T23:378　出麻二石

按：釋文"麻"，原簡該字字形作　　，"广"下所從非"枀"，而是"幷"。肩水金關漢簡"幷"字寫作　　（T5:8A）、　　（T5:8A）、　　（T7:66）、　　（T23:244）等，與此字形所從一致。"庰"，《説文·广部》："蔽也。从广幷聲。"文意上與此簡不合。但"庰"可能讀作"粰"，"粰"字見於江蘇邗江胡場5號漢墓木牘1071：粰米囊。

43. T23:506　得一封詣酒泉樂涫縣一封詣館陶

按：釋文"樂"，原簡該字字形作　　，當隸定作"濼"。肩水金關漢簡中該字形作　　（T6:50）、　　（T23:969），　　（T7:104），這些簡中的"濼涫"之"濼"均寫作"濼"。《漢書·地理志》記載"樂涫"爲酒泉郡的下屬縣。"濼"爲"樂"的通假字。

44. T23:674　□前數候問起居迫職不及度　已何計訖也

按：釋文"計"，原簡該字字形作　　，當隸定作"時"。該字左邊的"日"字十分清晰，右邊聲旁"寺"簡省作"寸"，只是"寸"裏面的點畫較模糊。肩水金關漢簡中已有簡化的"时"字，如　　（T23:656）、　　（T23:764）、　　（T24:7）等。辭例上，"何時訖"與簡文語境相合。

45. T23:768　□鄆平阿里公乘吳傳孺

三石具弩一　絲偉同幾郭軸辟完

弩蝐一完

稾矢銅鍭五十　其卅二完　十八庰（斥）雫

蘭　蘭冠各一　負索完

按：釋文"雫"，原簡該字字形作　　，此字形上部構件所從並非"雨"，而是"虍"，此字當隸定作"虜"。肩水金關漢簡中"雨"字頭下框里的點筆一般連寫成兩橫筆，如“露”字寫作 （T5:68A）。字形中下部看起來似乎是一橫的筆畫，其實與下面的“乎”中間的一豎筆是連在一起的，左邊并未出頭，是一個折筆。“虍”字頭的寫法，如簡文中的“虐”字寫作 （73EJC:607），上部構件與此字上部構件寫法一致。

“虖”，《説文·虍》：“哮虖也。”即後世呼喊的“呼”。“斥呼”在西北屯戍漢簡中很常見，此不窮舉。“呼”也可以獨立使用，如T37:1069簡“塢南面呼以作治”[1]。

“斥呼”多出現在兵器完、折傷簿中，與“完”意義相反。薛英群、何雙全、李永良等先生已指出“斥呼”當讀作“坼墟”[2]，同義連用，意思爲破裂。《説文·土部》：“墟，坼也”，“坼，裂也”。“墟”，也可以寫成“罅”。《説文·缶部》：“罅，裂也。”《漢書·禮樂志》：“衆嫭並，綽奇麗”。顔師古注引晉灼語：“嫭音坼罅之罅。” 可見，“坼墟（罅）”是漢魏晉時期比較常用的一個詞。西北屯戍漢簡中表示器物完損程度的相關詞彙，有三個層次：完、斥呼或傷、不事用（不任事）。“斥呼”應該處於中間層次，表示已有損壞，但是可以修復使用。所以居延新簡EPF22:700簡爰書説不侵候長“……斥呼不繕治”[3]，T37:1069簡中則説“作治”。“斥呼”所指的物件範圍似乎很廣，除了常見的箭矢外，還有木面衣、梧、蓬火曲函、塢等：

（1）槀矢銅鏃五十，其十斥（斥）呼，卌完。（《居延新簡集釋》EPT52:5）[4]

（2）槀矢銅鏃五十，其卌完，十斥（斥）呼。

□□，有方一，完，一斥（斥）呼。（《居延新簡集釋》EPT52:503）[5]

---

① 甘肅簡牘博物館等編：《肩水金關漢簡（肆）》（中册），中西書局，2015年，第170頁。

② 甘肅文物考古研究所編，薛英群、何雙全、李永良注：《居延新簡釋粹》，蘭州大學出版社，1988年，第73頁。

③ 張德芳主編：《居延新簡集釋（七）》，甘肅文化出版社，2016年，第330頁。

④ 同上書，第310頁。

⑤ 同上書，第370頁。

（3）……梧唟（斥）呼，釋色不鮮明……（居延漢簡127.24）①

（4）……□□[一]唟（斥）呼，鉤一不事用。□□不任事……（居延漢簡214.49）②

（5）……兵蘭□堵黑不鮮明，長辟堵黑不鮮明，轉櫨皆毋柅，蓬火曲函唟（斥）呼。（居延漢簡258.16A）③

（6）次吞隧蚤矢五小唟呼詣官。（居延漢簡145.16）④

（7）☑八十五干稍稍大斥呼不事☑。（居延漢簡262.18）⑤

（8）塢南面唟（斥）呼五尺以上二所，負五算。（72EJC:119）⑥

（9）☑堠南面唟（斥）呼五尺，負二算。（72EJC:119）

（10）木面衣唟（斥）呼一尺，負一算。（72EJC:119）

（11）庎（斥）呼五寸以上。（T31:73）⑦

西北漢簡中器物完損的統計十分細緻。如"斥呼"的程度有大有小。嚴重的"斥呼"就會"不事用"。上面例子中的"木面衣""塢""堠"等的"斥呼"程度則有尺寸的區分。再如羽箭的折損還按羽、桿分別統計，如敦煌漢簡1784簡："蚤矢六百，其九十五羽完，干庎呼。卅七，羽敝，干庎呼。 六十一，羽敝，干完。三百九十七，完。服，一，完。"⑧

46. T23:769A 王子文治劍二百五十脯一直卅□錢六十

按：釋文""，原簡該字字形作，從肉（月）從鬼。從語境看，

---

① 簡牘整理小組：《居延漢簡（二）》，"中研院"歷史語言研究所，2015年，第61頁。
② 簡牘整理小組：《居延漢簡（三）》，"中研院"歷史語言研究所，2016年，第17頁。
③ 同上書，第138頁。
④ 簡牘整理小組：《居延漢簡（二）》，第109頁。
⑤ 簡牘整理小組：《居延漢簡（三）》，第150頁。
⑥ 甘肅簡牘博物館等編：《肩水金關漢簡（伍）》（中冊），中西書局，2016年，第187頁。
⑦ 甘肅簡牘博物館等編：《肩水金關漢簡（叁）》（中冊），中西書局，2014年，第220頁。
⑧ 甘肅省文物考古研究所編：《敦煌漢簡》（下冊），第288頁。

""是"脯"的量詞。秦漢簡帛中"脯"後面的量詞有笥、篋、朐、束、斤、枚、串等。此外，肩水金關漢簡 T30:53 簡有"酒五斗，脯一塊"。本簡中的""應該就是"塊"的換聲符的語境異體字。

47. T23:867　保河内曲陽裏孫朋年七十長七尺五寸

按：釋文"朋"，原簡該字字形作，當隸定作"明"。

48. T23:925　水門隧卒成弱郭徒毋何賞買皂布一匹直三百

按：釋文"買"，原簡該字字形作，當隸定作"賈"。這裏或爲的訛寫。"賞買"即賒買，西北漢簡中這個詞很常見。

49. T23:965　廣野隧卒勒忘 賞賣縹一匹隧長屋闌富昌里尹野所丿

按：釋文"縹"，原簡該字字形作，原字形中有構件"刂"，當隸定作"綱"。

50. T24:225　□甑莫肓□

按：釋文"莫"，原簡該字字形作，當釋作 "算"字。西北漢簡中構件"竹"與"艸"可以通用，如"簿"作"薄"、"籍"作"藉"等。"算"，《說文·竹部》："蔽也。所以蔽甑底。"此簡"甑算"正連用。此簡可能是《倉頡篇》佚文。

51. T24:279　戍卒魏郡繁陽宜秋里大夫趙嬰年廿三

按：釋文"繁"，原簡該字字形作，當隸定作"緐"，其中"每"和"攵"兩構件省寫成兩個"△"符號，"糸"訛寫作"貝"。該字當爲"緐"的訛字。"緐"通"繁"，《漢書·地理志》記載"繁陽"爲魏郡下屬縣。

52. T24:738　赽虜亭

按：釋文"赽"，原簡該字字形作 ▯ 。肩水金關漢簡中"秩"字寫作 ▯（T21:62）、▯（F3:430A+263A）、▯（T1:81）、▯（T10:310）等，"軼"字寫作 ▯（T37:1098）。▯ 的右邊構件與"秩"和"軼"所從的"失"均相近。"赽虜亭"西北屯戍漢簡中僅此一見，隸定作"赽"當無誤。此處"赽"可以讀作"趹"。《正字通·走部》："赽，俗趹字。"西北屯戍漢簡中以"虜"命名的亭隧名前有"滅、平、破、窮、收、殄、要、遮、讘（遮）、止、制、誅、治、降、伏"等字，"趹"的意思當與這些字相類。

53. T25:5　河南穀成長陽里大夫師逢年卅長七尺二寸黑色牛車一兩
　　　　鏾楯各一卩

按：釋文"穀"，原簡該字字形作 ▯ ，當隸定作"勃"，"勃"爲"穀"的訛字。據《漢書·地理志》記載"穀成"爲河南郡下屬縣。

54. T25:127　　□□上里段魏年廿八

按：釋文"魏"，原簡該字字形作 ▯ ，當隸定"巍"。"魏"的底部還有個部件"山"。"巍"這裏用作人名。

55. T26:124　▨□關外湯石亭遺

按：釋文"關"，原簡該字字形作 ▯ ，當隸定作"開"，此簡中"關"或錯寫成"開"。

56. T29:115B　王廣宗印
　　　　三月己卯驛北卒齊以來

按：釋文"己"，原簡該字字形作 ▯ ，當隸定爲"乙"。據 T29:115A 的簡文"甘露二年三月庚寅朔丙辰，東部候長廣宗敢言之，迺甲寅病温四支不舉末”，簡牘 A、B 面書寫内容密切相關，記載了甘露二年三月發生的事情，紀年甘露二年三月庚寅朔無己卯日，有乙卯日，故此處按原簡字形，“己”當改釋爲“乙”。

57. T30:39　臨利隧長觻得孔 隧隧長伏見人史□見隧長

按：釋文“”，原簡該字字形作，當改釋爲“吉奴”。西漢印有“王吉□奴”[①]，可參。

58. T31:40　初元四年正月庚申　橐他馳馬亭長孫猛符……
　　　　T32:12　☑橐他馳馬亭長猛

按：T31:40 簡中的釋文“馳”，原簡該字字形作，當隸定爲“駮”，T37:787 簡有“駮馬亭”可證，構件“交”簡文中常與其形近字“文”訛混。T32:12 簡中的“馳馬亭”中的釋文“馳”，原簡該字字形作，也當隸定爲“駮”字。

59. T31:93　田卒魏郡繁陽鉅當里大夫石虞人年廿七

按：釋文“繁”，原簡該字字形作，當隸定爲“蘱”，其中“每”和“攵”兩構件省寫作兩個“△”，“糸”訛寫作“泉”。“蘱”通“繁”，“繁陽”爲魏郡屬縣。

60. T31:239A　□□□□直千皁袴一兩直八百

按：此簡左邊部分殘損，簡文僅存右半邊字形。整理者釋“袴”的字，或當隸定爲“綺”。肩水金關漢簡中有 19 例“綺”，皆從“糸”。秦漢其他簡中也都寫作“綺”，僅敦煌漢簡有 2 例，也是由於左側字形不清，或釋作“袴”。“綺”，《説文·糸部》：“脛衣也。”“袴”字見於《方言》

---

① 周曉陸主編：《二十世紀出土璽印璽印集成》，中華書局，2010 年，SY0949-0950。

卷四："袴，齊魯之間謂之襱，或謂之襱，關西謂之袴。"

61. T33:91　南陽郡西鄂城南里公乘爰志年廿八長七尺二寸黑色　字子平丿

按：釋文"爰"，原簡該字字形作▢，當隸定爲"吳"。"吳"在本簡中用作姓氏。

62. T37:151　癸未都鄉有秩佐忠敢言之廣成里男子閻惪自言爲居延就謹案惪毋官移過⋯⋯

按：釋文"秩"，原簡該字字形作▢，當隸定爲"炙"。依本簡語境"有秩"當爲"有炙（秩）"。《説文·炙部》："炙，之石切。"《説文·禾部》："秩，直質切。""炙"同音通假作"秩"。"有秩"在西北簡中十分常見。《漢書·百官志》："有秩，郡所署，秩百石，掌一鄉人。"

63. T37:365　乘驃牝馬齒十二歲高五尺九寸　　▢▢▢

按：釋文"驃"，原簡該字字形作▢，當隸定爲"�"，"驥"爲"驃"的異體字。

64. T37:777　▢部甲▢鞮瞀裏薄（簿）

按：釋文"▢"，原簡該字字形作▢。肩水金關漢簡 72EJC:119 簡"▢一卷，絕負一箄"，"▢"字原簡字形作▢。此字居延新簡還有 1 例，即 EST119:1 簡"收失燧，鐵▢、鞮瞀各五"，"▢"字原簡字形作▢。"▢"字不見於傳世字書，當是"鎧"的更換義符異體字。這與常見的"鞮"，居延漢簡 49.26 寫作"鍉"情況一樣。從字形數量上來看，"▢"在西北漢簡中只有 3 例，而"鎧"字在西北漢簡共 35 例。① 從語境來看，與"▢"字所

---

① 除了肩水金關漢簡 9 例外，尚有居延漢簡 7 例，居延新簡 17 例，額濟納漢簡 1
　例，尹灣漢簡 1 例。

同見的"甲""鞣瞀"也大量見于"鎧"的語境，如居延新簡 EPT65:86 簡
"鐵鎧鍉瞀各三十三"，肩水金關漢簡 T23:1040 簡"鎧甲鞣瞀各三、鎧鍉
瞀各一"、T24:246 簡"鐵鞣鎧一"、T28:11 簡"革鎧鞣瞀各一"等，居延
新簡中大量出現"鐵鎧"，肩水金關漢簡中也有"革鎧"，故"鞣"應是"鎧"
的異體字，指一種用鐵片或革甲製成的軍用護身服。

65. T37:988 魯國壯里士伍悟他年卅五車三兩牛四頭十二月庚申南
嗇夫□入

按：釋文"車三兩"中的"三"，原簡該字字形作 [圖]，當隸定爲"二"。
"車二兩用牛四頭"，符合文意。

66. T37:999 所乘用騧牝馬一匹齒十歲高六尺二寸主狗占

按：釋文"牝"，原簡該字字形作 [圖]，當隸定作"牝"。T23:58 簡
釋文"牝馬"的"牝"，原簡該字字形作 [圖]，與本簡中"牝"字的寫法
完全相同。據簡文語境，應均表示"畜母"的"牝"，故"牝"爲"牝"
聲符不同的異體字。

67. T37:1542 皮冒、草革各一，瓦枓一。

按：釋文"冒"，原簡該字字形作 [圖]，學者或隸定爲冒[1]。這個字形
在肩水金關漢簡中只出現了 1 次，但是肩水金關漢簡中與此字形及語境均
相似的例子還有 72EJC:119 簡"皮冒不事用，負一筭"，此處"冒"的字形
作 [圖]；T24:213 簡"草辟及冒各一"，此處"冒"的字形作 [圖]。

其他西北漢簡中與此相類似的例子還有以下四例：

(1) 凡亭隧皮冒廿八，其十三枚受府，十五枚亭所作，少七枚。

---

① 初師賓：《漢邊塞守禦器備考略》，載甘肅省文物工作队编《漢簡研究文集》，甘肅
人民出版社，1984 年，第 145 頁。

凡亭隧卅五所。（居延漢簡 303.11）

　　（2）皮宵、草革各一。（居延漢簡 495.1）

　　（3）守御器簿，皮冒、草革各一，毌冒。　（居延漢簡 506.1）

　　（4）羊皮冒革一。（居延新簡 EPT56.74）

　　例（2）中"皮宵"二字《居延漢簡釋文合校》未釋，《中國簡牘集成》釋作"皮宵"。例（4）爲簽牌，"冒"的字形作 。《中國簡牘集成》注："羊皮冒革，守御器之一，以羊皮製作，可防敵矢、石攻擊，又可以透視觀察敵情。"①

　　上述例子中的字形一致，語境也一樣，當都是一個字，應該是"冒"字。釋"宵"""均不當。T37:1542 的 上部應是"冃"部的訛變。這種訛變發生的時間有可能很早。馬王堆三號墓竹簡遣册 234 簡"象劍毒（璏）宵具一"，字形作 ，《長沙馬王堆漢墓簡帛集成》讀作"冒—瑁"。居延新簡 EPT48.129 還有用"瞀"的例子，如"甲渠鄣皮瞀草革各一"。"冒"，古音明母幽韻，"瞀"，古音明母侯韻，兩字聲同韻近，可以通假。《集韻·候韻》"瞀"字下還有一個異體字"瞀"。肩水金關漢簡 T4H:2+11 簡"蓋一毌"，整理者釋"冒"的字不很清晰，但從輪廓上看，與上述"冒"字一致。此簡亦爲守御器折損簿，因此，這個"冒"很可能也是"冒"字。

　　另外，上述"冒"前都用"皮"表示材質。T24:213 簡"草辟及冒各一"中的 字，整理者釋作"及"，此字很可能是"皮"字的訛變形體。T37:1542 簡"皮冒"的"皮"字寫作 ，與此字非常相近。嶽麓簡第四册第二組簡 151 簡"縣（徭）律曰：補繕邑院、除田道橋、穿汲波（陂）池、漸（塹）奴苑，皆縣黔首利殹（也）"，其中字形 ，整理者釋爲"汲"并指出此乃"波"的訛字，也可以作爲一個證據。從統計的角度看，釋成"皮"的訛變也更符合語言實際。在西北漢簡大量出現的幾個表示物體的名詞+各+數

----

① 中國簡牘集成編輯委員會編：《中國簡牘集成》第 11 册，敦煌文藝出版社，2001 年，第 29 頁。

字的結構中，幾個名詞之間絶大多數直接並列。如居延新簡中就有三例：
EPT68:62 簡 "刀、劍、及鈹各一"；EPT68:72 簡 "帶大刀、劍及鈹各一"；
EPF22：63A 簡 "便臣、秩郎、從官及中人各一等"。

68. H1:3A ⋯⋯⋯大男吕異人故魏郡繁陽明里⋯⋯

按：釋文 "魏"，原簡該字字形作 ▨，"魏" 字底部的部件 "山"
清晰，故當隸定爲 "巍"。"巍" 通 "魏"，"魏郡" 爲漢高祖時設置。釋
文 "繁" 字，原簡該字字形作 ▨，當隸定爲 "䋣"。"䋣" 通 "繁"，"繁"
之部件 "每" 異寫作 "田"、"攵" 異寫作 "阝"、"糸" 異寫作 "泉"。

69. F3:25＋543　左前騎士累山里卞黨

按：釋文 "卞"，原簡該字字形作 ▨。漢簡中的 "卞" 字用例還見於
定縣漢簡《論語·憲問》0373 簡："若臧武仲之知，公綽之不欲，卞【莊
子】。"由於未能見原簡圖版，無法進行討論。從 "卞" 的字肩水金關漢簡
有 "汴"，見 T21:419 簡 "汴陽里"，"汴" 原簡該字字形作 ▨，此字右
邊構件與 "卞" 的寫法微殊。

但簡文釋作 "卞" 字的 "▨" 字形與肩水金關漢簡中的三例 "亓" 字
的字形並無區别，如：

（1）T3:7 簡 "中營右騎士累山里亓襃"，"亓" 原簡該字字形作 ▨。
（2）T14:19 簡 "居延卅井尉史亓益壽"，"亓" 原簡該字字形作 ▨。
（3）T26:105 簡 "亓安世"，"亓" 原簡該字字形作 ▨。

肩水金關漢簡中釋作 "亓" 的三例，除 T26:105 簡的 ▨ 字下半部分略
顯模糊外，另外兩字字形都十分清晰。根據語境，這三例的 "亓" 字與本簡
中的 "卞" 字均用作姓氏。"亓" 字亦見於其他漢簡：居延漢簡三例，分别
是 283.62 簡的 "□賢▨長亓豐" 和 4.17A 習字簡中的兩個 "亓" 字。居延新
簡一例，EPT51.409 簡的 "□□隧長亓禹，奉錢六百" 中的 "亓"，其字形

爲 [圖]。283.62 簡、EPT51.409 簡里的 "亓" 均用作姓氏，4.17A 簡中的兩個
"亓" 字，也可能是姓氏。

從上述材料來看，"卞" 與 "亓" 應當是一個字，F3:25＋543 簡中的
"[圖]" 也應釋作 "亓"。當然，這些字也有可能是 "卞"。肩水金關漢簡
"下" 字常寫作 [圖]（F3:604A），與上述字形下半部分相同，而東漢碑刻
中未見 "亓" 字，有 "卞" 字四例，字形可辨者作 [圖]（東漢元嘉三年乙瑛
碑）、[圖]（東漢永壽二年魯相韓敕造孔廟禮器碑陰）、[圖]（東漢熹平二
年司隸校尉楊淮表記）。"卞" 字見於文獻相對較早。《春秋》僖公十七年
就有 "夫人姜氏會齊侯于卞" 的記載。還有一種可能就是肩水金關漢簡中的
姓氏 "卞" 和 "亓" 都存在，只不過書寫同形。但是這種可能似乎不大。因
爲卞黨、亓襃皆出自累山里，姓氏相同的可能更大一些。由於目前所見材料
有限，尚待進一步研究。

70. F3:179B 分襫衣被皆盡

按：釋文 "襫"，原簡該字字形作 [圖]，左不從 "衣"，左所從可能是
"扌" 的訛變。西北屯戍漢簡中未見 "襫衣" 一詞。"撥" 有分發之義，也
可以讀作 "發"。T22:101 簡有 "分發" 一詞與此相同。

71. F3:298 [圖]一槽，收布一匹，傳送河東聞憙縣堅家所在

按：釋文 "蕀"，原簡該字字形作 [圖]，當釋作 "槽"。肩水金關漢簡
中還有三例：T6:14B 簡 "蕀一槽，書到出入如律令"，釋文 "蕀" 字，原
簡該字字形作 [圖]；T9:103 簡 "外人叩頭郭長卿君遣外人送 蕀 外人失不喪
檄"，釋文 "蕀" 字，原簡該字字形作 [圖]；T26:284 簡 "不幸死，蕀一☒"，
釋文 "蕀" 字，原簡該字字形作 [圖]。這些字形亦當釋作 "槽"。这些字形秦

漢簡中出現多次①，各種釋文中的寫法則頗多歧異，或隸定作"篗""葦""萋""菓"等。裘錫圭先生將這些形體都釋作"槥"②，形義俱當，已成定論。《説文·木部》："槥，棺櫝也。"《漢書·高帝紀》："令士卒從軍死者爲槥，歸其縣，縣給衣衾棺葬具。"

對於這個字的形體變化，裘錫圭指出，"對'槥'字所從的'彗'稍加簡化，并將'木'旁移至下方，即成此體"。里耶秦簡中的"槥"字作 （8_0648_Z），從㣺、又、木，結構非常清楚。西漢早期的形體大部分也保持了這種寫法，如《張家山漢簡·二年律令》501 簡中的 與 、《馬王堆漢墓帛書·相馬經》020 下簡中的 。但是從西漢早期開始，上部簡化的過程就已經開始了。如 （戰國縱橫家書·蘇秦自趙獻書於齊王章[二]105-106）、 （戰國縱橫家書·蘇秦自趙獻書於齊王章[二]107）、 （五十二病方·嬰兒瘛[瘲]053）等字，上部結構逐簡化訛變成"艹"。從總體上看《戰國縱橫家書》《五十二病方》的書寫比較草率，字形容易簡化訛變。西北屯戍漢簡中的形體又繼續發生了三個方面的訛變。一是下部的"木"的豎筆上出與"彗"所從的"又"穿插在一起，二是"又"的中間橫曲筆右邊不再出頭，三是"木"的橫筆有時移到"又"上，或者多增加一個橫筆。這樣一來，字形就與原初的形體距離越來越大，導致難以辨認。

72. 72EJC:43＋52　安定郡施刑士周工阿里救充邑年廿黃色長七尺三寸

按：釋文"周"，原簡該字字形作 ，當隸定爲"鹵"字。此簡爲隸草字體，但 爲古文字形的寫法。北大漢簡《倉頡篇》961 簡"漆鹵氏羌"裏的"鹵"字寫作 ，與本簡的"鹵"字形相同。《張家山漢簡·蓋廬》

---

① 其他西北屯戍漢簡共有 17 例，其中，居延漢簡 10 例，居延新簡 7 例，懸泉漢簡 1 例。此外，西漢早期簡帛中也有 11 例。早在秦簡中也有 3 例。
② 裘錫圭：《裘錫圭學術文集·簡牘帛書卷》，復旦大學出版社，2015 年，第 52—57 頁。

41 簡：“適（敵）人出鹵（虜），毋迎其斥。”[1]其中“鹵”字原簡寫作，《張家山漢簡・蓋廬》42 簡“卒鹵（虜）則重”[2]中的“鹵”原簡寫作，這兩簡中的“鹵”字字形與 72EJC:43＋52 簡中的字形相同。《張家山漢簡・二年律令》436 簡“諸私爲薗（鹵）鹽”[3]中的“薗”原簡寫作，其下部構件“鹵”與 72EJC:43＋52 簡中的字形也相同。“鹵”字作構件時下部構件也寫作“田”，如 436 簡中的“鹽”字，原簡該字字形作。《説文・鹵部》：“鹵，西方鹹地也。從西省，象鹽形。安定有鹵縣。”《漢書・地理志下》安定郡的屬縣有“鹵，濯水出西”[4]，《漢語大字典・鹵部》鹵縣，“漢縣名，在今寧夏固原縣境内”[5]。因此 72EJC:43＋52 簡“安定郡施刑士周工阿里，救充邑年廿，黄色長七尺三寸”中的“周”當改釋爲“鹵”，“鹵縣工阿里”是縣里名，救充邑是人名。

73. 72EJC:538　迺四月甲申病身（熱）

按：釋文“”字，原簡該字字形作，字形有點模糊，從月從炅，當是在“炅”的基礎上加義符“月（肉）”構成的語境異體字。“炅”字讀作“熱”，文獻見《素問・舉痛論》：“卒然而痛，得炅則痛立止。”王冰注：“炅，熱也。”漢簡中這種用法很常見。陳直認爲“炅是熱字簡寫”[6]。《長沙馬王堆漢墓簡帛集成》在《老子甲本・德經》篇“靚（靜）勝炅（熱）”注四五中指出：“甲本的‘炅’字是西漢人頗爲常用的‘熱’

① 張家山二四七號漢墓竹簡整理小組：《張家山漢簡・蓋廬》，文物出版社，2001 年，第 104 頁。

② 同上。

③ 張家山二四七號漢墓竹簡整理小組：《張家山漢簡・二年律令》，文物出版社，2001 年，第 43 頁。

④ 班固：《漢書・地理志》，中華書局，2000 年，第 1615 頁。

⑤ 漢語大字典編輯委員會編撰：《漢語大字典》（第 2 版），四川辭書出版社、崇文書局，2010 年，第 4609 頁。

⑥ 陳直：《居延漢簡研究》，中華書局，2009 年，第 144 頁。

字異體。”帛書《老子》原整理者注：“炅，从火日聲，當即熱之異體字。”
①裘錫圭指出：“‘炅’‘熱’實爲一字異體。”②據我們統計，“炅”共
有 16 例③，都用作“熱”，西北屯戍漢簡不殘缺的語境中都是“寒炅”連
用，指一種病癥。而秦漢簡帛中“熱”字則有 62 例，數量大於“炅”。從
時代上看，除了馬王堆的 3 例外，“炅”都分布於西漢中晚期的西北屯戍
漢簡中，而“熱”字則多見於西漢早期。

---

① 國家文物局古文獻研究室編：《馬王堆漢墓帛書（壹）》注十一，文物出版社，
　　1980 年，第 7 頁。
② 裘錫圭：《居延漢簡中所見的疾病和醫藥情況》，第 38 頁。
③ 肩水金關漢簡 3 例，居延漢簡 7 例，居延新簡 3 例，馬王堆漢墓帛書 3 例。

第一節 肩水金關漢簡異體字及其分布情況

一、肩水金漢關簡異體字形的判斷標準

肩水金關漢簡 1 萬餘枚簡牘上，文獻總字數 135611 字，單字字頭 2202 字，合文 13 個，未釋字 43 個。這批簡文文字形體和用字情況均較爲複雜，我們在統計歸並字頭時，遵循以下原則：

第一，單字字頭主要依據中西書局出版的五卷本《肩水金關漢簡》的釋文，少數釋文隸定有誤者以最新的考釋校訂意見爲準。由於簡文用字量大，書寫情況複雜，純字形角度區分不僅處理難度大且不符合其用字實際。權衡利弊，我們以用法相同爲歸字的基本原則。

第二，釋文前後隸定不統一者，統一爲同一個隸定字，如簡文字形 ，釋文前後分別隸定作“冣”或“最”，我們將其統一隸定作“冣”。

第三，異體字歸入同一個字頭，在歸納字頭時我們取狹義的異體字定義，即意義和用法完全相同僅字形不同的異構或異寫字。凡是屬於這類異體關係的字均歸入同一個字頭。如構件“竹”字頭訛作 者的字，象“節”簡文寫作 （T37:519A）、 （T30:033A）；“等”簡文寫作 （T31:149）、 （T37:527）；“籍”簡文寫作 （T37:738A）、 （T07:049）等。這類構件訛混字依據用法視爲異體字並入同一字頭。

　　第四，通假字一律歸於本字下。

　　第五，特殊處理的字：（1）"居攝"的"攝"字，肩水金關漢簡中有 12 例寫作"攝"，21 例省寫作"聑"。由於肩水金關漢簡中沒有其他意義的"聑"字，不至於引起混淆，因此爲了字形的清晰將這 21 例省寫的形體獨立作"聑"。（2）"烽燧"的"燧"字，肩水金關漢簡中有 59 例省寫作"隊"。同樣由於肩水金關漢簡中沒有其他意義的"隊"字，所以將這 59 例省寫的形體獨立作"隊"。

　　肩水金關漢簡絕大多數簡文書寫于西漢中晚期及新莽時期，少量簡文書寫于東漢初期。西漢中晚期處於文字發展由隸書到真草的關鍵時期，書寫於這一時期的肩水金關漢簡涵蓋了篆書、隸書、隸草、草書、楷書、行書六大類書體，其中隸書和隸草字體中還包含了古隸和草寫古隸。肩水金關漢簡整體上呈現出隸書、隸草爲主，草書次之，篆書偶現，楷書和行書萌芽的書體面貌，以及各簡之間甚至同一簡上書體變換靈活自然的書法特色。考慮到書體對字形的影響，異體字分析應在相同或相近的書體中進行。肩水金關漢簡中篆書、楷書、行書、草書等書體數量相對較少，且字形與隸書、隸草的字形差異較大，我們主要在隸書、隸草兩個相近書體中分析字形的異同，統計異體字形的數量，歸納異體字的類型。

　　肩水金關漢簡異體字形的選擇遵循緒論部分異體字的界定，包括形體異構異體字和筆畫異寫異體字兩大類，但以下形體差異不屬於本異體字研究範疇：

　　第一種，筆畫粗細、長短差異未引起字形結構變化者，如："三"的橫筆長短、粗細不一，三（T24:46）與 ≡（T26:34）；下（F1:14）與 ▌（T23:616）等，此類不計入筆畫異寫異體字。

　　第二種，筆形變化而不具有區別特徵者，如點畫變提筆：（T3:51）中的點畫形變作 （T25:55）中的提筆；橫筆變點畫：（T5:68A）中的橫筆變作 （T24:34）中的點畫等；筆划相交而未導致字形結構質變者，如：寫作 ![字]（T33:27）；![字]（T10:315A）寫作 ![字]（T4:94）；
![字]（T9:94A）寫作 ![字]（T10:223）、![字]（T10:152）；![字]（T3:52）寫作
、![字]（T9:53）、![字]（T10:259）等。這些筆畫形變均不計入異
體字的範疇。

　　第三種，筆畫偶然漏寫者。肩水金關漢簡中如"雒"寫作 ![字]（T37:1109），
構件"隹"漏寫第二個豎筆；"觼"寫作 ![字]（T23:661），構件"角"漏
寫豎筆；"若"寫作 ![字]（T21:38A），構件漏寫"艹"的兩短豎筆等。因筆
畫漏寫具有較强的偶然性，這類筆畫減少一般不具有復現率，不納入異體字
討論。當然有些字的單筆畫漏寫具有一定的復現率，甚至因筆畫漏寫而訛作
它字者則應該納入異體字討論。

二、肩水金關漢簡異體字的分布

　　根據肩水金關漢簡異體字的實際情況，結合前文論及的異體字形判斷
標準，肩水金關漢簡 2202 個單字字頭中有異體字的字頭 655 個，涉及 1124
個異體字形，每組異體字中最少包含一個異體字形（通用字形不計入異體字
形内），最多者則有 10 個異體字形。異體字頭及其異體字形數的具體分布
情況，見表 4–1。

表 4–1　肩水金關漢簡異體數統計表

異體字形數[①]	異體字頭	組數
10	歲	1
8	過	1
7	籍	1
6	樂　襄　觼　疾　故　告　福　送	8

---

① 這裏異體字形數量指除通用字形外的異體數量。下同。

異體字形數	異體字頭	組數
5	證 言 劍 厚 行 發 從 齒 急	9
4	佐 西 熒 誼 意 延 徐 縣 蘇 數 受 適 使 卻 牡 吏 禁 關 富 鞻 德 傳 出 兵	24
3	諸 止 直 張 章 簪 畜 雜 庸 壹 謁 掖 楊 陽 嚴 刑 物 廷 隧 粟 死 舒 收 深 赦 傷 殺 色 塞 窮 卿 遺 錢 器 妻 牝 南 某 枚 督 律 落 論 臨 兩 犂 老 寬 郡 君 爵 廄 酒 茭 記 癸 歸 公 敢 奉 范 都 曹 蔡 葆 八 愛	67
2	祖 奏 朱 置 秩 治 執 知 政 正 趙 召 昭 占 齋 造 悍 願 掾 獄 御 欲 禹 餘 幼 迎 寅 陰 音 因 詣 異 野 耶 薛 宣 詡 須 辛 校 鄉 顯 賢 武 伍 五 翁 問 謂 衛 尉 往 頭 通 聽 譚 索 所 孫 私 順 戍 署 書 壽 是 事 始 時 石 師 商 閭 襦 然 全 去 請 橋 遷 起 迫 蓬 旁 弩 農 牛 男 迺 牟 命 賣 麥 祿 虜 隴 劉 陵 涼 勞 寇 苛 絕 舉 就 竟 井 京 靳 金 今 節 皆 彊 建 檢 肩 紀 迹 計 及 積 惠 壺 鬼 顧 鼓 谷 恭 革 贛 榦 蓋 夫 繁 煩 惡 敦 段 端 杜 牒 帝 登 道 到 黨 鄲 貸 賜 刺 除 赤 乘 丞 敝 察 丙 邊 畢 報 罷 安 昨 元	165
1	坐 尊 卒 足 陬 宗 幀 追 狀 莊 祝 助 逐 帚 衆 忠 質 致 至 職 脂 詔 丈 郭 賊 責 蚤 在 運 允 越 員 原 爰 玉 與 予 虞 魚 於 右 有 游 穎 贏 嬰 印 殷 議 義 易 邑 亦 遺 宜 夷 鄭 業 要 羞 養 央 驗 煙 訊 循 勳 智 宿 兄 驛 信 歙 新 心 謝 醫 相 憲 閒 先 下 憙 徙 橄 席 息 誤 務 午 無 吳 吾 聞 溫 魏 虎 唯 爲 巍 望 萬 宛 外 瓦 橐 豚 徒 童 亭 珍 特	379

續表

異體字 形數	異體字頭											組數
	湯	燧	遂	訟	宋	祀	四	朔	水	庶	術	贖	輸	叔	
	賁	視	氏	史	實	施	勝	省	繩	審	神	身	申	射
	舍	尚	賞	擅	陝	山	喪	賽	若	如	忍	讓	穰	缺
	泉	趣	取	裘	秋	親	頃	秦	侵	強	乾	前	騎	其
	期	破	平	匹	皮	袍	潘	歐	寧	甯	年	匿	奈	乃
	牧	莫	陌	明	名	閔	民	彌	猛	門	買	雒	侖	路
	魯	廬	龍	隆	留	領	梁	練	憐	廉	連	利	禮	里
	李	累	勒	來	昆	況	苦	叩	恐	孔	空	肯	課	客
	開	軍	卷	緅	居	九	景	盡	進	近	謹	犗	界	解
	教	傲	角	降	將	賤	健	見	監	兼	姦	賈	甲	家
	濟	祭	厝	汲	稽	或	會	皇	淮	華	護	許	胡	候
	後	侯	弘	黑	賀	合	豪	漢	寒	害	郭	涫	冠	館
	官	騧	穀	狗	緱	功	耿	給	各	閣	格	稾	賦	復
	婦	負	輔	斧	服	扶	鳳	逢	肥	房	犯	反	樊	凡
	番	耳	恩	對	短	犢	檀	督	董	東	定	調	等	得
	盜	當	但	旦	單	待	大	春	處	畜	廚	初	崇	持
	池	答	誠	承	成	齔	陳	朝	償	腸	長	產	襜	倉
	參	財	舖	部	步	布	駁	伯	並	病	稟	邠	賓	表
	辨	編	臂	幣	鼻	精	備	被	卑	薄	半	板	拜	佰
	案													

　　上述統計表顯示，肩水金關漢簡異體字組中異體數量分布具有不平衡性，655 組異體中有 379 組異體字只有 1 個異體字形，約占了總異體數的 57.9%。1—2 個異體字形的共計 544 個字頭，約占總異體字字頭的 83.1%，即這批簡文中異體字的異體字形以 1—2 個爲主。異體字形分布特徵歸納，見表 4-2。

表 4-2 肩水金關漢簡異體數分布表

異體字形數	異體字頭數	異體字形總數	占總異體字字頭數的比例	占總異體字形數的比例
1	379	379	57.9%	33.7%
2	165	330	25.2%	29.3%
3	67	201	10.2%	17.9%
4	24	96	3.7%	8.5%
5	9	45	1.6%	4.0%
6	8	48	1.1%	4.3%
7	1	7	0.15%	0.6%
8	1	8	0.15%	0.7%
10	1	10	0.15%	0.9%
總數	655	1124	每字平均異體字形數爲 1.7 個	

肩水金關漢簡中 655 個異體字頭約占總字頭 2202 的 29.7%，涉及異體字形 1124 個，每字平均異體字形數 1.7 個。簡文中異體字形數量最多者可達 10 個，最少者只有 1 個，其中有 1—2 個異體的爲絕大多數，約占異體字頭的 83.1%，3—5 個異體約占異體字頭的 15.4%，6—10 個異體僅約占異體字頭的 2.4%。

三、肩水金關漢簡異體字分布與字頻的相關性

劉志基在《先秦出土文獻字頻狀況的古文字研究認識價值》一文中指出字頻的價值是"古文字發展程度的測查標尺、字詞關係的系統呈現、'專字'現象的放大鏡、文字地域差異的宏觀凸現、文字與語言對應程度斷代差異的清晰

折射、文獻類型語言文字特徵客觀反映"[①]。字頻是反映文獻用字特徵的重要標尺，對認識文字系統特點有重要的作用。

　　我們在編纂《肩水金關漢簡字形編》時，對簡文的字頻有窮盡性的統計，其中使用頻率最高的字是"一"字，共計 2829 次。根據簡文整體字頻情況，我們將這批簡文單字頻次分爲六個層級：1000 次以上者爲超高頻字、500—999次爲高頻字、100—499 次爲次高頻字、10—99 次爲中頻字、2—9 次爲低頻字、1 次爲單頻字。各層級字頻與字頭數、字量的具體分布，見表 4–3。

表 4–3　肩水金關漢簡字頻表

總　數 字頻 級差	字頭數[②]	字量[③]	占總字頭比例	占總字量比例
	2202	134826		
1000 次以上	15	25533	0.7%	18.9%
500—999 次	44	31444	2%	23.3%
100—499 次	220	50987	9.9%	37.8%
10—99 次	681	23445	30.9%	17.4%
2—9 次	671	2846	30.4%	2.1%
1 次	571	571	25.9%	0.4%

　　上表數據表明，100—999 次的高頻字、次高頻字共 264 個字頭占總字頭數的 11.9%，用字量占總字量的 61.1%；1000 次以上的超高頻字 15 個，僅占總字頭數的 0.7%，用字量卻占總字量的 18.9%。100 次以上的各類高頻字總用字量占總字量的 80%。1—9 次的低頻字 1242 個，占總字頭數的 56.3%，用字量占總字量的 2.5%。這表明肩水金關漢簡的用字特點是：高頻字在總字

---

① 劉志基：《先秦出土文獻字頻狀況的古文字研究認識價值》，《中國文字研究》第十八輯，
　　上海書店出版社，2013 年。
② 字頭數，指不重複計算的單字字頭總數。此統計字頭不包括重文、合文，以及殘字的數量。
③ 字量，指肩水金關漢簡文獻總用字量，但這裏的字量除去了簡文中重文、合文、殘字數量。

量上極高比重的"高端集中"和低頻字在總字量上極高比重的"低端集中"
現象。① 肩水金關漢簡以書檄、簿籍、符券、郵書等簡牘爲主，有較固定的
文書用語習慣，字頻的"低、高端集中"現象證明文獻用語的格式化對字頻
有重要的影響。

　　字頻與異體字的數量有一定的相關性。經統計，肩水金關漢簡中
1000 次以上的超高頻中有 4 個異體字、500—999 次高頻字中有 22 個異
體字、100—499 次高頻字中有 130 個異體字、10—99 次中頻字中有 377
個異體字、2-9 低頻字中有 122 個異體字。字頻與異體字間的聯繫見下
表 4–4。

表 4–4　字頻與異體產生概率表

字頻層級	字頭數	異體字頭數	出現異體的概率
1000 次以上	15	4	26.7%
500—999 次	44	22	50%
100—499 次	220	130	59.1%
10—99 次	681	377	55.4%
2—9 次	671	122	18.2%

　　整體而言，肩水金關漢簡文字使用頻率與異體出現的概率大致成正
相關性，中、高頻的字更容易產生異體。2—9 次低頻字中有異體的字頭
僅占該頻次字頭的 18.2%。500 次以上的高頻字中有異體的字頭占該頻次
字頭的 44%。10—499 頻次的中低頻次中有異體的字頭占該頻次字頭的
56.3%。也就是說中低頻次的字絕大多數都有異體字。異體數量與字頻的
關係見表 4–5。

---

① "高端集中""低端集中"兩概念引自劉志基的《簡論甲骨文字頻的兩端
　集中現象》（《語言研究》2010 年第 4 期）一文。

表 4-5　字頻與異體數量關係表

頻次＼異體數	10	8	7	6	5	4	3	2	1
1000 次以上								1	3
500—999 次					1	3	4	5	9
100—499 次	1	1	1	4	4	7	24	37	51
10—99 次				4		13	35	100	221
2—9 次							1	4	22	95

上表反映出並非字頻越高異體數就越多，異體數量的多少與字形的結構有較爲密切的關聯。簡文中異體數量較多的字如“歲”“過”“籍”分別有“10”“8”“7”個異體，均在 100—499 頻級的次高頻字中。而 500—999 頻級的高頻字及超高頻字產生的異體數較少，1000 次以上的超高頻單字中的異體數僅爲 1—2 個，這是因爲這批簡文中的超高頻字是“一、月、年、二、十、里、長、五、三、四”等數字爲主的筆畫簡單的字，筆畫數及文字結構與異體字的產生有密切的關係，如“歲”在簡文中使用了 430 次，屬於高頻次的字，“歲”，從步戌聲，字形結構較爲複雜，簡文中有 10 個異體。“五”簡文出現了 1598 次，“五”爲獨體字，字形結構簡單，簡文中“五”只有兩個筆畫異寫異體字，因其筆畫變化體現了字形楷化過程才算作異體字。

綜上，肩水金關漢簡異體字的產生與文字使用頻率大致成正相關性，當字形結構複雜的單字使用頻率較高時，則易產生異體且異體數量較多，結構、筆畫簡單的字即便使用頻率極高，其產生的異體數量也相對較少。

第二節 肩水金關漢簡異體字的來源及分類

肩水金關漢簡書手衆多、書體不一、簡牘形制各異、抄寫内容龐雜等都導致這批簡牘用字問題更爲複雜。肩水金關漢簡異體字較多，異體來源複雜，異體字形體差異程度有别。

肩水金關漢簡紀年跨度兩百餘年，根據紀年簡分布來看，簡文主要書寫於西漢中晚期及新莽時期，東漢時期的簡文很少。因此，肩水金關漢簡異體字的討論在同一時代、相同或相近書體中展開。異體字形確定的前提是有參照性的通用字形，即當時社會通用的字形。正如毛遠明所言："討論異體字的形體類别，有一個問題不能回避，那就是如何在一組異體字中確定正體或者通行體，以便與之參照。"①一般稱這類參照字形爲"正體""通行體"或"標準體"，爲避免術語歧義，我們採用"通用字形"這一術語。

肩水金關漢簡通用字形以《説文》爲參照系，雖然《説文》的小篆與肩水金關漢簡的隸書在形體上有較大的差别，但《説文》的成書時代與肩水金關漢簡的書寫時代相去不遠，兩者間除書體的差異外，文字結構應無較大差異。因此，以《説文》的小篆字頭爲參照系，考察肩水金關漢簡異體字的形體是可行的。除此之外，還結合肩水金關漢簡中文字使用的實際通用程度具體對待。肩水金關漢簡中復現率越高、通用性越强表明該字形即爲"通用字形"，如 "禁"字寫作 （T37:1453）14 次②、（T9:252B）1 次、（T21:14）1 次、（T9:138）1 次、（T3:55）1 次，則復現率高的 ""字爲簡文的通用字形，其他四個字形爲異體字形。肩水

---

① 毛遠明：《漢魏六朝碑刻異體字研究》，第 71 頁。
② 此數據是以字形清晰簡文所切單字的數據量統計，並非簡文中該字出現的總次數統計，字形殘損或模糊的不便計入分析。下同。

金關漢簡單字的復現率和通用程度的考察要兼顧西北其他漢簡中該字的使用情況，儘量在整個西北屯戍漢簡中去考察字形的通用程度。

　　按照字形差異的大小，肩水金關漢簡 1124 個異體字形可以分爲構件層異體字和筆畫層異體字。但因簡文部分異體字或受多種因素作用而成，異體類型具有兼屬性。我們一般僅取其形體的一種特徵歸入相應的異體類型，單個字形則不重複歸類。

一、構件層異體字

　　毛遠明在《漢魏六朝碑刻異體字研究》中説："構件，或稱部件、字根、字素、字元，是由筆畫組成的、具有音義信息和區別功能的漢字基本構形單位，是組成漢字的最小單位，也是漢字信息量的主要體現。根據構件的組構功能，漢字的構件可以分爲表意構件、表音構件、記號構件三類。"[①]構件層異體是相對筆畫層異體而言的，主要指構件上的形體差異，肩水金關漢簡中的異體字形在構件層次上的差異主要表現爲構件的簡省、增繁、位移、同化、改換、變異、訛混、記號化，以及源於古文字的古文異體等九個方面。

（一）構件簡省

　　構件簡省包括構件的簡化和減省。構件簡化指構件由繁到簡的動態發展演變，構件簡化具有規律性、類推性、可持續性三個顯著特徵。這一時期產生的簡化構件或整字多被後世漢字繼承沿用。構件減省則主要指構件數量的減少或者省略，這類減省常具有一定的偶然性。

1. 構件類推性簡化

　　肩水金關漢簡中有一批構件具有類推性簡化特點，這些簡化構件或是現代簡化漢字溯源的重要依據。

　　（1）構件"門"簡化作"门"

　　簡文中"門"常寫作（T23:616），草省字形寫作（T30:28A），

---

① 毛遠明：《漢魏六朝碑刻異體字研究》，第 236 頁。

現代漢字中的"门"就是簡文"門"的草省字形的隸楷化。肩水金關漢簡中"門"作爲構件時大多具有類推性簡化。

【1】"閏"，小篆作"閏"，簡文中的通用字形作（T30:48），異體字形（T37:1065A）。異體字形中的構件"門"草寫簡化作"门"。

【2】"問"，小篆作"問"，簡文中的通用字形作（T24:11），異體字形作（F1:2）。異體字形中的構件"門"草寫簡化作"门"。

【3】"開"，小篆作"開"，簡文中的通用字形作（T10:221A），異體字形作（T23:238）。異體字形中的構件"門"草寫簡化作"门"。

【4】"閣"，小篆作"閣"，簡文中的通用字形作（T37:1460），異體字形作（T21:206A）。異體字形中的構件"門"草寫簡化作"门"。

【5】"閒"，小篆作"閒"，簡文中的通用字形作（T10:221A），異體字形作（T24:65A）。異體字形中的構件"門"草寫簡化作"门"。

【6】"閔"，小篆作"閔"，簡文中的通用字形作（T10:220B），異體字形作（F1:1）。異體字形中的構件"門"草寫簡化作"门"。

【7】"聞"，小篆作"聞"，簡文中的通用字形作（T21:47），異體字形作（T23:919A）。異體字形中的構件"門"草寫簡化作"门"。

（2）構件"言"簡化作"讠"

簡文裏帶"言"字構件的左右結構中，"言"草寫簡省作"讠"，且常省掉點筆作"ι"，這一草省就是後來簡化構件"讠"字旁的來源。

【1】"謂"，小篆作"謂"，簡文中的通用字形作（T5:76），異體字形作（T24:267A）。異體字形中的構件"言"草寫簡化作"讠"。

【2】"請"，小篆作"請"，簡文中的通用字形作（T5:7），異體字形作（T10:399）。異體字形中的構件"言"草寫簡化作"讠"。

【3】"謁"，小篆作"謁"，簡文中的通用字形作（T37:770A），異體字形作（T26:210）。異體字形中的構件"言"草寫簡化作"讠"。

【4】"許"，小篆作"許"，簡文中的通用字形作（EJD:310A），

異體字形作 （EJD:71A）。異體字形中的構件"言"草寫簡化作"讠"。

【5】"諸"，小篆作"![諸]"，簡文中的通用字形作 ![諸]（T23:878），異體字形作 ![諸]（EJD:266A）。異體字形中的構件"言"草寫簡化作"讠"。

【6】"論"，小篆作"![論]"，簡文中的通用字形作 ![論]（T3:53），異體字形作 ![論]（T31:5）。異體字形中的構件"言"草寫簡化作"讠"。

【7】"議"，小篆作"![議]"，簡文中的通用字形作 ![議]（T1:19），異體字形作 ![議]（T6:24）。異體字形中的構件"言"草寫簡化作"讠"。

【8】"訊"，小篆作"![訊]"，簡文中的通用字形作 ![訊]（T9:96），異體字形作 ![訊]（T23:405）。異體字形中的構件"言"草寫簡化作"讠"。

【9】"謹"，小篆作"![謹]"，簡文中的通用字形作 ![謹]（72EJC：8），異體字形作 ![謹]（T24:201A）。異體字形中的構件"言"草寫簡化作"讠"。

【10】"誠"，小篆作"![誠]"，簡文中的通用字形作 ![誠]（T29:135），異體字形作 ![誠]（T26:72）。異體字形中的構件"言"草寫簡化作"讠"。

【11】"詔"，小篆作"![詔]"，簡文中的通用字形作 ![詔]（T23:620），異體字形作 ![詔]（T30:68）。異體字形中的構件"言"草寫簡化作"讠"。

【12】"課"，小篆作"![課]"，簡文中的通用字形作 ![課]（T10:127），異體字形作 ![課]（F3:152）。異體字形中的構件"言"草寫簡化作"讠"。

【13】"計"，小篆作"![計]"，簡文中的通用字形作 ![計]（F01:002），異體字形作 ![計]（T10:210A）。異體字形中的構件"言"草寫簡化作"讠"。

【14】"調"，小篆作"![調]"，簡文中的通用字形作 ![調]（T22:26），異體字形作 ![調]（73EJC:497）。異體字形中的構件"言"草寫簡化作"讠"。

【15】"誼"，小篆作"![誼]"，簡文中的通用字形作 ![誼]（T21:59），異體字形作 ![誼]（T37:28A）、![誼]（T23:15B）。異體字形中的構件"言"草寫簡化作"讠"。

【16】"詡"，小篆作"![詡]"，簡文中的通用字形作 ![詡]（F3:382A），異體字形作 ![詡]（T37:989）。異體字形中的構件"言"草寫簡化作"讠"。

【17】“護”，小篆作“〔圖〕”，簡文中的通用字形作〔圖〕（T2:17），異體字形作〔圖〕（T4:102）。異體字形中的構件“言”草寫簡化作“讠”。

【18】“記”，小篆作“〔圖〕”，簡文中的通用字形作〔圖〕（T23:502A），異體字形作〔圖〕（F1:27）、〔圖〕（T1:85A）。異體字形中的構件“言”草寫簡化作“讠”。

【19】“謝”，小篆作“〔圖〕”，簡文中的通用字形作〔圖〕（T37:10），異體字形作〔圖〕（T1:40）。異體字形中的構件“言”草寫簡化作“讠”。

【20】“詣”，小篆作“〔圖〕”，簡文中的通用字形作〔圖〕（T5:7），異體字形作〔圖〕（T24:416B）。異體字形中的構件“言”草寫簡化作“讠”。

【21】“誤”，小篆作“〔圖〕”，簡文中的通用字形作〔圖〕（T23:280），異體字形作〔圖〕（T23:40B）。異體字形中的構件“言”草寫簡化作“讠”。

【22】“訟”，小篆作“〔圖〕”，簡文中的通用字形作〔圖〕（T23:929），異體字形作〔圖〕（T26:72）。異體字形中的構件“言”草寫簡化作“讠”。

【23】“證”，小篆作“〔圖〕”，簡文中的通用字形作〔圖〕（T37:527），異體字形作〔圖〕（T24:245）。異體字形中的構件“言”草寫簡化作“讠”。

【24】“讓”，小篆作“〔圖〕”，簡文中的通用字形作〔圖〕（T37:78），異體字形作〔圖〕（F3:397+403）。異體字形中的構件“言”草寫簡化作“讠”。

【25】“誰”，小篆作“〔圖〕”，簡文中的通用字形作〔圖〕（EJD:200+175），異體字形作〔圖〕（F3:163）。異體字形中的構件“言”草寫簡化作“讠”。

【26】“譚”，簡文中的通用字形作〔圖〕（T37:527），異體字形作〔圖〕（F1:14）。異體字形中的構件“言”草寫簡化作“讠”。

【27】“獄”，小篆作“〔圖〕”，簡文中的通用字形作〔圖〕（T37:975），異體字形作〔圖〕（T26:87）。異體字形中的構件“言”草寫簡化作“讠”。

（3）構件“昜”簡化作“𠃓”

【1】“楊”，小篆作“〔圖〕”，簡文中的通用字形作〔圖〕（T33:70），異體字形作〔圖〕（T23:636）、〔圖〕（T23:416A）。異體字形中的構件“昜”簡化

作"勿"。

【2】"腸"，小篆作"腸"，簡文中的通用字形作"腸"（T2:79），異體字形作"𦜧"（T30:70）。異體字形中的構件"昜"簡化作"勿"。

（4）構件"貝"簡化作"贝"

【1】"賣"，小篆作"賣"，簡文中的通用字形作"賣"（T23:934），異體字形作"𧷓"（T23:687）、"𧷓"（T29:114A）。異體字形中的構件"貝"簡化作"贝"。

【2】"財"，小篆作"財"，簡文中的通用字形作"財"（T10:65），異體字形作"財"（T35:6）。異體字形中的構件"貝"簡化作"贝"。

【3】"賞"，小篆作"賞"，簡文中的通用字形作"賞"（T10:63），異體字形作"賞"（T33:85）。異體字形中的構件"貝"簡化作"贝"。

【4】"賢"，小篆作"賢"，簡文中的通用字形作"賢"（T37:10），異體字形作"賢"（T37:521）。異體字形中的構件"貝"簡化作"贝"。

【5】"賀"，小篆作"賀"，簡文中的通用字形作"賀"（T9:86），異體字形作"賀"（T10:121A）。異體字形中的構件"貝"簡化作"贝"。

【6】"貸"，小篆作"貸"，簡文中的通用字形作"貸"（T5:8A），異體字形作"貸"（F1:10）。異體字形中的構件"貝"簡化作"贝"。

【7】"賜"，小篆作"賜"，簡文中的通用字形作"賜"（T26:31），異體字形作"賜"（T37:1052B）。異體字形中的構件"貝"簡化作"贝"。

【8】"賓"，小篆作"賓"，簡文中的通用字形作"賓"（T21:375B），異體字形作"賓"（H1:31A）。異體字形中的構件"貝"簡化作"贝"。

【9】"貰"，小篆作"貰"，簡文中的通用字形作"貰"（T23:963），異體字形作"貰"（T24:28）。異體字形中的構件"貝"簡化作"贝"。

【10】"賀"，小篆作"賀"，簡文中的通用字形作"賀"（T11:1），異體字形作"賀"（F3:460A）。異體字形中的構件"貝"簡化作"贝"。

【11】"責"，小篆作"責"，簡文中的通用字形作"責"（T23:658），

異體字形作（T10:179）。異體字形中的構件“貝”簡化作“贝”。

【12】“買”，小篆作“”，簡文中的通用字形作（T37:522A），異體字形作（T25:63）。異體字形中的構件“貝”簡化作“贝”。

【13】“賦”，小篆作“”，簡文中的通用字形作（T24:291），異體字形作（T3:100）。異體字形中的構件“貝”簡化作“贝”。

【14】“賽”，小篆作“”，簡文中的通用字形作（T37:752A），異體字形作（T24:40）。異體字形中的構件“貝”簡化作“贝”。

【15】“實”，小篆作“”，簡文中的通用字形作（F1:33），異體字形作（T23:589）。異體字形中的構件“貝”簡化作“贝”。

【16】“償”，小篆作“”，簡文中的通用字形作（F3:391），異體字形作（T30:80B）。異體字形中的構件“貝”簡化作“贝”。

【17】“贛”，小篆作“”，簡文中的通用字形作（T6:94），異體字形作（T10:120A）。異體字形中的構件“貝”簡化作“贝”。

【18】“員”，小篆作“”，簡文中的通用字形作（T37:277），異體字形作（T2:8A）。異體字形中的構件“貝”簡化作“贝”。

【19】“遺”，小篆作“”，簡文中的通用字形作（T24:258），異體字形作（T24:249）。異體字形中的構件“貝”簡化作“贝”。

（5）構件“見”簡化作“见”

【1】“見”，小篆作“”，簡文中的通用字形作（T9:86），異體字形作（T23:359A）。異體字形中的構件“見”簡化作“见”。

【2】“視”，小篆作“”，簡文中的通用字形作（T29:116），異體字形作（T23:430）。異體字形中的構件“見”簡化作“见”。

【3】“親”，小篆作“”，簡文中的通用字形作（T37:523A），異體字形作（T5:112）。異體字形中的構件“見”簡化作“见”。居延新簡中“親”還寫作（EPT10:56），直接減省構件“見”，爲現代簡化漢字“亲”的源頭。

（6）構件"頁"簡化作"页"

【1】"領"，小篆作""，簡文中的通用字形作（F3:1），異體字形作（T3:104）。異體字形中的構件"頁"簡化作"页"。

【2】"頭"，小篆作""，簡文中的通用字形作（T33:88），異體字形作（T3:81）。異體字形中的構件"頁"簡化作"页"。

【3】"願"，小篆作""，簡文中的通用字形作（T4:65），異體字形作（T15:8B）。異體字形中的構件"頁"簡化作"页"。

【4】"顧"，小篆作""，簡文中的通用字形作（T9:86），異體字形作（T37:1029）。異體字形中的構件"頁"簡化作"页"。

【5】"順"，小篆作""，簡文中的通用字形作（T10:357），異體字形作（F1:117）、（T37:1139）。異體字形中的構件"頁"簡化作"页"。

【6】"煩"，小篆作""，簡文中的通用字形作（T26:65），異體字形作（T23:994A）。異體字形中的構件"頁"簡化作"页"。

【7】"須"，小篆作""，簡文中的通用字形作（T30:134），異體字形作（T30:28A）。異體字形中的構件"頁"簡化作"页"。

【8】"頃"，小篆作""，簡文中的通用字形作（72EDIC:3），異體字形作（T10:221A）。異體字形中的構件"頁"簡化作"页"。

（7）構件"戔"簡化作"戈"

【1】"錢"，小篆作""，簡文中的通用字形作（T15:11A），異體字形作（T6:56）。異體字形中的構件"戔"簡化作"戈"。

【2】"賤"，小篆作""，簡文中的通用字形作（T24:545A），異體字形作（T23:138）。異體字形中的構件"戔"簡化作"戈"。

（8）其他構件簡化

【1】"欒"，小篆作""，簡文中的通用字形作（T24:22），異體字形作（T37:1061A）。異體字形中的構件"樂"簡化作"乐"。

【2】"樂"，小篆作""，簡文中的通用字形作（T10:404），異體字形作（T37:529）。異體字形草寫簡化作"乐"。

【3】"舖"，小篆作""，簡文中的通用字形作（T21:73A），異體字形作（T24:46）。異體字形中的構件"食"簡化作"饣"。

【4】"長"，小篆作""，簡文中的通用字形作（T37:928），異體字形作（T37:1405）。異體字形草寫簡化作"长"。

【5】"張"，小篆作""，簡文中的通用字形作（T22:20），異體字形作（T37:800A）。異體字形中的構件"長"簡化作"长"。

【6】"寬"，小篆作"",簡文中的通用字形作（T21:16），異體字形作（T1:22A）異體字形中的構件"莧"省"艹"，"見"簡化作"见"。

【7】"爲"，小篆作""，簡文中的通用字形作（T24:586），異體字形作（T23:880B）。異體字形草寫簡化作"为"。

上述異體字基本都是構件草寫簡化而成，具有較強的類推性，從而產生一批有規律的構件類推簡化異體字。這些簡化異體字大多被現行簡化漢字繼承，這也使肩水金關漢簡的文字成爲現行簡化漢字溯源的重要材料之一。

2. 構件省減

構件省減具有一定的偶然性，肩水金關漢簡中構件省減的異體字大致可以概括爲表意構件省減、表音構件省減、構件代整字的省減，以及其他構件的省變。此外，有的是表音表意構件的部分連寫省減，如："弩"，從弓奴聲，其異體字形作（F1:26），聲符"奴"的構件"又"和意符"弓"連寫省減，從而產生左右結構的異體字形。

（1）表意構件省減

【1】"菑"，小篆作""，《説文·艸部》："菑，從艸、甾。"簡文中的通用字形作（T37:1111），異體字形作（T30:210A）。肩水金關漢簡以及其他西北屯戍漢簡中"甾"的上部構件常訛寫作"田"，如，而其異體又常省寫其中一個"田"字作。

【2】“器”，小篆作“器”，簡文中的通用字形作器（T37:1538），異體字形作器（T21:131B）。異體字形中的構件“犬”字下的兩個“口”字省寫了一個“口”。

【3】“曹”，小篆作“曹”，簡文中的通用字形作曹（T37:1079），異體字形作曹（T23:924）。異體字形中的表意構件“棘”省寫其中一個“東”。

【4】“質”，小篆作“質”，簡文中的通用字形作質（EPT59:166），異體字形作質（F1:10）。異體字形中的表意構件“貝”省作“日”。

【5】“殺”，小篆作“殺”，簡文中的通用字形作殺（T24:719），異體字形作殺（T23:464）。異體字形省表意構件“殳”。

【6】“羞”，小篆作“羞”，簡文中的通用字形作羞（T27:94），異體字形作羞（T24:15A）。異體字形中的意符“心”草省寫成橫。

【7】“憐”，小篆作“憐”，簡文中的通用字形作憐（H2:46），異體字形作憐（T10:220A）。異體字形中的意符“忄”省。

【8】“絕”，小篆作“絕”，簡文中的通用字形作絕（T21:59），異體字形作絕（T23:19B）。異體字形中的構件“刀”省。

【9】“歲”，小篆作“歲”，簡文中的通用字形作歲（T10:212），異體字形作歲（T37:340）、歲 (T9:228)。異體字形中的表意構件“步”省變。

【10】“起”，小篆作“起”，簡文中的通用字形作起（T23:623），異體字形作起（T24:416A）。異體字形中的表意構件“走”省構件“止”。

【11】“趙”，小篆作“趙”，簡文中的通用字形作趙（T37:829），異體字形作趙（T10:154A）。異體字形中的表意構件“走”省構件“止”。

【12】“窮”，小篆作“窮”，簡文中的通用字形作窮（T23:116），異體字形作窮（T30:20）。異體字形中的表意構件“邑”省。

【13】“憲”，小篆作“憲”，簡文中的通用字形作憲（T6:91），異體字形作憲（T37:1375A）。異體字形中的表意構件“罒”省。

【14】"孫"，小篆作""，簡文中的通用字形作（T37:527），異體字形作（T14:5）。異體字形中的表意構件"系"上部省減。居延新簡中"孫"的異體還有（EPT51:36A），異體字形中的構件"子、系"左右位移。居延漢簡中有異體字形（274.35B），其構件"系"字中的"小"訛寫作三點。

【15】"簪"，小篆作""，簡文中的通用字形作（73EJD:6），異體字形作（T37:51）。異體字形中的構件"竹"省。

【16】"是"，小篆作""，簡文中的通用字形作（T23:303），異體字形作（T37:1399B）。異體字形中的表意構件"正"省構件"止"。

【17】"爵"，小篆作""，簡文中的通用字形作（T37:1451A）異體字形作（T9:93）。異體字形省減構件"⺤"和"囬"。

【18】"厚"，小篆作""，簡文中的通用字形作（T23:610A），異體字形作（T4:108A）。異體字形中的構件""省減構件"日"。

【19】"游"，小篆作""，簡文中的通用字形作（T21:47），異體字形作（T1:1）。異體字形中的表意構件"㫃"省減構件"方"。

【20】"盡"，小篆作""，簡文中的通用字形作（T37:671），異體字形作（T37:51）。異體字形中的表意構件"皿"省。

（2）表音構件省減

【1】"累"，小篆作""，簡文中的通用字形作（T21:208），異體字形作（T24:291）。異體字形中的聲符"畾"省寫兩個"田"。

【2】"檢"，小篆作""，簡文中的通用字形作（T37:527），異體字形作（T37:52）。異體字形中的聲符"僉"省寫了其中一個"口"。

【3】"驗"，小篆作""，簡文中的通用字形作（T4:63A），異體字形作（T37:1471A）。異體字形中的聲符"僉"省寫了其中一個"口"。

【4】"過"，小篆作""，簡文中的通用字形作（T37:928）異體字形作（T10:121A）。異體字形中的聲符"咼"省構件"口"。

　　【5】"謁"，小篆作"鶡"，簡文中的通用字形作鶡（T37:770A），異體字形作鶡（T1:119）、鶡（T24:532A）。異體字形中的聲符"曷"字省構件"人"。

　　【6】"憙"，小篆作"憙"，簡文中的通用字形作憙（T37:7），異體字形作憙（T30:265）。異體字形中的聲符"喜"省構件"口"。

　　【7】"稾"，小篆作"稾"，簡文中的通用字形作稾（T23:145），異體字形作稾（T21:61）。異體字形中的聲符"高"省構件"口"。

　　【8】"郭"，小篆作"郭"，簡文中的通用字形作郭（T25:49），異體字形作郭（T37:994）。異體字形中的構件"享"省"口"，聲符"臺"形體演變作"享"，從而失去了表音功能。

　　【9】"時"，小篆作"時"，簡文中的通用字形作時（T24:24A），異體字形作時（T23:656）。異體字形中的聲符"寺"省構件"土"。"時"，金文寫作時，從之、日。春秋戰國時期增加構件"又"作"時"，後構件"止"訛變作"土"，作"寺"，變作從日寺聲。簡文中"時"的異體字形時省"寺"的二級構件"土"作"寸"。減省的"时"被後世繼承使用至今。

　　【10】"持"，小篆作"持"，簡文中的通用字形作持（T9:62A），異體字形作持（T23:364B）。異體字形中的聲符"寺"省構件"土"。

　　【11】"使"，小篆作"使"，簡文中的通用字形作使（T3:98），異體字形作使（T33:10）、使（T30:28A）。第一個異體字形中的聲符"吏"省構件"口"；第二個異體字形中的聲符"吏"的構件"口"省作"一"。

　　【12】"傷"，小篆作"傷"，簡文中的通用字形作傷（T31:43），異體字形作傷（T1:175）、傷（T21:46）。異體字形中的聲符"昜"省構件"人"。

　　【13】"黨"，小篆作"黨"，簡文中的通用字形作黨（T23:206）異體字形作黨（T27:46）。異體字形中的聲符"尚"省構件"口"。

　　【14】"當"，小篆作"當"，簡文中的通用字形作當（T5:78），異體字形作當（T37:1491）、當（T37:1450）。第一個異體字形中的聲

符"尚"省構件"口";第二個異體字形中的聲符"尚"省下部構件,僅存"小"字頭。

【15】"漢",小篆作"",簡文中的通用字形作(T5:76),異體字形作(T37:699)。異體字形中的聲符省構件"廿"。

【16】"匿",小篆作"",簡文中的通用字形作(T23:677),異體字形作(T10:367A)。異體字形中的聲符"若"省構件"艸"。

【17】"讓",小篆作"",簡文中的通用字形作(T37:78),異體字形作(T24:245)。異體字形中的聲符"襄"省構件"吅"。

【18】"穰",小篆作"",簡文中的通用字形作(T15:4),異體字形作(T37:944)。異體字形中的聲符"襄"省構件"吅"。

【19】"劍",小篆作"",簡文中的通用字形作(T21:226),異體字形作(T21:16)。異體字形中的聲符"僉"省構件"吅"。

【20】"廚",小篆作"",簡文中的通用字形作(T6:23A),異體字形作(T30:304)。異體字形中的聲符"尌"的構件"壴"省"士"作"豆"。

【21】"顯",小篆作"",簡文中的通用字形作(T24:45),異體字形作(T31:64)。異體字形中的聲符"㬎"省構件中的一個"糸"。

【22】"遣",小篆作"",簡文中的通用字形作(T31:66),異體字形作(T37:778)。異體字形中的聲符"𠺝"的構件"𠂤"草省作兩個點筆。

【23】"橐",小篆作"",簡文中的通用字形作(T30:26),異體字形作(T37:870)。異體字形中的聲符"石"省作"口"。

【24】"弩",小篆作"",簡文中的通用字形作(T10:131),異體字形作(F1:26)。異體字形中的聲符"奴"所從的"又"與意符"弓"連寫省變。

【25】"襄",小篆作"",從衣㗊聲,簡文中的通用字形作

（T37:562），異體字形作 （T9:11）、（T1:118）。異體字形中的聲符省構件"叩"。

【26】"乾"，小篆作""，從乙執聲，簡文中的通用字形作 （T23:518A），異體字形作 （T24:711）。異體字形中的聲符"執"省構件"人"。

【27】"薄"，從艸溥聲。簡文中的通用字形作 （T37:1538），異體字形作 （T24:7）。異體字形中的聲符"溥"省"甫"。

（3）部分構件代整字

簡文中亦有少量用構件代整字的異體情況。如：

【1】"亭"，小篆作""，簡文中的通用字形作 （T9:87），異體字形作 （T37:798）。異體字形中的構件"丁"代"亭"。

【2】"卿"，小篆作""，簡文中的通用字形作 （T29:32），異體字形作 （T23:76A）。異體字形中的構件"卩"代"卿"。

（4）其他構件省變

構件省變包含了構件的減省和變異，從而產生一批異體字。

【1】"庸"，小篆作""，簡文中的通用字形作 （T23:174），異體字形作 （T31:47）。異體字形中的構件"用"連寫省變。

【2】"君"，小篆作""，簡文中的通用字形作 （T9:59A），異體字形作 （T33:62）。異體字形中的構件"口"省減作兩點。

【3】"尉"，小篆作""，簡文中的通用字形作 （T2:83），異體字形作 （T1:178A）、（F1:34）、（73EJD:54）。第一個異體字形中的構件"小"省作兩短橫，第二個異體字形中的構件"小"省變作四點，第三個異體字形省構件"小"。

【4】"對"，小篆作""，簡文中的通用字形作 （T14:30），異體字形作 （73EJD:160）、（72EDIC:11）。異體字形中的構件"口"省變。

【5】"曹"，小篆作""，簡文中的通用字形作 （T37:1079），

異體字形作 （T23:311）、 （T37:1217）。這兩個異體字形中的表意構件 "棘" 均省變。另一異體字形作 （T23:924），構件 "棘" 省作 "東"。

【6】 "監"，小篆作 " "，簡文中的通用字形作 （F1:33），異體字形作 （T5:113）。異體字形中的構件 "皿" 省變。

【7】 "壽"，小篆作 " "，簡文中的通用字形作 （T37:1007），異體字形作 （T1:119）。異體字形中的聲符 "畧" 省變。

【8】 "數"，小篆作 " "，簡文中的通用字形作 （T25:149B），異體字形作 （T37:54）。異體字形中的聲符 "婁" 省訛成兩點，"攵" 變 "又"。

（二）構件增繁

構件增繁即指在通用字形基礎上增添構件，肩水金關漢簡中屬於構件增繁的異體字只有 11 個。

【1】 "蓬"，小篆作 " "，簡文中的通用字形作 （T24:843），異體字形作 （T4:69）。異體字形增構件 "灬"。

【2】 "隧"，簡文中的通用字形作 （T6:60），異體字形作 （T9:84），異體字形增構件 "灬"。

【3】 "隆"，小篆作 " "，簡文中的通用字形作 （T23:236），異體字形作 （F3:361）。異體字形增構件 "辶"。

【4】 "降"，小篆作 " "，簡文中的通用字形作 （T11:2），異體字形作 （T23:342）。異體字形增構件 "辶"。

【5】 "禁"，小篆作 " "，簡文中的通用字形作 （T37:1453），異體字形作 （T9:252B）。異體字形增構件 "木"。

【6】 "歲"，小篆作 " "，簡文中的通用字形作 （T10:212），異體字形作 （T2:80A）。異體字形增構件 "刀"。

【7】 "貸"，小篆作 " "，簡文中的通用字形作 （T5:8A），異體字形作 （T23:279A）。異體字形增構件 "十"。

【8】"厚"，小篆作"![厚]"，簡文中的通用字形作![厚]（T23:610A），異體字形作![厚]（T9:103A）。異體字形增構件"宀"。

【9】"陽"，小篆作"![陽]"，簡文中的通用字形作![陽]（T6:20），異體字形作![陽]（T37:755）。異體字形增構件"宀"。

【10】"傲"，簡文中的通用字形作![傲]（T14:16），異體字形作![傲]（T23:443）。異體字形增構件"宀"。

【11】"昨"，小篆作"![昨]"，簡文中的通用字形作![昨]（T31:140），異體字形作![昨]（T23:525A）、![昨]（T23:395）。異體字形增構件"亻"。

（三）構件位移

漢字系統中，除只有一個筆畫的漢字，如一、乙等字外，絶大部分漢字都由兩筆或兩筆以上的筆畫組成，這些組裝結構裏面有的是獨體字，有的是合體字。合體字是由成字構件或非成字構件組成，漢字系統中兩個相同的構件，由於位置關係不同可以組成不同的字，如"杲"和"杳"、"含"和"吟"等，因此，構件的位置關係在漢字結構中舉足輕重。異體字範疇的構件位移，則指同一個字的構件位置關係變化，有的學者也把這種關係變化稱爲異寫。同一個字的構件異寫從甲骨文時期就存在，西漢中晚期到東漢早期的西北屯戍漢簡中這種現象也頗爲常見，這説明漢字結構在實際的書寫中的穩定性還不夠。肩水金關漢簡裏構件位移主要有以下五種情況：左右結構中的位移、上下結構中的位移、半包圍結構中的位移、相同構件的平面布局不同，以及其他的構件位移等。

1. 左右結構中的位移

構件左右位置的交換，不專指左右結構的字，還包括非左右結構漢字中含左右構件的位移。如"蘇"是從艸穌聲的上下結構組合關係，下部構件的"穌"字是左右結構，"魚"和"禾"兩個構件的左右位置互換即産生異體字形![蘇]（T24:777）。

【1】"禮"，小篆作"![禮]"，簡文中的通用字形作![禮]（T15:8A），異

體字形作 （T24:902）。異體字形中的構件"示、豊"位置互換。

【2】"脂"，小篆作" "，簡文中的通用字形作 （T37:236），異體字形作 （T21:423）。異體字形中的構件"月、旨"位置互換。

【3】"杜"，小篆作" "，簡文中的通用字形作 （T3:49），異體字形作 （T10:174）。異體字形中的構件"木、土"位置互換。

【4】"郡"，小篆作" "，簡文中的通用字形作 （T30:202），異體字形作 （H2:40）。異體字形中的構件"君、邑"位置互換。

【5】"邴"，小篆作" "，簡文中的通用字形作 （T25:557），異體字形作 (T23:731A)。異體字形中的構件"邑、丙"位置互換。

【6】"陌"，簡文中的通用字形作 （T5:69），異體字形作 （T37:1397A）。異體字形中的構件"阜、百"位置互換。

【7】"期"，小篆作" "，簡文中的通用字形作 （T37:1505），異體字形作 （T10:120A）。異體字形中的構件"月、其"位置互換。

【8】"野"，小篆作" "，簡文中的通用字形作 （154.4）。異體字形作 （T6:49），其意符"里"所從構件"土"位移到構件"予"之下。另一異體字形作 （T3:28A），其意符"里"所從構件"土"字位移到構件"田、予"之下，整字變成上下結構。

【9】"數"，小篆作" "，簡文中的通用字形作 （T25:149B），異體字形作 （T5:120）。異體字形中的聲符"婁"所從構件"女"位移到右邊構件"攵"之下。

【10】"蘇"，小篆作" "，簡文中的通用字形作 （F1:37），異體字形作 （T30:266）。異體字形中的聲符"穌"所從構件"禾"和"魚"位置左右互換。

【11】"短"，小篆作" "，簡文中的通用字形作 （72EJC:306），異體字形作 （72EJC:119）。異體字形中的構件"矢"和"豆"位置互換。

【12】"解"，小篆作" "，簡文中的通用字形作 （T25:90），

異體字形作🔲（T26:2）。異體字形中的構件"牛"位移，整字由左右結構變成上下結構。

【13】"牒"，小篆作"🔲"，簡文中的通用字形作🔲（T33:27），異體字形作🔲（T3:113）。異體字形中的聲符"枼"所從構件"木"位移，整字由左右結構變成上下結構。

【14】"縣"，小篆作"🔲"，簡文中的通用字形作🔲（T6:91），異體字形作🔲（T3:55）、🔲（T37:693）。第一個異體字中的構件"系"和"県"的下部筆畫合訛成"木"字，從而整字變成上下結構；第二個異體字形中的左邊構件的下部訛作"木"，原右邊構件位移至左上角，整字由左右結構變上下結構。

【15】"鼓"，小篆作"🔲"，簡文中的通用字形作🔲（T37:1547），異體字形作🔲（（T10:407）。異體字形中的構件"支"寫作"攵"，右邊構件"攵"省作"又"且位置位移至構件"壴"的右下角。

【16】"務"，小篆作"🔲"，簡文中的通用字形作🔲（F1:33），異體字形作🔲（T5:76）。異體字形中的意符"力"位移到構件"敄"字的下方，整字由左右結構變上下結構。

【17】"聽"，小篆作"🔲"，簡文中的通用字形作🔲（T9:73），異體字形作🔲（T24:521）、🔲（T23:996B）。第一個異體字形中的表意構件"悳"下的"心"位移至中下方，整字變上下結構；第二個異體字形中的聲符"壬"位移至中間，整字變上下結構。

【18】"稽"，小篆作"🔲"，簡文中的通用字形作🔲（T30:38），異體字形作🔲（T21:131B）。異體字形中的表意構件"禾"位移到聲符"旨"字的左上角，整字變成上下結構。

【19】"幼"，小篆作"🔲"，簡文中的通用字形作🔲（T33:7B），異體字形作🔲（T9:59A）。異體字形中的表意構件"力"位移至構件"幺"字的右下方，整字結構變作上下結構。

【20】"雜"，小篆作""，簡文中的通用字形作（T9:73），異體字形作（T1:2）、（T1:88）、（T21:47）。第一個異體字形中的聲符"集"字的構件"木"位移到"衣、隹"之下，從而使整字變成上下結構；第二個異體字形中的構件"衣"受同字構件"木"的影響訛作"木"，同時發生位移，整字變上下結構；第三個異體字形中的構件"衣"訛作"辛"，同時"木"也位移至整字下方，整字變上下結構。

【21】"功"，小篆作""，簡文中的通用字形作（T30:29A），異體字形作（T37:1582）。異體字形中的表意構件"力"位移至右下方。

【22】"遣"，小篆作""，簡文中的通用字形作（T31:66），異體字形作（T26:121）。異體字形中的表意構件"辵"位移至聲符之下，整字變上下結構。

【23】"死"，小篆作""，簡文中的通用字形作（T23:206），異體字形作（T37:511B）。異體字形中的構件"人"訛作"匕"字，且位移至"歺"字右下角。

2. 上下結構中的位移

簡文中部分上下結構的字因某個構件位置發生位移，從而產生一部分異體字形。它們多由上下結構異寫成左右結構。

【1】"犂"，小篆作""，簡文中的通用字形作（T6:23A），異體字形作（T30:4）、（T2:3）。第一個異體字形中的構件"禾"由左上角下移至左邊，從而使整字成左右結構；第二個異體字形中的構件"禾"還增加了兩橫筆。

【2】"臂"，小篆作""，簡文中的通用字形作（T37:1557），異體字形作（T23:320）。異體字形中的聲符"辟"所從構件"辛"位置下移，整字變成左右結構。

【3】"盜"，小篆作""，簡文中的通用字形作（T24:12），異體字形作（T37:56）。異體字形右上角的構件"欠"和下部構件"皿"

連寫，整字變成左右結構。

【4】"然"，小篆作""，簡文中的通用字形作（F1:10），異體字形作（T24:287）、（72EJC:230）。異體字形中的構件"犬"由右上角下移至右邊，整字變左右結構。

【5】"昆"，小篆作""，簡文中的通用字形作（T23:919A），異體字形作（T10:222）。異體字形中的表意構件"比"位移至左邊，整字變左右結構。

【6】"色"，小篆作""，簡文中的通用字形作（T29:108），異體字形作（T37:522A）、（T37:1587）。異體字形中的表意構件"人"位移至構件"卩"字的左邊。

3. 半包圍結構中的位移

簡文中半包圍結構的字因某個構件位置位移，也會產生部分異體字，有的因此變成左右結構或上下結構。

【1】"廷"，小篆作""，簡文中的通用字形作（T9:92A），異體字形作（T30:11）。異體字形中的構件"廴"訛變作"攵"，且位移至右邊聲符"壬"之下，半包圍結構變上下結構。

【2】"建"，小篆作""，簡文中的通用字形作（T37:1537A），異體字形作（T37:47B）。異體字形中的構件"廴"訛變作"攵"，且位移至構件"聿"之下，半包圍結構變上下結構。

【3】"延"，小篆作""，簡文中的通用字形作（T34:1），異體字形作（T37:993）。異體字形中的構件"廴"訛變作"攵"，且位移至右邊構件之下，半包圍結構變上下結構。

【4】"肩"，小篆作""，簡文中的通用字形作（T37:738A），異體字形作（T22:99）。異體字形中的構件"肉"位移至右邊，上下半包圍結構變左右結構。

【5】"房"，小篆作""，簡文中的通用字形作（T24:384B），

異體字形作 （T21:42A）。異體字形中的構件"方"位移至右邊，上下半包圍結構變左右結構。

【6】"蓬"，小篆作""，簡文中的通用字形作 （T30:86），異體字形作 （T24:843）。異體字形中的構件"辵"位移至構件"夂"之下，聲符"逢"由左右結構變作上下結構。

【7】"閏"，小篆作""，簡文中的通用字形作 （T30:264），異體字形 （T30:306）。異體字形中的構件"門"位移至構件"王"之上，整字變成上下結構。

4. 相同構件的平面布局不同

【1】"臨"，小篆作""，簡文中的通用字形作 （D:108），異體字形作 （T37:1397A）。異體字形中的聲符"品"字，三個"口"平面布局改變。

【2】"姦"，小篆作""，簡文中的通用字形作 （T6:109），異體字形作 （T21:14）。異體字形的三個"女"字構件平面布局改變。

5. 其他的構件位移

【1】"蔡"，小篆作""，簡文中的通用字形作 （T37:25），異體字形作 （T37:1496）。異體字形中的聲符"祭"所從構件"示"位移至左下角。

【2】"會"，小篆作""，簡文中的通用字形作 （T10:400），異體字形作 （T15:6）。異體字形中的構件"曰"與訛變後的構件"田"位置上下互換。

【3】"愛"，小篆作""，簡文中的通用字形作 （T31:47），異體字形作 （T23:896A）、（T24:47）。異體字形中的聲符"悉"所從構件"旡"訛變作"夊"，且與構件"心"位置互換。

【4】"憂"，簡文中的通用字形作 （T10:208），異體字形作 （73EJC:607）。異體字形的中間構件"心"位移至"夊"之下。

【5】"嬴"，小篆作"🔣"，簡文中的通用字形作🔣（H2:90），異體字形作🔣（T37:277）。異體字形中的構件"月、貝"構件位移。

【6】"察"，小篆作"🔣"，簡文中的通用字形作🔣（T23:967），異體字形作🔣（T6:77A）。異體字形中的構件"祭"中左上角的構件"又"位移。

【7】"金"，小篆作"🔣"，簡文中的通用字形作🔣（F1:89），異體字形作🔣（T6:4）。異體字形中的點筆位移。

【8】"玉"，小篆作"🔣"，簡文中的通用字形作🔣（T37:53），異體字形作🔣（T27:61）。異體字形中的點筆位移。

【9】"或"，小篆作"🔣"，簡文中的通用字形作🔣（T4:86），異體字形作🔣（T23:619）。異體字形中的橫筆位移。

【10】"召"，小篆作"🔣"，簡文中的通用字形作🔣（H2:10），異體字形作🔣（T37:755）、🔣（T23:763）。異體字形中的構件"刀"字的撇筆位移。

【11】"昭"，小篆作"🔣"，簡文中的通用字形作🔣（T22:111A），異體字形作🔣（T30:206）。異體字形中的構件"刀"的撇筆位移。

【12】"耶"，簡文中的通用字形作🔣（T24:77），異體字形作🔣（T37:659B）。異體字形中的構件"耳"的長豎筆位移至左邊。

（四）構件同化

簡文中的構件同化包括兩種情況：一是該字內部構件中某構件受其他構件影響而同，二是某字的構件受相鄰字的影響而同。肩水金關漢簡中構件同化的異體字如下：

【1】"肩"，小篆作"🔣"，簡文中的通用字形作🔣（T37:738A），異體字形🔣（T10:208）。異體字形中的構件"月"同化作"水"，字形較爲特殊。經統計，肩水金關漢簡中"肩水"二字連用594次，使用頻率非常高，異體🔣受相鄰"水"字的影響，因而構件"肉"同化作"水"，屬

於異字間的構件同化。異字構件同化在簡文中並不多見。

【2】"牡"，小篆作""，簡文中的通用字形作（T35:4），異體字形作（T10:126）。異體字形中的表意構件"牛"受相鄰構件"土"字的影響同化作"土"字。

【3】"樂"，小篆作""，簡文中的通用字形作（T10:404），異體字形作（T30:219）。異體字形中的構件"白"訛寫作"日"，兩邊的構件"幺"亦同化作"日"。

【4】"襦"，小篆作""，簡文中的通用字形作（T24:15B），異體字形（T24:15B）。異體字形中的聲符"需"上部構件"雨"受下部構件"而"字的影響同化作"而"。構件"需"中的"雨"同化作"而"的寫法在西北簡中比較常見，如："孺"簡文中的異體字形作（EPT50:25A）"，"繻"的異體字形作（ESC:11A）等。

【5】"孫"，小篆作""，簡文中的通用字形作（T37:527），異體字形作（T24:507A）。異體字形中的表意構件"子"受相鄰構件"系"字的影響同化作"系"。

【6】"葆"，小篆作""，簡文中的通用字形作（T24:525），異體字形作（T37:1057A）。異體字形中的聲符"保"所從構件"亻"受相鄰構件"木"字的影響同化作"木"。

【7】"邊"，小篆作""，簡文中的通用字形作（T21:198A），異體字形作（T24:709）。異體字形中的聲符下部構件受上部構件的影響同化作"自"。

【8】"禁"，小篆作""，簡文中的通用字形作（T37:1453），異體字形作（T21:14）。異體字形中的構件"示"受相鄰構件"木"的影響同化作"木"。

【9】"事"，小篆作""，簡文中的通用字形作（T29:116），異體字形作（T10:81）。異體字形中的構件"口"受相鄰構件"又"字

的影響同化作"又"。

【10】"雜"，簡文中的通用字形作 （T9:73），異體字形作 （T1:88）。異體字形中的意符"衣"受下部構件"木"字影響同化作"木"。

【11】"贏"，小篆作 ，簡文中的通用字形作 （H2:90），異體字形作 （H2:43A）、（T9:41）。受構件之間的相互影響，第一個異體字形中的構件"凡"同化作"月"；第二個異體字形中的構件"凡"同化作"貝"，且"月"和"貝"還互換了位置。

（五）構件改換

構件改換主要指漢字構字理據的改換，原構件和改換構件的差異在於構成該字的理據上的差異。肩水金關漢簡中構件改換的異體字包括聲符改換、會意構件改換兩類。

1. 聲符改換

【1】"牝"，小篆作 ，簡文中的通用字形作 （T37:552），異體字形作 （T37:999）。異體字形中的聲符"匕"換作"比"聲。

【2】"秩"，小篆作 ，簡文中的通用字形作 （T37:878A），異體字形 （T10:315A）。異體字形中的聲符"失"換作"矢"聲。

【3】"鄴"，小篆作 ，簡文中的通用字形作 （T5:18），異體字形作 （T30:262）。異體字形中的聲符"業"換作"葉"聲。

【4】"驛"，簡文中的通用字形作 （T4:54），異體字形作 （T10:151）。異體字形中的聲符"辛"換作"幸"聲。

【5】"報"，小篆作 ，簡文中的通用字形作 （T29:116），異體字形作 （T24:412）、（T23:658）。第一個異體字形中的聲符"幸"換作"辛"聲；第二個異體字形中的聲符"幸"換作"辛"聲，構件"殳"訛寫作"皮"。

【6】"董"，小篆作 ，簡文中的通用字形作 （T24:262），異體字形作 （T30:160）。異體字形中的聲符"童"換作"重"聲。

【7】"落"，小篆作""，簡文中的通用字形作（T10:357），異體字形作（T25:118）。異體字形中的聲符"洛" 換作"略"聲。

【8】"赦"，小篆作""，簡文中的通用字形作（T33:50），異體字形作（H1:3A）。異體字形中的聲符"赤" 換作"亦"聲。

【9】"都"，小篆作""，簡文中的通用字形作（T37:870），異體字形作（T6:38A）。異體字形中的聲符"者" 換作"吉"聲。

【10】"迎"，小篆作""，簡文中的通用字形作（F3:375），異體字形（T4:30），異體字形中的聲符"卬" 換作"印"聲。另一異體字形作（T24:81），異體字形中的聲符"卬"變作"巾"聲。

【11】"新"，小篆作""，簡文中的通用字形作（T1:107），異體字形作（F3:467）。異體字形中的聲符"亲" 換作"辛"。

2. 會意構件改換

【1】"公"，小篆作""，簡文中的通用字形作（T21:62），異體字形作（T22:41）。異體字形中的會意構件"八" 換作"穴"。

【2】"孔"，小篆作""，簡文中的通用字形作（T4:149），異體字形作（T5:69）。異體字形中的會意構件"乚"換作"巳"。

【3】"致"，小篆作""，簡文中的通用字形作（T7:49），異體字形作（T37:530）。異體字形中的會意構件"攵"換作"夊"。

【4】"眾"，小篆作""，簡文中的通用字形作（T37:150），異體字形作（72ECC:1+2B）。異體字形中的會意構件"罒"換作"血"。

（六）構件變異

構件變異多產生於漢字書寫時的構件異化，這種異化具有一定的偶然性和時代性，僅有少數的構件變異具有歷史傳承性。構件變異主要有以下四類：

1. 意符變異

意符變異包括意符的整體書寫變異和意符中的部分構件書寫變異。肩水金關漢簡中意符變異的異體字形比較常見。

【1】"歲"，小篆作"歲"，簡文中的通用字形作 歲（T10:212），異體字形作 歲（T1:1）異體字形中的意符"步"下部構件"止"變作"口"。

【2】"舒"，小篆作"舒"，簡文中的通用字形作 舒（T37:1581），異體字形作 舒（T30:12）、舒（T37:232）。異體字形中的意符"舍"下部構件"口"草寫變異。

【3】"輔"，小篆作"輔"，簡文中的通用字形作 輔（T23:373），異體字形作 輔（T3:104）。異體字形中的意符"車"草寫變異。

【4】"忍"，小篆作"忍"，簡文中的通用字形作 忍（T15:8A），異體字形作 忍（T37:627）。異體字形中的意符"心"草寫變異。

【5】"幡"，小篆作"幡"，簡文中的通用字形作 幡（T23:145），異體字形作 幡（T24:12）。異體字形中的意符"巾"草寫變異作"川"。

【6】"刑"，小篆作"刑"，簡文中的通用字形作 刑（T1:23），異體字形作 刑（T23:886）。異體字形中的意符"刀"草寫變異作"刂"。

【7】"狗"，小篆作"狗"，簡文中的通用字形作 狗（T24:247A），異體字形作 狗（T6:75）。異體字形中的意符"犬"草寫變異作"犭"。

【8】"樊"，小篆作"樊"，簡文中的通用字形作 樊（T5:69），異體字形作 樊（T2:106）。異體字形中的意符"𠬞"草寫變異作"大"。居延新簡中構件"𠬞"變異作"木"寫作 樊。

【9】"襄"，小篆作"襄"，簡文中的通用字形作 襄（T37:562），異體字形作 襄（T27:22）。異體字形中的意符"衣"草寫變異作"心"。

【10】"延"，小篆作"延"，簡文中的通用字形作 延（T34:1），異體字形作 延（T37:521）。異體字形中的構件"止"變異作"口"。

【11】"齒"，小篆作"齒"，簡文中的通用字形作 齒（T6:59），異體字形作 齒（T21:209）。異體字形中的 意符"齒"構件書寫變異。

【12】"受"，小篆作"受"，簡文中的通用字形作 受（T21:326）。

異體字形作 （T30:2），其意符“受”的構件“又”變異作“丈”；另一異體字形作 （T10:116），其意符“受”的構件“爫”變異，“又”變異作“子”；異體字形又寫作 （T10:212），其意符“受”的構件“爫”變異作“小”。“受”在居延新簡中還寫作 （EPT58:37），其意符“受”的構件“又”變作“夫”。

【13】“宿”，小篆作“”，簡文中的通用字形作 （F1:35），異體字形作 （T9:126）。異體字形中的意符“宀”變作“皿”。

【14】“缺”，小篆作“”，簡文中的通用字形作 （T24:363），異體字形作 （T30:139）。異體字形中的意符“缶”變異作“吉”，聲符“夬”變異作“又”。

【15】“健”，小篆作“”，簡文中的通用字形作 （T23:298），異體字形作 （T37:1011）。異體字形中的意符“亻”變作“阝”。

【16】“淮”，小篆作“”，簡文中的通用字形作 （T30:102），異體字形作 （T37:933）。異體字形中的意符“氵”變異作“冬”。

【17】“襄”，小篆作“”，簡文中的通用字形作 （T37:562），異體字形作 （T24:43）。異體字形中的意符上部構件“亠”變異作“䒑”。

【18】“繰”，小篆作“”，簡文中的通用字形作 （T11:31B），異體字形作 （T31:38）。異體字形中的意符“糸”變異作“氵”。

【19】“齒”，小篆作“”，簡文中的通用字形作 （T6:59），異體字形作 （T11:4）。異體字形中的意符“从”筆畫連寫成橫筆。

【20】“雜”，小篆作“”，簡文中的通用字形作 （T9:73），異體字形作 （T21:47）。異體字形中的意符“衣”變異作“辛”。

2. 聲符變異

【1】“茭”，小篆作“”，簡文中的通用字形作 （T21:418），異體字形作 （T23:731B），異體字形中的聲符“交”訛作“友”；另一異體字形作 （T37:1038），異體字形中的聲符“交”訛作“女”。

【2】“歲”，小篆作“”，簡文中的通用字形作（T10:212），異體字形作（T21:209）。異體字形中的聲符“戉”訛作“成”。

【3】“遂”，小篆作“”，簡文中的通用字形作（T37:995），異體字形作（T30:86）。異體字形中的聲符“豕”的構件“丷”訛作“小”。

【4】“隧”，簡文中的通用字形作（T6:60），異體字形作（T23:531）。異體字形中的聲符“豕”的構件“丷”訛作“小”。

【5】“祿”，小篆作“”，簡文中的通用字形作（T11:1），異體字形作（F1:36）。異體字形中的構件“水”草寫訛作“小”。

【6】“德”，小篆作“”，簡文中的通用字形作（T30:133），異體字形作（T24:260）。異體字形中的聲符“悳”的構件“十”訛作“土”，構件“心”訛作“十”。

【7】“過”，小篆作“”，簡文中的通用字形作（T37:928），異體字形作（T37:525）。異體字形中的聲符“咼”的構件“口”訛作“古”。

【8】“糒”，小篆作“”，簡文中的通用字形作（T37:1541），異體字形作（T21:131A）。異體字形中的聲符“葡”下部構件草寫訛作“曲”。

【9】“佐”，簡文中的通用字形作（T23:897A），異體字形作（T33:39）。異體字形中的聲符“左”訛作“大”。

【10】“卻”，小篆作“”，簡文中的通用字形作（T24:32），異體字形作（F1:33）、（T21:47）。異體字形中的聲符“谷”訛作“各”。西北屯戍漢簡中“卻”字的聲符“谷”與“去”字的古文“”形近，簡文中常訛混，因此簡文中以“”字形更爲常見。

【11】“壽”，小篆作“”，簡文中的通用字形作（T37:1007），異體字形作（T9:85）。異體字形中的聲符“𠷎”省變。

【12】"涫"，小篆作"▢"，簡文中的通用字形作▢（T23:969），異體字形作▢（T6:50）。異體字形中的聲符"官"訛變。

【13】"關"，小篆作"▢"，簡文中的通用字形作▢（T24:37），簡文中"關"有三個構件變異異體字。第一個異體字形作▢（T6:6），其聲符"丱"所從構件"丱"訛作"大"；第二個異體字形作▢（T6:91），其聲符"丱"訛作"犬"；第三個異體字形作▢（T23:853），其聲符"丱"所從構件"丱"訛作"木"。

【14】"掖"，小篆作"▢"，簡文中的通用字形作▢（T24:36），異體字形▢（T23:873），異體字形中的聲符"夜"訛變；另一異體字形作▢（T10:121A），異體字形中的聲符"夜"訛作"夫"。

【15】"賊"，小篆作"▢"，簡文中的通用字形作▢（T23:566），異體字形▢（T28:8A）。異體字形中的聲符"則"的構件"刀"訛作"厂"。

【16】"繁"，小篆作"▢"，簡文中的通用字形作▢（T23:933），異體字形作▢（H1:3A）。異體字形中的聲符"緐"所從構件均訛變，"每"訛作"毋"、"攵"訛作"阝"、"糸"訛作"泉"。

【17】"寗"，小篆作"▢"，簡文中的通用字形作▢（T4:43），異體字形作▢（T21:260）、▢（T37:1244）。第一個異體字形中的構件"心"訛作"工"，第二個異體字形中的構件"心"訛作"亠"。

【18】"贖"，小篆作"▢"，簡文中的通用字形作▢（T24:47），異體字形作▢（T37:526）。異體字形中的聲符上部構件"士"訛作"亠"。

【19】"惡"，小篆作"▢"，簡文中的通用字形作▢（T28:30），異體字形作▢（T4:86），異體字形的聲符"亞"訛變，同時增構件"亠"；另一異體字形作▢（H2:48A），異體字形中的聲符"亞"訛變，同時增構件"亠"。

【20】"落"，小篆作"▢"，簡文中的通用字形作▢（T10:357），異體字形作▢（T37:1329）。異體字形中的構件"各"訛作"冬"。

【21】"督"，小篆作"▢"，簡文中的通用字形作▢（T28:11）。異體字形作▢（T21:11），其構件"矛"訛作"工"，"攵"訛作"月"；異體字形作▢（T21:13），其構件"矛"訛作"工"；異體字形作▢（T21:14），其構件"矛"訛作"未"。

【22】"竊"，小篆作"▢"，簡文中的通用字形作▢（T23:116），異體字形作▢（T23:287A）。異體字形中的構件"邑"訛作"巳"。

【23】"律"，小篆作"▢"，簡文中的通用字形作▢（T5:76），異體字形作▢（T31:66）。異體字形中的聲符"聿"訛變。

【24】"隴"，小篆作"▢"，簡文中的通用字形作▢（T24:101+116），異體字形作▢（T24:264A），異體字形中的構件"立"訛作"己"；另一異體字形作▢（T37:522A），異體字形中的構件"立"訛作"圭"。

【25】"歸"，小篆作"▢"，簡文中的通用字形作▢（F3:417），異體字形作▢（T37:1151A）。異體字形中的聲符"自"訛作"阝"，"止"訛作"辶"。

【26】"籍"，小篆作"▢"，簡文中的通用字形作▢（T24:600），簡文中"籍"有三個構件變異異體字。第一個異體字形作▢（T10:214），其構件"耒"訛作"禾"；第二個異體字形作▢（T30:2），其構件"耒"訛作"羊"；第三個異體字形作▢（T31:65），其構件"日"訛作"田"。

【27】"部"，小篆作"▢"，簡文中的通用字形作▢（T1:36），異體字形作▢（T37:766A）。異體字形中的構件"立"訛作"文"。

【28】"陝"，小篆作"▢"，簡文中的通用字形作▢（T37:1493），異體字形作▢（T9:67）。異體字形中的聲符"夾"訛作"矢"。

【29】"家"，小篆作"▢"，簡文中的通用字形作▢（72EJD:23），異體字形作▢（F3:298）。異體字形中的構件"豕"訛作"豙"。

【30】"收"，小篆作"🔲"，簡文中的通用字形作🔲（T37:303），異體字形作🔲（T23:79A）。異體字形中的聲符"丩"訛作"丬"。

【31】"揼"，小篆作"🔲"，簡文中的通用字形作🔲（T23:616），異體字形作🔲（T35:7）。異體字形中的聲符"象"訛作"豕"。

【32】"傳"，小篆作"🔲"，簡文中的通用字形作🔲（T10:147），異體字形作🔲（T37:1076A）。異體字形中的構件"叀"訛作"土"和"日"。

【33】"㦬"，小篆作"🔲"，簡文中的通用字形作🔲（T24:22），簡文中"㦬"有三個構件變異異體字。第一個異體字形作🔲（T6:127），其聲符"樂"省訛作"示"；第二個異體字形作🔲（T6:83A），其聲符"樂"省訛作"未"；第三個異體字形作🔲（T37:1007），其聲符"樂"省訛作"禾"。構件"樂"草省作"乐"，然後又訛寫作"示、未、禾"等，因而產生了三個不同的聲符變異異體字形。

【34】"疾"，小篆作"🔲"，簡文中的通用字形作🔲（T23:575A），異體字形作🔲（T1:43）。異體字形中的聲符"矢"訛作古文字形的"去"。

【35】"寬"，小篆作"🔲"，簡文中的通用字形作🔲（T21:16），異體字形作🔲（T6:93）。異體字形中的構件"艸"訛作"刀"。

【36】"過"，小篆作"🔲"，簡文中的通用字形作🔲（T37:928），簡文中"過"有三個構件變異異體字。第一個異體字形作🔲（T10:120A），其聲符"咼"的上部構件訛作"口"；第二個異體字形作🔲（T37:525），其聲符"咼"的構件"口"訛作"古"；第三個異體字形作🔲（T24:266A），其聲符"咼"的下部構件訛作"同"。

【37】"到"，小篆作"🔲"，簡文中的通用字形作🔲（H2:86），異體字形作🔲（T37:549）。異體字形中的聲符"刀"訛作"刂"。

【38】"將"，小篆作"🔲"，簡文中的通用字形作🔲（T22:94），異體字形作🔲（T26:235）。異體字形中的構件"肉"訛作"宀"。

【39】"袍"，小篆作"🈂"，簡文中的通用字形作🈂（T26:54），異體字形作🈂（T1:61）。異體字形中的聲符"包"訛作"也"。

【40】"服"，小篆作"🈂"，簡文中的通用字形作🈂（T23:29），異體字形作🈂（T26:192）。異體字形中的聲符"𠬝"訛作"皮"。

【41】"被"，小篆作"🈂"，簡文中的通用字形作🈂（T37:1339），異體字形作🈂（H2:48A）。異體字形中的聲符"皮"訛作"及"。

【42】"駮"，小篆作"🈂"，簡文中的通用字形作🈂（T37:1007），異體字形作🈂（T10:261）。異體字形中的的聲符"交"訛作"文"。

【43】"弘"，小篆作"🈂"，簡文中的通用字形作🈂（T37:524），異體字形作🈂（T37:1395）。異體字形中的聲符"厶"訛作"△"。

【44】"禁"，小篆作"🈂"，簡文中的通用字形作🈂（T37:1453），異體字形作🈂（T3:55）。異體字形中的聲符"林"訛作"艹"。

【45】"允"，小篆作"🈂"，簡文中的通用字形作🈂（T10:212），異體字形作🈂（T37:1473）。異體字形中的聲符"㠯"訛作"口"。

【46】"治"，小篆作"🈂"，簡文中的通用字形作🈂（T23:694A），異體字形作🈂（T33:70）、🈂（T21:413）。異體字形中的構件"厶"在簡文中常訛作"口"，偶爾訛作"△"。

【47】"始"，小篆作"🈂"，簡文中的通用字形作🈂（T1:139），異體字形作🈂（T24:22）、🈂（T4:131）。異體字形中的構件"厶"在簡文中常訛作"口"，偶爾訛作"△"。

【48】"薛"，小篆作"🈂"，簡文中的通用字形作🈂（T6:46B），異體字形作🈂（T23:328）。異體字形中的構件"𠂤"訛作"阝"；另一異體字形作🈂（T37:779），異體字形中的聲符"辥"訛作"辟"。

【49】"蚤"，小篆作"🈂"，簡文中的通用字形作🈂（T21:63A），異體字形作🈂（T23:196B）。異體字形中的聲符"叉"訛作"父"。

【50】"產"，小篆作"🈂"，簡文中的通用字形作🈂（T29:52），

異體字形作 （T4:64）。異體字形中的構件“文”訛作“立”。

【51】“譚”，簡文中的通用字形作 （T37:527）。異體字形作 （T6:127），其左邊殘意符“言”，聲符“覃”所從構件“早”訛作“丰”；另一異體字形作 （T24:140），其聲符“覃”所從構件“覀”草訛作“ㄥ”，“早”省作“十”。

【52】“池”，簡文中的通用字形作 （T11:11），異體字形作 （T30:133）。異體字形中的聲符“也”訛作“它”。

【53】“食”，小篆作“![]”，簡文中的通用字形作 （T10:80），異體字形作 （T26:110）。異體字形中的構件“人”訛作“亠”。

【54】“齋”，小篆作“![]”，簡文中的通用字形作 （T5:68A），異體字形作 （T24:780）。異體字形中的聲符上部構件訛作“㕛”；另一異體字形作 （T9:3），異體字形中的聲符上部構件訛作“文”。

【55】“濟”，小篆作“![]”，簡文中的通用字形作 （T21:202），異體字形作 （T37:76）。異體字形中的聲符上部構件訛作“㕛”。

【56】“廄”，小篆作“![]”，簡文中的通用字形作 （T3:68），異體字形作 （T14:11A）。異體字形中的構件“殳”訛作“寸”。

【57】“笞”，小篆作“![]”，簡文中的通用字形作 （T1:93），異體字形作 （T3:53）。異體字形中的聲符“台”所從構件“口”訛作“山”。

【58】“雒”，小篆作“![]”，簡文中的通用字形作 （T1:128），異體字形作 （T37:1587）。異體字形中的聲符“各”訛作“亻”。

【59】“裘”，小篆作“![]”，簡文中的通用字形作 （T27:24），異體字形作 （T21:84）。異體字形中的聲符“求”訛作“辛”。

【60】“卻”，小篆作“![]”，簡文中的通用字形作 （T24:32），異體字形作 （T37:81）。異體字形中的聲符“谷”訛變。

【61】“葆”，小篆作“![]”，簡文中的通用字形作 （T24:525），異體字形作 （T37:745）。異體字形中的構件“采”訛變。

【62】“富”，小篆作“”，簡文中的通用字形作（T6:94），簡文中“富”有三個構件變異異體字。第一個異體字形作（T26:154），其聲符“畐”上部構件訛作“覀”；第二個異體字形作（T23:735），其聲符“畐”上部構件訛作“田”；第三個異體字形作（F3:28），其聲符“畐”上部構件訛作“日”。

【63】“職”，小篆作“”，簡文中的通用字形作（EPT59:6），異體字形作（T37:309）。異體字形中的構件“音”訛作“言”。

【64】“舉”，小篆作“”，簡文中的通用字形作（T23:301），異體字形作（T24:743）、（H2:101）。異體字形中的聲符“與”分別訛作作“罒”和“覀”。

【65】“翁”，小篆作“”，簡文中的通用字形作（T4:14），異體字形作（T23:399）。異體字形中的聲符“公”訛作“合”。

【66】“彊”，小篆作“”，簡文中的通用字形作（T31:62），異體字形作（T21:429）。異體字形中的構件“田”省訛作“口”。

【67】“酒”，小篆作“”，簡文中的通用字形作（T37:525），異體字形作（F3:213）、（T9:104）。異體字形中的聲符“酉”字均訛變。

【68】“過”，小篆作“”，簡文中的通用字形作（T37:928），異體字形作（T9:144A）、（T21:104）。異體字形中的聲符“咼”均訛變。

【69】“端”，小篆作“”，簡文中的通用字形作（T6:69），異體字形作（T1:61）。異體字形中的構件“山”訛變。

【70】“奈”，簡文中的通用字形作（T21:213），異體字形作（T25:38）。異體字形中的聲符“示”訛變。

【71】“舒”，小篆作“”，簡文中的通用字形作（T37:1581），簡文中“舒”有三個構件變異異體，分別作：（T37:232）、（T2:35）、

（T30:12）。異體字形中的聲符"舍"均訛變。

【72】"范"，小篆作" "，簡文中的通用字形作 （T25:62），異體字形作 （T1:119）、 （T21:20）。異體字形中的構件"巳"訛作"乙"和"己"。

【73】"遷"，小篆作" "，簡文中的通用字形作 （T23:563），異體字形作 （T28:54），異體字形中的構件"罨"訛變。另一異體字形作 （T25:124），異體字形中的構件"覀"訛作類似"曲"字的構件。

【74】"陰"，小篆作" "，簡文中的通用字形作 （T21:51），異體字形作 （T6:138）、 （T24:275A）、 （T33:52）。異體字形中的聲符"侌"均訛變。

【75】"麴"，簡文中的通用字形作 （T29:118A），異體字形作 （T5:24）、 （73EJD:306A）。第一個異體字形中的聲符"匊"所從構件"米"訛作"丰"，第二個異體字形中的聲符"匊"所從構件"米"訛作"吉"。

3.會意構件部分變異

【1】"步"，小篆作" "，簡文中的通用字形作 （T37:1033），異體字形 （T23:39）。異體字形中的構件"少"訛作"少"。

【2】"道"，小篆作" "，簡文中的通用字形作 （T1:33），異體字形作 （T37:1491）。異體字形中的構件"止"訛作" "。

【3】"兵"，小篆作" "，簡文中的通用字形作 （T24:269A），簡文中"兵"有三個構件變異異體字。第一個異體字形作 （T1:14A），其構件"廾"訛作"六"；第二個異體字形作 （T37:782），其構件"廾"訛作"大"；第三個異體字形作 （T10:313A），其構件"斤"異寫，且表意構件"廾"訛作"大"。

【4】"異"，小篆作" "，簡文中的通用字形作 （T24:547），異體字形作 （T37:1518）。異體字形中的構件"丌、廾"均訛變。

【5】“取”，小篆作“”，簡文中的通用字形作（T21:84），異體字形作（T6:149）。異體字形中的構件“又”訛作“〈”。

【6】“公”，小篆作“”，簡文中的通用字形作（T24:77），異體字形作（T21:62）。異體字形中的構件“厶”訛作“△”。

【7】“占”，小篆作“”，簡文中的通用字形作（T1:69）。異體字形作（F1:10），其構件“卜”訛作“丄”；另一異體字形作（T37:1167A），其構件“卜”訛作“人”。

【8】“皆”，小篆作“”，簡文中的通用字形作（T9:87），異體字形作（T37:1136）。異體字形中的表意構件“比”訛作“亡”；另一異體字形作（T6:36），異體字形中的表意構件“比”訛作“土”。

【9】“利”，小篆作“”，簡文中的通用字形作（T23:780），異體字形作（T37:1151A）。異體字形中的表意構件“刀”訛作“刂”。

【10】“戍”，小篆作“”，簡文中的通用字形作（T24:261），異體字形作（T3:55）。異體字形的表意構件“人”訛作“十”。另一異體字形作（T1:19），異體字形中的表意構件“人”訛作“一”。

【11】“獄”，小篆作“”，簡文中的通用字形作（T37:975），異體字形作（T9:92A）。異體字形中的表意構件“犬”訛作“犭”。

【12】“奏”，小篆作“”，簡文中的通用字形作（F3:39A）。異體字形作（T30:28A），其構件“夲”訛作“大”，“夰”訛作“夫”。另一異體字形作（T23:604），其下部構件省略。

【13】“谷”，小篆作“”，簡文中的通用字形作（T4:44B），異體字形作（T22:63）、（F3:331）。異體字形中的構件“仌”訛變。

【14】“拜”，小篆作“”，簡文中的通用字形作（T5:13），異體字形作（T10:404）。異體字形中的構件“手”訛作“扌”。

【15】“妻”，小篆作“”，簡文中的通用字形作（T9:87）。異體字形作（T5:78），其構件“屮”訛作“亠”；另一異體字形作

（T5:8A），其構件“屮”訛作“艸”。

【16】“送”，小篆作“送”，簡文中的通用字形作“送”（T14:25）。簡文中“送”有四個構件變異異體字，即異體字形“送”（T23:291B），其構件“丷”訛作“从”；異體字形“送”（T23:635），其構件“关”訛作“半”；異體字形“送”（T23:641），其構件“关”訛作“并”；異體字形“送”（T37:958），其構件“关”增加筆畫；異體字形“送”（T37:520A），其構件“关”訛變。

【17】“師”，小篆作“師”，簡文中的通用字形作“師”（T25:5），異體字形作“師”（T21:21）。異體字形中的表意構件“𠂤”訛作“亻”。

【18】“執”，小篆作“執”，簡文中的通用字形作“執”（T26:54），異體字形作“執”（T37:179A）。異體字形中的表意構件“幸”訛作“扌”。

【19】“刺”，小篆作“刺”，簡文中的通用字形作“刺”（T28:71），異體字形作“刺”（T34:12）。異體字形中的表意構件“夾”訛作“矢”。

【20】“知”，小篆作“知”，簡文中的通用字形作“知”（T28:26），異體字形作“知”（T5:71）。異體字形中的表意構件“矢”訛變。

【21】“枚”，小篆作“枚”，簡文中的通用字形作“枚”（T30:181），異體字形作“枚”（T24:138）。異體字形中的表意構件“木”訛作“爿”。

【22】“負”，小篆作“負”，簡文中的通用字形作“負”（T10:131），異體字形作“負”（T23:562）。異體字形中的表意構件“貝”訛作“見”。

【23】“嚻”，小篆作“嚻”，簡文中的通用字形作“嚻”（T37:977），異體字形作“嚻”（T37:1076A）。異體字形中的表意構件“頁”訛作“貝”。

【24】“老”，小篆作“老”，簡文中的通用字形作“老”（T30:152），簡文中“老”有三個構件變異異體字。異體字形作“老”（T24:121），其構件“匕”訛作“止”；異體字形作“老”（F1:118A），其構件“匕”訛作“止”，且“止”中的豎筆和橫筆寫作兩點；異體字形作“老”（T9:332），其構件“匕”訛作“止”，且“止”中的筆畫異寫作“人”。

【25】“齔”，小篆作“齔”，簡文中的通用字形作“齔”（H1:52），異

體字形作 ▓（T21:374A）。異體字形中的表意構件"七"訛作"乚"。

【26】"業"，小篆作"▓"，簡文中的通用字形作 ▓（T37:855），異體字形作 ▓（EPT22:270）。異體字形中的構件"業"下部構件訛作"耒"。

【27】"行"，小篆作"▓"，簡文中的通用字形作 ▓（T28:54）。異體字形作 ▓（T37:35），其構件"彳"訛作"亻"，"亍"訛作"丁"；另一異體字形作 ▓（T37:835A），其構件"亍"訛作"干"。

【28】"刑"，小篆作"▓"，簡文中的通用字形作 ▓（T1:23），異體字形作 ▓（T30:23）。異體字形中的構件"井"訛作"开"。

【29】"壺"，小篆作"▓"，簡文中的通用字形作 ▓（T23:765）。異體字形作 ▓（T23:922），其表意構件"大"訛作"士"；另一異體字形作 ▓（F1:122），其表意構件"大"訛作"士"。

【30】"席"，小篆作"▓"，簡文中的通用字形作 ▓（T37:778），異體字形作 ▓（T29:118A）。異體字形中的表意構件"巾"訛作"用"。

【31】"婦"，小篆作"▓"，簡文中的通用字形作 ▓（T23:554），異體字形作 ▓（T37:176）。異體字形中的表意構件"巾"訛作"用"。

【32】"癸"，小篆作"▓"，簡文中的通用字形作 ▓（T23:79A），異體字形作 ▓（T3:58A）。異體字形中的構件"癶"訛作"⸬"。"癸"在居延新簡中又有異體字形作 ▓（EPT52:115B），其構件"癶"下部構件訛作"耒"。

【33】"尊"，小篆作"▓"，簡文中的通用字形作 ▓（T27:63），異體字形作 ▓（T30:205）。異體字形中的構件"酋"所從構件"酉"訛作"日"。

【34】"索"，小篆作"▓"，簡文中的通用字形作 ▓（T3:5）。異體字形作 ▓（T23:499），其構件"十"訛作"小"；另一異體字形作 ▓（T37:707A），其構件"糸"訛作"小"。

【35】"倉"，小篆作"▓"，簡文中的通用字形作 ▓（T37:1491），異體字形作 ▓（T24:817）。異體字形中的構件"人"訛作"亠"。

【36】"麥"，小篆作"麥"，簡文中的通用字形作（T23:561），異體字形作（T21:125A）。異體字形中的構件"夊"訛作"女"。

【37】"史"，小篆作"史"，簡文中的通用字形作（T23:635），異體字形作（T24:26）。異體字形中的構件"口"字省訛作"一"。

【38】"塞"，小篆作"塞"，簡文中的通用字形作（T37:1396A），異體字形作（T10:357）。異體字形中的構件"土"變作三點。

【39】"爰"，小篆作"爰"，簡文中的通用字形作（T10:102），異體字形作（T23:497）。異體字形中的構件"爫"書寫變異。

【40】"谷"，小篆作"谷"，簡文中的通用字形作（T24:78），異體字形作（T30:189）。異體字形中的表意構件的上部構件訛變。

【41】"鬼"，小篆作"鬼"，簡文中的通用字形作（T23:827），異體字形作（T37:520A）。異體字形中的表意構件"厶"訛作"丶"。

【42】"縣"，小篆作"縣"，簡文中的通用字形作（T6:91），異體字形作（T23:994A）。異體字形中的構件"系"和"県"均訛變。

【43】"煩"，小篆作"煩"，簡文中的通用字形作（T26:65）。簡文中"煩"有三個構件變異異體字：異體字形作（T1:2），其表意構件"頁"訛作"夏"；異體字形作（T23:994A），其表意構件"頁"草寫訛變；異體字形作（T24:707），其表意構件"頁"草寫訛作"大"。

【44】"侵"，小篆作"侵"，簡文中的通用字形作（T37:766），異體字形作（T28:26）。異體字形中的表意構件"又"訛作"用"。

【45】"因"，小篆作"因"，簡文中的通用字形作（H2:48A）。簡文中"因"的異體字形有四個：（T7:13A）、（72EJC:226）、（T32:46）、（T30:114），這四個異體字形中的構件"大"依次分別訛作"屯""士""夫""土"四個構件。

4. 其他構件變異

【1】"帚"，小篆作"帚"，簡文中的通用字形作（T37:1540），

異體字形作█（T4:47A）。異體字形中的構件"冖、巾"變異作"用"。

【2】"予"，小篆作"█"，簡文中的通用字形作█（T23:677），異體字形作█（T21:162）。異體字形的筆畫書寫變異。

【3】"邑"，小篆作"█"，簡文中的通用字形作█（T37:1453），異體字形作█（T1:101）。異體字形中的表意構件"口"與"卩"筆畫連寫變異。

【4】"爵"，小篆作"█"，簡文中的通用字形作█（T37:1451A），異體字形作█（T10:315A）、█（T37:1065A）。異體字形中的構件"冖"分別訛作"土"和"工"。

【5】"酉"，小篆作"█"，簡文中的通用字形作█（T37:1452），異體字形作█（T10:121A）、█（T37:678）。異體字形的筆畫書寫變異。

【6】"贛"，簡文中的通用字形作█（T6:94），異體字形作█（T23:663A）。異體字形的右邊構件"貝"訛作"心"。

【7】"要"，小篆作"█"，簡文中的通用字形作█（T3:104），異體字形作█（T1:93）。異體字形中的構件"覀"訛作"曲"。

【8】"禹"，小篆作"█"，簡文中的通用字形作█（T10:162），異體字形作█（T4:166）。異體字形中的構件"丿"筆訛作"刀"字頭。

（七）構件訛混

劉釗在《古文字構形學》第十章指出："訛混是指一個文字構形因素與其形體接近的構形因素之間產生的混用現象。"[1]書寫訛混是異體字產生的主要原因之一，肩水金關漢簡中訛混異體字很多，包括構件訛混異體字和整字訛混異體字，整字訛混異體字將放入第五章討論，此處只歸納構件訛混異體字。簡文里的構件訛混可分爲構件的混同與訛寫。構件混同指書寫時形近構件之間的相互混用，是雙向的構件訛寫混用。構件訛寫指書寫時某構件訛寫作另一構件，是單向的形體混同。

---

① 劉釗：《古文字構形學》，福建人民出版社，2011 年，第 139 頁。

1. 構件混同

（1）"卪、阝"混同

隸變構件"阝"來源於"邑"或"阜"的草省，從而與形近構件"卪"在書寫時常訛寫混同。

【1】"叩"，簡文中的通用字形作 卪（T2:8A），異體字形作 卪（T23:206）。異體字形中的構件"卪"訛作"阝"。

【2】"鄉"，小篆作 鄉，簡文中的通用字形作 鄉（T10:315A），異體字形作 鄉（T10:207）。異體字形中的構件"阝"訛作"卪"。

【3】"郡"，小篆作 郡，簡文中的通用字形作 郡（T30:202），異體字形作 郡（T4:8）。異體字形中的構件"阝"訛作"卪"。

【4】"陽"，小篆作 陽，簡文中的通用字形作 陽（T31:70），異體字形作 陽（T3:69）。異體字形中的構件"阝"訛作"卪"。

【5】"陳"，小篆作 陳，簡文中的通用字形作 陳（T6:19），異體字形作 陳（T30:119）。異體字形中的構件"阝"訛作"卪"。

【6】"隧"，簡文中的通用字形作 隧（T6:60），異體字形作 隧（T26:60）。異體字形中的構件"阝"訛作"卪"。

【7】"師"，小篆作 師，簡文中的通用字形作 師（T25:5），異體字形作 師（T1:130）。異體字形中的構件"𠂤"草寫作"阝"後訛作"卪"。

（2）"示、禾、米、未"混同

"示、禾、米、未"四個成字構件，簡文書寫時因筆畫斷連、筆形變異、筆畫交接使得原本形近的四個構件產生混同。

【1】"禁"，小篆作 禁，簡文中的通用字形作 禁（T37:1453），異體字形作 禁（T9:138）。異體字形中的構件"示"訛作"禾"。

【2】"察"，小篆作 察，簡文中的通用字形作 察（T23:967），異體字形作 察（T24:916）。異體字形中的構件"示"訛作"禾"。

【3】"祭"，小篆作 祭，簡文中的通用字形作 祭（EPT40:38），

異體字形作 （T37:347B）。異體字形中的構件"示"訛作"禾"。

【4】"穎"，小篆作"![]"，簡文中的通用字形作 （T37:526），異體字形作 （T9:81）。異體字形中的構件"禾"訛作"示"。

【5】"粟"，小篆作"![]"，簡文中的通用字形作 （T23:688），異體字形作 （T24:16），異體字形中的構件"米"訛作"禾"；另一異體字形作 （T10:166），異體字形中的構件"米"訛作"未"。

【6】"稟"，小篆作"![]"，簡文中的通用字形作 （T34:19），異體字形作 （T11:2）。異體字形中的構件"禾"訛作"米"。

【7】"粱"，小篆作"![]"，簡文中的通用字形作 （T4:153），異體字形作 （T1:75）。異體字形中的構件"米"訛作"未"。

【8】"積"，小篆作"![]"，簡文中的通用字形作 （T29:80），異體字形作 （T10:71）。異體字形中的構件"禾"訛作"未"。

（3）"宀、冖"混同

"宀"，《説文·宀部》："交覆深屋也。"，"冖"，《説文·冖部》："覆也。"構件"宀"與"冖"意義相同，字形相近，簡文中常混同使用。

【1】"運"，小篆作"![]"，簡文中的通用字形作 （T23:414），異體字形作 （T21:97）。異體字形中的聲符"軍"的構件"冖"訛作"宀"。

【2】"惲"，小篆作"![]"，簡文中的通用字形作 （T37:1458A），異體字形作 （T37:756）。異體字形中的聲符"軍"的構件"冖"訛作"宀"。

【3】"軍"，小篆作"![]"，簡文中的通用字形作 （T5:68A），異體字形作 （T24:36）。異體字形中的構件"冖"訛作"宀"。

【4】"冣"，小篆作"![]"，簡文中的通用字形作 （T23:689），異體字形作 （T6:107）。異體字形中的構件"冖"訛作"宀"。

【5】"誼"，小篆作"![]"，簡文中的通用字形作 （T21:59），異體字形作 （T3:1）。異體字形中的表意構件"宜"所從構件"宀"訛

作“宀”。

【6】“宣”，小篆作“宣”，簡文中的通用字形（T37:1052B），異體字形作（T1:12）。異體字形中的構件“宀”訛作“宀”。

【7】“宜”，小篆作“宜”，簡文中的通用字形作（T37:522A），異體字形作（T6:42）。異體字形中的構件“宀”訛作“宀”。

【8】“宛”，小篆作“宛”，簡文中的通用字形作（T37:1222），異體字形作（T37:709）。異體字形中的構件“宀”訛作“宀”。

【9】“安”，小篆作“安”，簡文中的通用字形作（T37:1076A），異體字形作（T37:1512）。異體字形中的構件“宀”訛作“宀”。

【10】“客”，小篆作“客”，簡文中的通用字形作（T37:949），異體字形作（T21:172）。異體字形中的構件“宀”訛作“宀”。

【11】“冠”，小篆作“冠”，簡文中的通用字形作（T30:255），異體字形作（T23:768）。異體字形中的構件“宀”訛作“宀”。

【12】“宋”，小篆作“宋”，簡文中的通用字形作（T21:119），異體字形作（T25:91）。異體字形中的構件“宀”訛作“宀”。

【13】“宗”，小篆作“宗”，簡文中的通用字形作（T22:9），異體字形作（T23:204）。異體字形中的構件“宀”訛作“宀”。居延漢簡中又寫作（10.32），異體字形中的構件“示”訛作“禾”。

【14】“崇”，小篆作“崇”，簡文中的通用字形作（F3:346），異體字形作（T37:928）。異體字形中的聲符“宗”的構件“宀”訛作“宀”。

（4）“木、扌”混同

“木”與“扌”兩個構件混用，以“木”訛作“扌”常見，“扌”訛作“木”只見一例。

【1】“相”，小篆作“相”，簡文中的通用字形作（T37:552），異體字形作（T37:997）。異體字形中的意符“木”混作“扌”。

【2】“校”，小篆作“校”，簡文中的通用字形作（T37:788A），

異體字形作 [字] （F3:54）。異體字形中的意符"木"混作"扌"。

【3】"杜"，小篆作"[篆]"，簡文中的通用字形作 [字] （T3:49），異體字形作 [字] （73EJD:236）。異體字形中的意符"木"混作"扌"。

【4】"枚"，小篆作"[篆]"，簡文中的通用字形作 [字] （T30:181），異體字形作 [字] （T26:62）、 [字] （T23:964）。第一個異體字形中的意符"木"混作"扌"，第二個異體字形中的構件"攴"變作"又"。

【5】"格"，小篆作"[篆]"，簡文中的通用字形作 [字] （T30:70），異體字形作 [字] （T23:464）。異體字形中的意符"木"混作"扌"。

【6】"板"，簡文中的通用字形作 [字] （T37:1544），異體字形作 [字] （T1:41）。異體字形中的意符"木"混作"扌"。

【7】"檄"，小篆作"[篆]"，簡文中的通用字形作 [字] （F3:39A），異體字形作 [字] （F3:449B）。異體字形中的意符"木"混作"扌"。

【8】"櫝"，小篆作"[篆]"，簡文中的通用字形作 [字] （F3:298），異體字形作 [字] （T24:142）。異體字形中的意符"木"混作"扌"。

【9】"扶"，小篆作"[篆]"，簡文中的通用字形作 [字] （T5:66），異體字形作 [字] （T37:670）。異體字形中的意符"扌"混作"木"。

（5）"曲、西"混同

"曲"與"西"兩個構件混用，以"西"訛作"曲"更爲常見。

【1】"遷"，小篆作"[篆]"，簡文中的通用字形作 [字] (T23:563)，異體字形作 [字] (T34:41)。異體字形中的構件"西"訛作"曲"。

【2】"要"，小篆作"[篆]"，簡文中的通用字形作 [字] (T3:104)，異體字形作 [字] (T1:93)。異體字形中的構件"西"訛作"曲"。

【3】"迺"，小篆作"[篆]"，簡文中的通用字形作 [字] (T4:172)，異體字形作 [字] (T24:577)。異體字形中的構件"西"訛作"曲"。

【4】"粟"，小篆作"[篆]"，簡文中的通用字形作 [字] (T23:688)，異體字形作 [字] (T3:38A)。異體字形中的構件"西"訛作"曲"，且構件"米"訛

作“来”。

【5】“農”，小篆作“”，簡文中的通用字形作(T30:205)，異體字形作(T37:1491)。異體字形中的構件“曲”訛作“西”。

（6）“易、昜”混同

“易”與“昜”字形相近，書寫時常産生訛寫混同。

【1】“賜”，小篆作“”，簡文中的通用字形作（T26:31），異體字形作（T21:17）。異體字形中的構件“易”混作“昜”。

【2】“楊”，小篆作“”，簡文中的通用字形作（T11:3），異體字形作（T33:70）。異體字形中的構件“昜”混作“易”。

【3】“傷”，小篆作“”，簡文中的通用字形作（T31:43），異體字形作（T27:77）。異體字形中的構件“昜”混作“易”。

【4】“湯”，小篆作“”，簡文中的通用字形作（H1:60），異體字形作（T24:532A）。異體字形中的構件“昜”混作“易”。

【5】“陽”，小篆作“”，簡文中的通用字形作（T3:49），異體字形作（T24:709）。異體字形中的構件“昜”混作“易”。

（7）“攴、殳、又”混同

“攴”，《説文·攴部》：“從又卜聲。”“殳”，《説文·殳部》：“從又几聲。”“攴”與“殳”均與構件“又”的意義有一定的聯繫，兩構件形近訛寫混同。

【1】“故”，小篆作“”，簡文中的通用字形作（T3:53），異體字形作（T15:24A）。異體字形中的意符“攴”混作“又”。

【2】“殺”，小篆作“”，簡文中的通用字形作（T24:719），異體字形作（T37:722）。異體字形中的意符“殳”混作“又”。

【3】“敝”，小篆作“”，簡文中的通用字形作（T37:752A），異體字形作（T4:56）。異體字形中的意符“攴”混作“又”。

【4】“敦”，小篆作“”，簡文中的通用字形作（T28:8A），

異體字形作。異體字形中的意符"攴"混作"又"。

【5】"赦"，小篆作![赦]，簡文中的通用字形作![赦]（T33:50），異體字形作![赦]（H2:24）。異體字形中的意符"攴"混作"又"。

【6】"寇"，小篆作![寇]，簡文中的通用字形作![寇]（T10:131），異體字形作![寇]（T25:130）。異體字形中的構件"攴"混作"又"。

【7】"教"，小篆作![教]，簡文中的通用字形作![教]（T23:620），異體字形作![教]（F3:384A）。異體字形中的表意構件"攴"混作"又"。

【8】"幣"，小篆作![幣]，簡文中的通用字形作![幣]（T27:62），異體字形作![幣]（T21:241）。異體字形中的聲符"敝"所從構件"攴"混作"又"。

【9】"政"，小篆作![政]，簡文中的通用字形作![政]（T31:64），異體字形作![政]（T24:790）。異體字形中的意符"攴"混作"又"。

【10】"賢"，小篆作![賢]，簡文中的通用字形作![賢]（T37:10），異體字形作![賢]（T37:731）。異體字形中的聲符"臤"所從構件"又"混作"攴"。

【11】"蔡"，小篆作![蔡]，簡文中的通用字形作![蔡]（T37:25），異體字形作![蔡]（T30:140）。異體字形中的聲符"祭"所從構件"又"混作"攴"。

（8）"日、目"混同

簡文中構件"日"與"目"字形相近，常訛寫混同。

【1】"莫"，小篆作![莫]，簡文中的通用字形作![莫]（T37:1537A），異體字形作![莫]（T5:78）。異體字形中的構件"日"混作"目"。

【2】"諸"，小篆作![諸]，簡文中的通用字形作![諸]（T23:878），異體字形作![諸]（T30:202）。異體字形中的構件"日"混作"目"。

【3】"詣"，小篆作![詣]，簡文中的通用字形作![詣]（T5:7），異體字形作![詣]（T23:236）。異體字形中的構件"日"混作"目"。

【4】“書”，小篆作“”，簡文中的通用字形作（T3:13A），異體字形作（T23:725）。異體字形中的構件“日”混作“目”。

【5】“都”，小篆作“”，簡文中的通用字形作（T37:870），異體字形作（T37:522A）。異體字形中的構件“日”混作“目”。

【6】“得”，小篆作“”，簡文中的通用字形作（T24:384A），異體字形作（T10:221A）。異體字形中的構件“日”混作“目”。

【7】“省”，小篆作“”，簡文中的通用字形作（T23:298），異體字形作（T24:118）。異體字形中的構件“目”混作“日”。

【8】“循”，小篆作“”，簡文中的通用字形作（T37:674），異體字形作（T22:122）。異體字形中的構件“目”混作“日”。

【9】“明”，小篆作“”，簡文中的通用字形作（T31:64），異體字形作（T24:346）。異體字形中的構件“目”混作“日”。

（9）“彳、亻”混同

簡文中構件“彳”與“亻”字形相近，常訛寫混同。

【1】“德”，小篆作“”，簡文中的通用字形作（T30:133），異體字形（T24:257）。異體字形中的意符“彳”混作“亻”。

【2】“往”，小篆作“”，簡文中的通用字形作（T25:6），異體字形作（T23:44）。異體字形中的意符“彳”混作“亻”。

【3】“待”，小篆作“”，簡文中的通用字形作（T1:22A），異體字形作（T25:69）。異體字形中的意符“彳”混作“亻”。

【4】“後”，小篆作“”，簡文中的通用字形作（T30:43），異體字形作（T21:266）。異體字形中的表意構件“彳”混作“亻”。

【5】“得”，小篆作“”，簡文中的通用字形作（T24:384A），異體字形作（T9:123）。異體字形中的意符“彳”混作“亻”。

【6】“律”，小篆作“”，簡文中的通用字形作（T5:76），異體字形作（T37:1134）。異體字形中的意符“彳”混作“亻”。

【7】"備"，小篆作 ，簡文中的通用字形作 （T21:468），異體字形作 （T23:658）。異體字形中的意符"亻"混作"彳"。

【8】"傳"，小篆作 ，簡文中的通用字形作 （T10:147），異體字形作 （T10:67）。異體字形中的意符"亻"混作"彳"。

（10）"白、日"混同

簡文中構件"白"與"日"因字形相近，常訛寫混同。

【1】"時"，小篆作 ，簡文中的通用字形作 （T24:24A），異體字形作 （T23:239）。異體字形中的構件"日"混作"白"。

【2】"樂"，小篆作 ，簡文中的通用字形作 （T10:404），異體字形作 （T9:86）。異體字形中的構件"白"混作"日"。

（11）"日、田"混同

簡文中構件"日"與"田"因字形相近，常訛寫混同。

【1】"畢"，小篆作 ，簡文中的通用字形作 （T25:88），異體字形作 （T30:12）。異體字形中的構件"田"混作"日"。

【2】"魯"，小篆作 ，簡文中的通用字形作 （T23:303），異體字形作 （T37:754）。異體字形中的構件"日"混作"田"。

【3】"是"，小篆作 ，簡文中的通用字形作 （T37:1399A），異體字形作 （73EJC:563）。異體字形中的構件"日"混作"田"。

（12）"彔、彖"混同

簡文中構件"彔"與"彖"因字形相近，常訛寫混同。

【1】"祿"，小篆作 ，簡文中的通用字形作 （T15:4），異體字形作 （T37:141）。異體字形中的聲符"彔"混作"彖"。

【2】"掾"，小篆作 ，簡文中的通用字形作 （T23:616），異體字形作 （T3:55）。異體字形中的聲符"彖"混作"彔"。

（13）"刀、刃"混同

構件"刀"與"刃"字形相近且意義相近，簡文中常訛寫混同。

【1】“劒”，小篆作“劒”，簡文中的通用字形作 （T21:226），異體字形作 （T22:134）。異體字形中的構件“刃”混作“刀”。

【2】“劉”，簡文中的通用字形作 （T24:10B），異體字形作 （T37:1584）。異體字形中的構件“刀”混作“刃”。

上述 13 類爲形近構件的混用，除最後 4 類混用構件在簡文中用例較少外，前 9 類構件的混用字例較多，這表明肩水金關漢簡中構件混用異體字在簡文中具有普遍性和類推性。

2. 構件訛寫

（1）訛作“亠”的構件

簡文中“十”“宀”“立”等字頭常訛寫作構件“亠”。

【1】“朝”，小篆作“朝”，簡文中的通用字形作 （T5:11），異體字形作 （T34:21）。異體字形中的構件“十”訛作“亠”。

【2】“索”，小篆作“索”，簡文中的通用字形作 （T3:5），異體字形作 （T6:91）。異體字形中的構件“十”訛作“亠”。

【3】“南”，小篆作“南”，簡文中的通用字形作 （T37:859），異體字形作 （T30:26）。異體字形中的構件“十”訛作“亠”。

【4】“惠”，小篆作“惠”，簡文中的通用字形作 （T33:40A），異體字形作 （T10:221A）。異體字形中的構件“十”訛作“亠”。

【5】“直”，小篆作“直”，簡文中的通用字形作 （T23:925），異體字形作 （T34:40）。異體字形中的構件“十”訛作“亠”。

【6】“胡”，小篆作“胡”，簡文中的通用字形作 （T10:120A），異體字形作 （T29:46）。異體字形中的構件“十”訛作“亠”。

【7】“居”，小篆作“居”，簡文中的通用字形作 （T23:17A），異體字形作 （T37:522A）。異體字形中的構件“十”訛作“亠”。

【8】“故”，小篆作“故”，簡文中的通用字形作 （T3:53），異體字形作 （T37:593）、（H1:3A）。這兩個異體字形中的構件“十”

均訛作"宀"，後一異體字形的構件"攵"還訛作"丈"；另一異體字形作
（T9:1），其構件"十"訛作"宀"，"攵"變"又"且構件位置位移。

【9】"安"，小篆作"![篆]"，簡文中的通用字形作![字形]（T37:1076A），
異體字形作![字形]（T30:131）。異體字形中的構件"宀"訛作"宀"。

【10】"案"，小篆作"![篆]"，簡文中的通用字形作![字形]（T37:692），
異體字形作![字形]（T37:784A）。異體字形中的構件"宀"訛作"宀"。

【11】"郭"，小篆作"![篆]"，簡文中的通用字形作![字形]（T29:84），
異體字形作![字形]（T24:260）。異體字形中的構件"立"字頭訛作"宀"。

【12】"歆"，小篆作"![篆]"，簡文中的通用字形作![字形]（F3:139），
異體字形作![字形]（T37:707）。異體字形中的構件"立"字頭訛作"宀"。

【13】"贛"，小篆作"![篆]"，簡文中的通用字形作![字形]（T6:94），
異體字形作![字形]（T24:104）。異體字形中的構件"立"字頭訛作"宀"。

【14】"意"，小篆作"![篆]"，簡文中的通用字形作![字形]（T30:204），
異體字形作![字形]（T10:221A）、![字形]（T1:132）。異體字形中的構件"立"字
頭訛作"宀"。

【15】"適"，小篆作"![篆]"，簡文中的通用字形作![字形]（T4:116），
異體字形作![字形]（T37:81）。異體字形中的構件"立"字頭訛作"宀"。

【16】"音"，小篆作"![篆]"，簡文中的通用字形作![字形]（T23:408），
異體字形作![字形]（T24:46）。異體字形中的構件"立"字頭訛作"宀"。

【17】"章"，小篆作"![篆]"，簡文中的通用字形作![字形]（T37:26），異
體字形作![字形]（T10:125）。異體字形中的構件"立"字頭訛作"宀"。

【18】"竟"，小篆作"![篆]"，簡文中的通用字形作![字形]（T37:59），異
體字形作![字形]（T1:151）。異體字形中的構件"立"字頭訛作"宀"。

【19】"童"，小篆作"![篆]"，簡文中的通用字形作![字形]（T5:78），
異體字形作![字形]（T23:920）。異體字形中的構件"立"字頭訛作"宀"。

（2）訛作“刀”的構件

簡文中構件“力”常訛寫作構件“刀”。

【1】“男”，小篆作“男”，簡文中的通用字形作 男（T10:178），異體字形作 男（T37:1135）。異體字形中的構件“力”訛作“刀”。

【2】“幼”，小篆作“幼”，簡文中的通用字形作 幼（T33:7B），異體字形作 幼（T23:692）。異體字形中的構件“力”訛作“刀”。

【3】“勳”，小篆作“勳”，簡文中的通用字形作 勳（T10:155），異體字形作 勳（T37:1290）。異體字形中的構件“力”訛作“刀”。

【4】“功”，小篆作“功”，簡文中的通用字形作 功（T30:29A），異體字形作 功（T21:156）。異體字形中的構件“力”訛作“刀”。

【5】“助”，小篆作“助”，簡文中的通用字形作 助（T4:148），異體字形作 助（T10:321）。異體字形中的構件“力”訛作“刀”。

（3）訛作“木”的構件

簡文所見單向訛作“木”的構件有“小”字底和“火”。

【1】“京”，小篆作“京”，簡文中的通用字形作 京（T10:152），異體字形作 京（T29:50）。異體字形中的構件“小”訛作“木”。

【2】“就”，小篆作“就”，簡文中的通用字形作 就（T23:951A），異體字形作 就（T37:1159）。異體字形中的構件“小”訛作“木”。

【3】“縣”，小篆作“縣”，簡文中的通用字形作 縣（T2:35），異體字形作 縣（T6:91）。異體字形中的構件“小”訛作“木”。

【4】“深”，小篆作“深”，簡文中的通用字形作 深（T37:1539），異體字形作 深（73EJD:8A）。異體字形中的構件“火”訛作“木”。

（4）訛作“艹（艸）”的構件

簡文中訛作“艹（艸）”的構件有“竹”“廿”“炏”“止”“炊”等五個字頭。

【1】“節”，小篆作“節”，簡文中的通用字形作 節（T37:519A），

異體字形作 ▢（T30:33A）。異體字形中的構件"竹"字頭訛作"⺌"。

【2】"等"，小篆作 ▢，簡文中的通用字形作 ▢（T5:71），異體字形作 ▢（T37:1535B）。異體字形中的構件"竹"字頭訛作"艸"。

【3】"簪"，小篆作 ▢，簡文中的通用字形作 ▢（T4:88）。異體字形作 ▢（T37:110），其構件"竹"字頭訛作"⺌"；另一異體字形作 ▢（T23:147），其構件"竹"字頭訛作"⺌"，且構件"朁"訛作"者"。

【4】"革"，小篆作 ▢，簡文中的通用字形作 ▢（T21:11），異體字形作 ▢（T24:380）。異體字形中的構件"廿"訛作"⺌"。

【5】"靳"，小篆作 ▢，簡文中的通用字形作 ▢（T30:2）。異體字形作 ▢（T25:20），其構件"廿"訛作"⺌"；另一異體字形作 ▢（T20:145），其構件 "廿"訛作"卅"。

【6】"鞻"，小篆作 ▢，簡文中的通用字形作 ▢（T28:11），異體字形作 ▢（T24:380）。異體字形中的構件"廿"訛作"⺌"。

【7】"證"，小篆作 ▢，簡文中的通用字形作 ▢（T37:527），異體字形作 ▢（T5:59）。異體字形中的構件"癶"訛作"⺌"。

【8】"登"，小篆作 ▢，簡文中的通用字形作 ▢（T3:51），異體字形作 ▢（T1:133）。異體字形中的構件"癶"訛作"⺌"。

【9】"發"，小篆作 ▢，簡文中的通用字形作 ▢（T4:50），簡文中"發"有三個構件訛寫異體字。第一個異體字形作 ▢（T23:311），其構件"癶"訛作"⺌"；第二個異體字形作 ▢（T28:8A），其構件"癶"訛作"⺌"，"殳"寫作"攴"；第三個異體字形作 ▢（T37:408），其構件"癶"訛作"⺌"，"弓"訛作"⼸"。

【10】"歲"，小篆作 ▢，簡文中的通用字形作 ▢（T10:212），簡文中"歲"有三個構件訛寫異體字。第一個異體字形作 ▢（T6:52），其構件"止"訛作"⺌"；第二個異體字形作 ▢（T30:182），其構件"止"

訛作"丷"，"步"的下部構件"止"訛作"口"；第三個異體字形作
（T4:54），其構件"止"訛作"丷"，且"戉"訛作"成"。

【11】"前"，小篆作 ，簡文中的通用字形作 （T28:20），
異體字形作 （T23:284）。異體字形中的構件"止"訛作"丷"。

【12】"齒"，小篆作 ，簡文中的通用字形作 （T6:59），異
體字形作 （T24:206）、（F3:570+547）。兩個異體字形中的構件"止"
均訛作"丷"，第二個異體字形的下部構件還訛作"曲"。

【13】"熒"，小篆作 ，簡文中的通用字形作 （T24:23B），
異體字形作 （T24:925）。異體字形中的構件"炏"訛作"丷"。

【14】"勞"，小篆作 ，簡文中的通用字形作 （T26:235），
異體字形作 （T23:301）。異體字形中的構件"炏"訛作"艹"。

（5）訛作"扌"的構件

簡文中構件"牛""爿""丩"常訛作構件"扌"。

【1】"牡"，小篆作 ，簡文中的通用字形作 （T35:4），簡
文中"牡"有三個構件訛寫異體字。第一個異體字形作 （T37:785），其
構件"牛"訛作"扌"；第二個異體字形作 （T21:213），其構件"牛"
訛作"扌"，且構件"土"訛作"工"；第三個異體字形作 （T24:412），
其構件"牛"訛作"扌"，且"土"訛作"匕"。

【2】"牝"，小篆作 ，簡文中的通用字形作 （T37:552），
異體字形作 （T24:195）。異體字形中的構件"牛"訛作"扌"。

【3】"特"，小篆作 ，簡文中的通用字形作 （T24:29），
異體字形作 （T1:45）。異體字形中的構件"牛"訛作"扌"。

【4】"物"，小篆作 ，簡文中的通用字形作 （T5:11A），
異體字形作 （T4:66）。異體字形中的構件"牛"訛作"扌"。

【5】"犆"，小篆作 ，簡文中的通用字形作 （F3:135），異
體字形作 （F3:178A）。異體字形中的構件"牛"訛作"扌"。

【6】"將"，小篆作"▢"，簡文中的通用字形作▢（72EJC:291），異體字形作▢（T9:121）。異體字形中的構件"爿"訛作"扌"。

【7】"狀"，小篆作"▢"，簡文中的通用字形作▢（T31:35），異體字形作▢（T1:20）。異體字形中的構件"爿"訛作"扌"。

【8】"壯"，小篆作"▢"，簡文中的通用字形作▢（T37:675），異體字形作▢（T37:988）。異體字形中的構件"爿"訛作"扌"。

【9】"莊"，小篆作"▢"，簡文中的通用字形作▢（T37:899），異體字形作▢（T1:92）。異體字形中的構件"爿"訛作"扌"。

【10】"收"，小篆作"▢"，簡文中的通用字形作▢（T37:303），異體字形作▢（T5:23B）。異體字形中的構件"丩"訛作"扌"。

（6）訛作"氵"的構件

"彳"在書寫中常訛寫作"氵"。

【1】"往"，小篆作"▢"，簡文中的通用字形作▢（T25:6），異體字形作▢（T23:359A）。異體字形中的構件"彳"訛作"氵"。

【2】"律"，小篆作"▢"，簡文中的通用字形作▢（T5:76），異體字形作▢（T37:497）。異體字形中的構件"彳"訛作"氵"。

【3】"行"，小篆作"▢"，簡文中的通用字形作▢（T28:54），異體字形作▢（T23:359A）。異體字形中的構件"彳"訛作"氵"。

（7）訛作"豎折橫"的構件

簡文中構件"廴"和構件"辶"常訛寫作"豎折橫"。

【1】"廷"，小篆作"▢"，簡文中的通用字形作▢（T9:92A），異體字形作▢（T30:210A）。異體字形中的構件"廴"訛作豎折橫。

【2】"建"，小篆作"▢"，簡文中的通用字形作▢（T37:1537A），異體字形作▢（T1:29）。異體字形中的構件"廴"訛作豎折橫。

【3】"延"，小篆作"▢"，簡文中的通用字形作▢（T34:1），異體字形作▢（T11:4）。異體字形中的構件"廴"訛作豎折橫。

【4】"迹"，小篆作""，簡文中的通用字形作（T4:98B），異體字形作（T24:434）。異體字形中的構件"辵"訛作豎折橫。

【5】"逢"，小篆作""，簡文中的通用字形作（T21:58），異體字形（T25:5）。異體字形中的構件"辵"訛作豎折橫。

【6】"通"，小篆作""，簡文中的通用字形作（T37:522A），異體字形作（T30:41）。異體字形中的構件"辵"訛作豎折橫。

【7】"連"，小篆作""，簡文中的通用字形作（T24:795），異體字形作（T10:379）。異體字形中的構件"辵"訛作豎折橫。

【8】"近"，小篆作""，簡文中的通用字形作（T26:200），異體字形作（T4:157）。異體字形中的構件"辵"訛作豎折橫。

【9】"迫"，小篆作""，簡文中的通用字形作（T21:289），異體字形作（T23:674）。異體字形中的構件"辵"訛作豎折橫。

【10】"迺"，小篆作""，簡文中的通用字形作（H2:2），異體字形作（T4:172）。異體字形中的構件"辵"訛作豎折橫。

（8）訛作"橫"的構件

構件"辵"草化隸變作"辶"，後又訛寫作橫筆。

【1】"迹"，小篆作""，簡文中的通用字形作（T4:98B），異體字形作（T37:56）。異體字形中的構件"辶"訛作橫筆。

【2】"適"，小篆作""，簡文中的通用字形作（T4:116），異體字形作（T21:149）。異體字形中的構件"辶"訛作橫筆。

【3】"過"，小篆作""，簡文中的通用字形作（T37:928），異體字形作（T22:8）。異體字形中的構件"辶"訛作橫筆。

【4】"進"，小篆作""，簡文中的通用字形作（F1:10），異體字形作（F1:1）。異體字形中的構件"辶"訛作橫筆。

【5】"通"，小篆作""，簡文中的通用字形作（T37:522A），異體字形作（T1:164）。異體字形中的構件"辶"訛作橫筆。

【6】“遣”，小篆作“”，簡文中的通用字形作（T31:66），異體字形作（D:36A）。異體字形中的構件“辶”訛作橫筆。

【7】“迫”，小篆作“”，簡文中的通用字形作（T21:289），異體字形作（T24:65A）。異體字形中的構件“辶”訛作橫筆。

【8】“道”，小篆作“”，簡文中的通用字形作（T1:33），異體字形作（T30:67）。異體字形中的構件“辶”訛作橫筆。

（9）訛作“攴”的構件

“攴”，《說文·攴》：“小擊也。从又卜聲。”“殳”，《說文·殳》：“以杸殊人也。从又几聲。”“殳”與“攴”意義相近。簡文中構件“殳”常訛作同義構件“攴”。

【1】“殷”，小篆作“”，簡文中的通用字形作（T21:62），異體字形作（T21:58）。異體字形中的構件“殳”訛作“攴”。

【2】“段”，小篆作“”，簡文中的通用字形作（T37:1222），異體字形作（T10:267A）。異體字形中的構件“殳”訛作“攴”。

【3】“殺”，小篆作“”，簡文中的通用字形作（T24:719），異體字形作（T23:412）。異體字形中的構件“殳”訛作“攴”。

【4】“穀”，小篆作“”，簡文中的通用字形作（T24:144），異體字形作（T21:82）。異體字形中的構件“殳”訛作“攴”。

【5】“廄”，小篆作“”，簡文中的通用字形作（T3:68），異體字形作（T3:82）。異體字形中的構件“殳”訛作“攴”。

（10）訛作“又”的構件

簡文中“殳”“欠”“及”常訛寫作構件“又”。

【1】“廄”，小篆作“”，簡文中的通用字形作（T3:68），異體字形（T10:62）。異體字形中的構件“殳”訛作“又”。

【2】“段”，小篆作“”，簡文中的通用字形作（T37:1222），異體字形作（T23:481A）。異體字形中的構件“殳”訛作“又”。

【3】"欲"，小篆作"[字形]"，簡文中的通用字形作[字形]（T34:1A），異體字形作[字形]（T23:731B）。異體字形中的構件"欠"訛作"又"。

【4】"歐"，小篆作"[字形]"，簡文中的通用字形作[字形]（T3:53），異體字形作[字形]（T24:585）。異體字形中的構件"欠"訛作"又"，且構件"品"草寫變異。

【5】"汲"，小篆作"[字形]"，簡文中的通用字形作[字形]（T23:305），異體字形作[字形]（T28:36）。異體字形中的構件"及"訛作"又"。

（11）訛作"攵"的構件

構件"攴"與構件"攵"同義，簡文中構件"攴"幾乎都已寫作"攵"，兩者差別十分細微。

【1】"寇"，小篆作"[字形]"，簡文中的通用字形作[字形]（T10:131），異體字形作[字形]（T37:130）。異體字形中的構件"攴"訛作"攵"。

【2】"敦"，小篆作"[字形]"，簡文中的通用字形作[字形]（T28:8A），異體字形作[字形]（T9:9A）。異體字形中的構件"攴"訛作"攵"。

【3】"赦"，小篆作"[字形]"，簡文中的通用字形作[字形]（T33:50），異體字形作[字形]（T37:870）。異體字形中的構件"攴"訛作"攵"。

【4】"敝"，小篆作"[字形]"，簡文中的通用字形作[字形]（T37:752A），異體字形作[字形]（T10:179）。異體字形中的構件"攴"訛作"攵"。

【5】"政"，小篆作"[字形]"，簡文中的通用字形作[字形]（T23:966），異體字形作[字形]（T31:64）。異體字形中的構件"攴"訛作"攵"。

（12）訛作"衤"的構件

【1】"襜"，小篆作"[字形]"，簡文中的通用字形作[字形]（T4:171A），異體字形作[字形]（T37:1334）。異體字形中的構件"衤"訛作"礻"。

【2】"初"，小篆作"[字形]"，簡文中的通用字形作[字形]（T9:86），異體字形作[字形]（T24:235）。異體字形中的構件"衤"訛作"礻"。

（13）訛作“乙”的構件

【1】“范”，小篆作“𦶃”，簡文中的通用字形作𦶃（T25:62），異體字形作𦶃（T1:119）。異體字形中的構“巳”訛作“乙”。

【2】“記”，小篆作“記”，簡文中的通用字形作記（T23:502A），異體字形作記（T21:413）。異體字形中的構件“己”訛作“乙”。

【3】“犯”，小篆作“犯”，簡文中的通用字形作犯（T3:55），異體字形作犯（T37:529）。異體字形中的構件“巳”訛作“乙”。

【4】“祀”，小篆作“祀”，簡文中的通用字形作祀（H1:17），異體字形作祀（T37:55）。異體字形中的構件“巳”訛作“乙”。

（14）混作“日”的構件

【1】“告”，小篆作“告”，簡文中的通用字形作告（T21:131B），異體字形作告（T23:797B）。異體字形中的構件“口”增橫訛作“日”。

【2】“京”，小篆作“京”，簡文中的通用字形作京（T10:152），異體字形作京（T30:137）。異體字形中的構件“口”增橫訛作“日”。

【3】“就”，小篆作“就”，簡文中的通用字形作就（T23:951A），異體字形作就（T23:345）。異體字形中的構件“口”增橫訛作“日”。

【4】“郭”，小篆作“郭”，簡文中的通用字形作郭（T25:49），異體字形作郭（T37:872）。異體字形中的構件“口”增橫訛作“日”。

【5】“福”，小篆作“福”，簡文中的通用字形作福（T24:265），異體字形作福（T24:797）。異體字形中的構件“口”增橫訛作“日”，且“畐”字上的橫筆增點筆。

【6】“唯”，小篆作“唯”，簡文中的通用字形作唯（T28:125），異體字形作唯（T29:114B）。異體字形中的構件“口”增橫筆訛作“日”。

【7】“豪”，小篆作“豪”，簡文中的通用字形作豪（T34:21），異體字形作豪（F1:10）。異體字形中的構件“口”增橫筆訛作“日”。

【8】“命”，小篆作“命”，簡文中的通用字形作命（T1:93），異體

字形作 [字] （T37:55）。異體字形中的構件"口"增橫筆訛作"日"。

【9】"富"，小篆作"[富]"，簡文中的通用字形作 [富] （T6:94），異體字形作 [富] （T23:965）。異體字形中的構件"口"增橫筆訛作"日"。

【10】"官"，小篆作"[官]"，簡文中的通用字形作 [官] （T5:68A），異體字形作 [官] （T10:120A）。異體字形中的構件"自"訛作"日"。

【11】"館"，小篆作"[館]"，簡文中的通用字形作 [館] （T24:765），異體字形作 [館] （T37:1535B）。異體字形中的構件"自"訛作"日"。

（15）訛作"雨"的構件

簡文中訛作"雨"字頭的構件有"虍""庚""襾"三個。

【1】"虜"，小篆作"[虜]"，簡文中的通用字形作 [虜] （T21:12），異體字形作 [虜] （T37:454）。異體字形中的構件"虍"訛作"雨"。

【2】"虞"，小篆作"[虞]"，簡文中的通用字形作 [虞] (T24:877)，異體字形作 [虞] （T37:76）。異體字形中的構件"虍"訛作"雨"。

【3】"庸"，小篆作"[庸]"，簡文中的通用字形作 [庸] （T23:174），異體字形作 [庸] （T24:910）。異體字形中的構件"庚"訛作"雨"。

【4】"處"，小篆作"[處]"，簡文中的通用字形作 [處] （T37:175），異體字形作 [處] （T23:151）。異體字形中的構件"虍"訛作"雨"。

【5】"賈"，小篆作"[賈]"，簡文中的通用字形作 [賈] （T37:1585A），異體字形作 [賈] （T23:963），異體字形中的構件"襾"訛作"雨"。

（16）訛作"田"的構件

【1】"福"，小篆作"[福]"，簡文中的通用字形作 [福] （T34:4A），異體字形作 [福] （T5:7）、 [福] （T37:985）。這兩個異體字形中的構件"口"均訛作"田"。

【2】"富"，小篆作"[富]"，簡文中的通用字形作 [富] （T6:94）。異體字形作 [富] （T37:237），其聲符"畐"的構件"口"訛作"田"，"田"訛作"日"；另一異體字形作 [富] （T23:735），其聲符"畐"的構件"口"

訛作“田”。

（17）訛作“尔”的構件

【1】“珍”，小篆作“”，簡文中的通用字形作（T30:62），異體字形作（T37:345）。異體字形中的構件“㐱”訛作“尔”。

【2】“參”，小篆作“”，簡文中的通用字形作（T24:247B），異體字形作（T23:217B）。異體字形中的構件“㐱”訛作“尔”。

（18）訛作“夫”的構件

【1】“疾”，小篆作“”，簡文中的通用字形作（T23:575A），異體字形作（T28:113）。異體字形中的構件“矢”訛作“夫”。

【2】“短”，小篆作“”，簡文中的通用字形作（72EJC:306），異體字形作（T37:675）。異體字形中的構件“矢”訛作“夫”。

【3】“知”，小篆作“”，簡文中的通用字形作（T28:26），異體字形作（T30:150）。異體字形中的構件“矢”訛作“夫”。

【4】“剌”，小篆作“”，簡文中的通用字形作（T28:71），異體字形作（T26:95）。異體字形中的構件“夾”訛作“夫”。

【5】“聟”，簡文中的通用字形作（T1:1），異體字形作（T6:41A）。異體字形中的構件“矢”訛作“夫”。

【6】“秩”，小篆作“”，簡文中的通用字形作（T37:878A），異體字形作（T10:310）。異體字形中的構件“失”訛作“夫”。

（19）混作“广”的構件

【1】“疾”，小篆作“”，簡文中的通用字形作（T23:575A），異體字形作（T21:178）、（T26:119）。這兩個異體字形中的構件“疒”均訛作“广”。

【2】“病”，小篆作“”，簡文中的通用字形作（T24:194），異體字形作（T24:649）。異體字形中的構件“疒”訛作“广”。

【3】“厚”，小篆作“”，簡文中的通用字形作（T23:610A），

簡文中"厚"有三個異體字。第一個異體字形作 （T37:1052B），其構件
"厂"訛作"广"；第二個異體字形作 （T1:41），其構件"厂"訛作
"广"，且"日"訛作"目"；第三個異體字形作 （T1:276），其構件
"厂"訛作"广"，且"日"訛作"白"。

（20）訛作"灬"的構件

【1】"迹"，小篆作 ，簡文中的通用字形作 （T37:1168），
異體字形作 （T24:434）。異體字形中的聲符"亦"字的下部構件訛
作"灬"。

【2】"乘"，小篆作 ，簡文中的通用字形作 （T26:35），
異體字形作 （H2:50）。異體字形"乘"字的下部構件訛作"灬"。

【3】"兼"，小篆作 ，簡文中的通用字形作 （T24:816），
異體字形作 （T23:777）。異體字形"兼"字的下部構件訛作"灬"。

【4】"廉"，小篆作 ，簡文中的通用字形作 （T37:361），
異體字形作 （T24:43）。異體字形中的聲符"兼"下部構件訛作"灬"。

【5】"赤"，小篆作 ，簡文中的通用字形作 （T23:966），異
體字形作 （T30:94A）。異體字形"赤"字的下部構件訛作"灬"。

【6】"縣"，小篆作 ，簡文中的通用字形作 （T6:91），異
體字形作 （T3:5）。異體字形中的構件"系"和"㬎"的下部構件合訛
作"灬"。

【7】"熒"，小篆作 ，簡文中的通用字形作 （T24:23B），
異體字形作 （T22:9）。異體字形中的上面兩個"火"字訛作四點。

【8】"勞"，小篆作 ，簡文中的通用字形作 （T26:235），
異體字形作 （T28:22）。異體字形中的構件"冖"上面的兩個"火"字
訛作四點。

【9】"劒"，小篆作 ，簡文中的通用字形作 （T21:226），
異體字形作 （T10:268）。異體字形中的聲符"僉"所從構件"从"訛

作“灬”。

【10】“檢”，小篆作“檢”，簡文中的通用字形作（T37:527），異體字形作（T3:55）。異體字形中的聲符“僉”所從構件“从”訛作“灬”。

【11】“德”，小篆作“德”，簡文中的通用字形作（T30:133），異體字形作（T14:1）。異體字形中的構件“心”訛作“灬”。

【12】“息”，小篆作“息”，簡文中的通用字形作（F1:11），異體字形作（T23:797B）。異體字形中的構件“心”字底訛作“灬”。

【13】“意”，小篆作“意”，簡文中的通用字形作（T37:1210），異體字形作（T21:423）。異體字形中的構件“心”字底訛作“灬”。

【14】“急”，小篆作“急”，簡文中的通用字形作（T24:829），異體字形作（T24:268B）。異體字形中的構件“心”字底訛作“灬”。

【15】“惠”，小篆作“惠”，簡文中的通用字形作（T33:40A），異體字形作（T23:769A）。異體字形中的構件“心”字底訛作“灬”。

【16】“愛”，小篆作“愛”，簡文中的通用字形作（T31:47），異體字形作（T24:843）。異體字形中的構件“心”字底訛作“灬”。

（21）訛作三點的構件

【1】“泉”，小篆作“泉”，簡文中的通用字形作（T24:194），異體字形作（T2:23）。異體字形中的構件“水”訛作“小”字底，“小”字底又訛作三點。居延新簡中“泉”字形作（EPT40:11A），即“水”字底，但在居延漢簡、肩水金關漢簡中以“小”字底的“泉”更爲常見。

【2】“尉”，小篆作“尉”，簡文中的通用字形作（T2:83），異體字形作（T6:56）。異體字形中的構件“小”字底訛作三點。

【3】“絕”，小篆作“絕”，簡文中的通用字形作（T21:59），異體字形作（T5:71）。異體字形中的構件“糸”中的“小”字底訛作三點。

【4】“給”，小篆作“給”，簡文中的通用字形作（T37:130），異體字形作（T3:85）。異體字形中的構件“糸”中的“小”字底訛作三點。

【5】"編"，小篆作"▦"，簡文中的通用字形作▦（T31:65），異體字形作▦（T24:564）。異體字形中的構件"糸"中的"小"字底訛作三點。

【6】"福"，小篆作"▦"，簡文中的通用字形作▦（T34:4A），異體字形作▦（F1:36）。異體字形中的構件"口"草省訛作三點。

【7】"落"，小篆作"▦"，簡文中的通用字形作▦（T10:357），異體字形作▦（T37:1386）。異體字形中的構件"口"草省訛作三點。

【8】"告"，小篆作"▦"，簡文中的通用字形作▦（T21:131B）。異體字形作▦（T31:5），其構件"口"草省訛作三點；另一異體字形作▦（T22:11C），其構件"口"草省訛作三點，且"牛"字頭的寫法也變異。

【9】"名"，小篆作"▦"，簡文中的通用字形作▦（T23:980），異體字形作▦（T37:640）。異體字形中的構件"口"草省訛作三點。

【10】"吾"，小篆作"▦"，簡文中的通用字形作▦（T24:47），異體字形作▦（T37:1473）。異體字形中的構件"口"草省訛作三點。

【11】"君"，小篆作"▦"，簡文中的通用字形作▦（T9:59A），異體字形作▦（T24:737）。異體字形中的構件"口"分別草省訛作三點。

【12】"各"，小篆作"▦"，簡文中的通用字形作▦（T23:145），異體字形作▦（T23:578）。異體字形中的構件"口"草省訛作三點。

【13】"言"，小篆作"▦"，簡文中的通用字形作▦（T30:34A），異體字形作▦（T37:780）。異體字形中的構件"口"草省訛作三點。

　　構件"口"在草寫作三點時，均處於該字下部或其他構件的中間，《急就章》中帶"口"字底的字也常寫作三點，如：▦（合）。

　　（22）其他訛寫

【1】"疾"，小篆作"▦"，簡文中的通用字形作▦（T23:575A），異體字形作▦（T5:13）。異體字形中的聲符"矢"訛作"天"。

【2】"男"，小篆作"▦"，簡文中的通用字形作▦（T10:178），異體字形作▦（T10:370）。異體字形中的表意構件"田"訛作"甲"。

　　【3】“神”，小篆作“”，簡文中的通用字形作（T34:6A），異體字形作（H1:12B）。異體字形中的聲符“申”訛作“甲”。

　　【4】“福”，小篆作“”，簡文中的通用字形作（T24:265）。異體字形作（T21:37），其聲符“畐”所從構件“口”訛作“自”；另一異體異體字形作（73EJC:560），其聲符“畐”的上部構件訛作“覀”。

　　【5】“樂”，小篆作“”，簡文中的通用字形作（T10:404），異體字形作（T21:137）。異體字形中的構件“白”訛作“目”。

　　【6】“蘇”，小篆作“”，簡文中的通用字形作（EPT51:489），異體字形作（T3:68）。異體字形中的構件“魚”訛作“角”。

　　【7】“牝”，小篆作“”，簡文中的通用字形作（T37:552），異體字形作（T37:1042）。異體字形中的聲符“匕”訛作“亡”。

　　【8】“佐”，簡文中的通用字形作（T23:897A），異體字形作（T30:41）。異體字形中的聲符“左”訛作“在”。

　　【9】“陵”，小篆作“”，簡文中的通用字形作（T37:858），異體字形作（T37:525）。異體字形中的聲符“夌”訛作“麦”。

　　【10】“牒”，小篆作“”，簡文中的通用字形作（T33:27）。異體字形作（T21:47），其構件“片”訛作“斤”；另一異體字形作（T3:113），其構件“片”訛作“斤”，同時該構件位置從左邊位移至左上角。

　　【11】“旁”，小篆作“”，簡文中的通用字形作（T21:59），異體字形作（T37:763）。異體字形中的聲符“方”訛作“力”。

　　【12】“適”，小篆作“”，簡文中的通用字形作（T4:116），異體字形作（T23:697），異體字形中的聲符“啻”訛作“商”。

　　【13】“舍”，小篆作“”，簡文中的通用字形作（T6:23A），異體字形作（T21:227A）。異體字形中的構件“干”訛作“土”。

　　【14】“署”，小篆作“”，簡文中的通用字形作（T27:24）。異體字形作（T30:71），其聲符“者”上部構件訛作“文”；另一異

體字形作 （T10:247），其構件 “罒” 訛作 “宀”，同时 “者” 字上部的構件訛作 “又”。

【15】“墾”，小篆作 “”，簡文中的通用字形作 （F1:89）。異體字形作 （T26:88A），其構件 “壬” 訛作 “工”；另一異體字形作 （73EJD:154A），其構件 “壬” 訛作 “土”。

【16】“深”，小篆作 “”，簡文中的通用字形作 （T37:1539），異體字形作 （T4:77）、（T6:77A）。這兩個異體字形中的聲符 “罙” 所從構件 “火” 分別訛作 “木” 和 “犬”。

【17】“寧”，小篆作 “”，簡文中的通用字形作 （73EJD:150）。異體字形作 （T31:59A），其聲符 “寍” 中的構件 “宀” 訛作 “穴”；另一異體字形作 （F3:183A），其聲符 “寍” 中的構件 “心” 訛作 “土”。

【18】“寬”，小篆作 “”，簡文中的通用字形作 （T21:16）。異體字形作 （T31:132），其聲符 “萈” 的構件 “艹” 訛作 “心”；另一異體字形作 （T1:22A），其聲符 “萈” 的構件 “艹” 省略。

【19】“李”，小篆作 “”，簡文中的通用字形作 （T14:25）。異體字形作 （T10:162），其意符 “木” 訛作 “土”；另一異體字形作 （T23:481B），其意符 “木” 訛作 “丰”。

【20】“庬”，簡文中的通用字形作 （T1:1），異體字形作 （T24:909）。異體字形中的構件 “广” 訛作 “宀”。

【21】“幹”，小篆作 “”，簡文中的通用字形作 （T37:871）。異體字形作 （T10:131），其構件 “木” 訛作 “示”；另一異體字形作 （T37:525），其構件 “木” 訛作 “末”。

【22】“功”，小篆作 “”，簡文中的通用字形作 （T30:29A），異體字形作 （T23:928）。異體字形中的聲符 “工” 訛作 “土”。

【23】“肥”，小篆作 “”，簡文中的通用字形作 （T11:5），異體字形作 （T24:649）。異體字形中的構件 “己” 訛作 “巴”。

【24】"器"，小篆作"⿰器"，簡文中的通用字形作器（T37:1538），異體字形作⿰（T27:105）。異體字形中的構件"土"訛作"工"。

【25】"涼"，小篆作"⿰"，簡文中的通用字形作涷（483.24）。異體字形作⿰（T6:135A），其意符"氵"訛作"王"；另一異體字形作源（T8:64），其聲符"京"中間的構件"口"變作"日"，"小"字底變作"木"字底。

【26】"練"，小篆作"⿰"，簡文中的通用字形作⿰（T5:26），異體字形作⿰（T23:969）。異體字形中的聲符"柬"訛作"車"。

【27】"農"，小篆作"⿰"，簡文中的通用字形作⿰（T30:205），異體字形作⿰（T30:43）。異體字形中的意符"晨"的構件"辰"訛作"衣"。

【28】"使"，小篆作"⿰"，簡文中的通用字形作⿰（T3:98），異體字形作⿰（T21:125A）。異體字形中的構件"吏"訛作"史"。

【29】"遷"，小篆作"⿰"，簡文中的通用字形作⿰(T23:563)，異體字形作⿰(73EJC:604)。異體字形中的構件"覀"訛作"罒"。

（八）構件記號化

構件記號化指"用與漢字音義無關的簡單符號替代複雜的漢字構件、偏旁，甚至整字，使文字形體簡化而與音義無關，這種文字現象稱之爲漢字的記號化"[1]。肩水金關漢簡構件記號化的主要特點爲記號種類少但代替的構件多，有的記號既可代替成字構件也可代替非成字構件。具體表現如下：

1. 草省記號"乀"

曲折號"乀"是簡文中最常見的草省記號符，"乀"代替的構件比較多，有規律的如："止"草省作"乀"、"攴"草省作"乀"、"口"草省作"乀"等。

（1）構件"止"草省作"乀"

構件"止"訛作曲折號"乀"有一定的規律，"止"多位於字形結構

---

① 毛遠明：《漢魏六朝碑刻異體字研究》，第179頁。

的下部，簡文中字形結構上部的“止”則没有訛作曲折號“乙”的異體。

【1】“越”，小篆作“”，簡文中的通用字形作（T24:434），異體字形作（T29:107）。異體字形中的意符“走”的構件“止”草省作“乙”。

【2】“起”，小篆作“”，簡文中的通用字形作（H1:52），異體字形作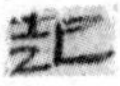（T24:800）。異體字形中的意符“走”的構件“止”草省作“乙”。

【3】“趙”，小篆作“”，簡文中的通用字形作（T37:829），異體字形作（T37:996）。異體字形中的意符“走”的構件“止”草省作“乙”。

【4】“趣”，小篆作“”，簡文中的通用字形作（T23:658），異體字形作（72EJC:140）。異體字形中的意符“走”的構件“止”草省作“乙”。

【5】“歸”，小篆作“”，簡文中的通用字形作（T24:865），異體字形作（T37:727A）。異體字形中的意符“止”草省作“乙”。

【6】“歲”，小篆作“”，簡文中的通用字形作（T10:212），異體字形作（T24:239）。異體字形中的意符“步”的下部構件“少”草省作“乙”。

【7】“是”，小篆作“”，簡文中的通用字形作（T37:1399A），異體字形作（73EJD:33A）。異體字形中的構件“正”的構件“止”草省作“乙”。

【8】“御”，小篆作“”，簡文中的通用字形作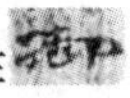（T24:419），異體字形作（T30:94B）。異體字形中的構件“卸”的構件“止”草省作“乙”。

【9】“足”，小篆作“”，簡文中的通用字形作（T24:973），異體字形作（T1:304）。異體字形中的構件“止”草省作“乙”。

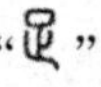

【10】"鞮"，小篆作"鞮"，簡文中的通用字形作鞮（T24:380），異體字形作鞮（T21:11）、鞮（T21:444）、鞮（T37:777）。這三個異體字形中的構件"革"的構件"廿"寫法有差異，構件"是"所從構件"止"均草省作"乙"。

【11】"定"，小篆作"定"，簡文中的通用字形作定（T1:172），異體字形作定（T1:23）。異體字形中的構件"止"草省作"乙"。

【12】"從"，小篆作"從"，簡文中的通用字形作從（T1:127A），簡文中"從"的構件"止"訛作"乙"的異體字形有五個。第一個異體字形作從（T37:763），其所從構件"从"訛作"卝"，且構件"止"草省作"乙"；第二個異體字形作從（H2:77），其所從構件"从"省寫作"人"，且構件"止"草省作"乙"；第三異體字形作從（T22:99），其所從構件"从"省寫作"人"，且構件"止"草省作"乙"，構件"彳"變作"亻"；第四個異體字形作從（T24:19），其所從構件"从"省，構件"止"訛省作"乙"；第五個異體字形作從（T30:76），其構件"从"省減，構件"止"訛省作"乙"，構件"彳"變作"亻"。

【13】"武"，小篆作"武"，簡文中的通用字形作武（T9:92A），異體字形作武（T4:114A）。異體字形中的構件"止"草省作"乙"。

【14】"路"，小篆作"路"，簡文中的通用字形作路（T30:219），異體字形作路（T2:42）。異體字形中的構件"止"草省作"乙"。

【15】"徒"，小篆作"徒"，簡文中的通用字形作徒（T23:696），異體字形作徒（T3:55）。異體字形中的構件"止"草省作"乙"。

【16】"徙"，小篆作"徙"，簡文中的通用字形作徙（T21:440），異體字形作徙（T23:574）。異體字形中的構件"止"草省作"乙"。

（2）構件"攵"草省作"乙"

【1】"嚴"，小篆作"嚴"，簡文中的通用字形作嚴（T6:52），異體字形作嚴（T35:4）。異體字形中的構件"攵"草寫作"乙"。

【2】"故"，小篆作""，簡文中的通用字形作（T23:503），異體字形作（T23:495B）。異體字形中的構件"攵"草寫作"乙"。

【3】"敢"，小篆作""，簡文中的通用字形作（T37:1573A），異體字形作（T30:234）。異體字形中的構件"攵"草寫作"乙"。

【4】"數"，小篆作""，簡文中的通用字形作（T25:149B），異體字形作（T30:28A）。異體字形中的構件"攵"草寫作"乙"。

（3）構件"口"草省作"乙"

【1】"言"，小篆作""，簡文中的通用字形作（T30:34A），異體字形作（T9:138）。異體字形中的構件"口"草寫作"乙"。

【2】"譚"，簡文中的通用字形作（T37:527），異體字形作（T6:23B）。異體字形中的構件"口"草寫作"乙"。

【3】"如"，小篆作""，簡文中的通用字形作（T21:38A），異體字形作（T31:34A）。異體字形中的構件"口"草寫作"乙"。

（4）其他構件草省作"乙"

【1】"蔡"，小篆作""，簡文中的通用字形作（T37:25），異體字形作（T37:928）。異體字形中的構件"又"草寫作"乙"。

【2】"證"，小篆作""，簡文中的通用字形作（T37:527），異體字形作（T21:442）、（T24:140）。這兩個異體字形中的構件"豆"均草省作"乙"，後一個異體字形中的構件"言"已經草省作"訁"。

【3】"因"，小篆作""，簡文中的通用字形作（H2:48A），異體字形作（T30:28A）。異體字形中的構件"大"草省作"乙"。

【4】"鄉"，小篆作""，簡文中的通用字形作（T10:315A），異體字形作（T29:28A）。異體字形中的構件"皀"草省作"乙"。

【5】"欲"，小篆作""，簡文中的通用字形作（T34:1A），異體字形作（T23:359A）。異體字形中的構件"欠"草省作"乙"。

【6】"卿"，小篆作""，簡文中的通用字形作（T29:32），

異體字形作■（T10:71）。異體字形中的構件“皀”草省作“乙”。

　　【7】“魏”，簡文中的通用字形作■（T6:150），異體字形作■（T23:250）。異體字形中的構件“鬼”草省作“乙”。

　　【8】“所”，小篆作“■”，簡文中的通用字形作■（T24:149），異體字形作■（T23:335）。異體字形中的構件“斤”草省作“乙”。

　　【9】“意”，小篆作“■”，簡文中的通用字形作■（T30:204），異體字形作■（T23:731A）。異體字形中的構件“立”下部和“日”共同草省作“乙”。

　　【10】“彊”，小篆作“■”，簡文中的通用字形作■（T31:62），異體字形作■（T23:289）。異體字形中的構件“畕”草省作“乙”。

　　【11】“顯”，小篆作“■”，簡文中的通用字形作■（T24:45），異體字形作■（T24:416B）。異體字形中的構件“絲”草省作“乙”。

　　【12】“寅”，小篆作“■”，簡文中的通用字形作■（T37:1537A），異體字形作■（T37:733）。異體字形中的構件“臾”草省作“乙”。

　　【13】“貸”，簡文中的通用字形作■（T30:102），異體字形作■（F3:161）。異體字形中的構件“貝”草省作“乙”。

　　這組記號化構件不具有普遍性，記號“乙”所替代的部分既有成字構件，也有非成字構件，甚至“乙”還可以替代多個構件。第1—8條例字爲成字構件草省作“乙”，第9—10條例字中的記號“乙”替代了兩個構件，第12條例字中“乙”則替代了非成字構件“臾”。

2. 草省記號橫

　　【1】“吏”，小篆作“■”，簡文中的通用字形作■（T29:97），異體字形作■（T27:24）。異體字形中的構件“口”草省作橫。

　　【2】“使”，小篆作“■”，簡文中的通用字形作■（T3:98），異體字形作■（T37:781A）。異體字形中的構件“口”省作橫。

　　【3】“福”，小篆作“■”，簡文中的通用字形作■（T24:265），

異體字形作 （T3:75）。異體字形中的構件"口"省作橫。

【4】"言"，小篆作 ，簡文中的通用字形作 （T30:34A），異體字形作 （T30:28A）。異體字形中的構件"口"省作橫。

【5】"臨"，小篆作 ，簡文中的通用字形作 （T3:74），異體字形作 （T21:195）。異體字形中的構件"口"字省作橫。

【6】"急"，小篆作 ，簡文中的通用字形作 （T24:829），異體字形作 （T23:882）、（T33:37）。異體字形中的構件"心"省作橫。

【7】"德"，小篆作 ，簡文中的通用字形作 （T30:133），異體字形作 （H2:76）。異體字形中的構件"心"省作橫。

【8】"恐"，小篆作 ，簡文中的通用字形作 （T24:11），異體字形作 （T23:731B）。異體字形中的構件"心"省作橫。

上述字例中，第6—8條例字共同構件"心"記號寫作橫，其演變過程大致爲"心"草寫作"⺗"，"⺗"點筆連寫成橫而記號化。

3.草省記號"、"

（1）構件"口"草省作"、"

【1】"單"，小篆作"單"，簡文中的通用字形作 （T29:108），異體字形作 （T24:26）。異體字形中的構件"吅"草省作兩點。

【2】"鄲"，小篆作"鄲"，簡文中的通用字形作 （T37:767），異體字形作 （T1:19）。異體字形中的構件"吅"草省作兩點。

【3】"嚴"，小篆作"嚴"，簡文中的通用字形作 （T6:52）。異體字形作 （T37:837），其所從構件"吅"訛寫作"小"字頭；另一異體字形作 （T4:99），其所從構件"吅"草省作兩點。

【4】"器"，小篆作"器"，簡文中的通用字形作 （T37:1538），異體字形作 （T23:807）。異體字形中的四個"口"字構件全草省作點筆。

【5】"喪"，小篆作"喪"，簡文中的通用字形作 （T9:103A），異體字形作 （T24:833）。異體字形中的構件"哭"的兩個"口"字草

省作點筆。

【6】"坐"，小篆作"🔲"，簡文中的通用字形🔲（T37:776A），異體字形作🔲（T4:108A）。異體字形中的兩個"口"字構件草寫作點筆。

【7】"留"，小篆作"🔲"，簡文中的通用字形作🔲（T1:132），異體字形作🔲（T9:387）。異體字形中的聲符"卯"訛變作兩個"口"字，而後又草省作兩點。

【8】"過"，小篆作"🔲"，簡文中的通用字形作🔲（T37:928），異體字形作🔲（73EJD:244）。異體字形中的聲符"咼"中的構件"口"草省作點筆。

（2）點代替其他構件

【1】"櫟"，小篆作"🔲"，簡文中的通用字形作🔲（T24:22），異體字形作🔲（T30:132）。異體字形中的聲符"樂"中的構件"幺、白、幺"草省作三點。

【2】"樂"，小篆作"🔲"，簡文中的通用字形作🔲（T10:404），異體字形作🔲（T24:266A）。異體字形中的構件"幺、白、幺"草省作三點。

【3】"劍"，小篆作"🔲"，簡文中的通用字形作🔲（T21:226），異體字形作🔲（T1:186）。異體字形中的構件"从"草省作兩點。

【4】"卒"，小篆作"🔲"，簡文中的通用字形作🔲（T37:738A），異體字形作🔲（T37:122）。異體字形中的兩個"人"字構件草省作兩點。

4. 草省記號"口"

【1】"櫟"，小篆作"🔲"，簡文中的通用字形作🔲（T24:22），異體字形作🔲（T37:522A）。異體字形中的聲符"樂"的"幺、白、幺"三個構件草省作三個"口"。

【2】"樂"，小篆作"🔲"，簡文中的通用字形作🔲（T10:404），異體字形作🔲（T37:1586）。異體字形中的構件"幺、白、幺"草省作三個"口"。

【3】"繫"，簡文中的通用字形作 （T23:933），異體字形作 （T24:279）。異體字形中的聲符"繁"所從構件"每、攵"草省作"口"，且"系"訛作"貝"。

5.其他草省記號

【1】"劉"，簡文中的通用字形作 （T24:10B），異體字形作 （T21:260）。異體字形中的構件"丣"草省作兩點。

【2】"臨"，小篆作 ，簡文中的通用字形作 （T3:74），異體字形作 （T37:1491）。異體字形中的構件"品"草省作兩橫。

【3】"錢"，小篆作 ，簡文中的通用字形作 （73EJC:657），異體字形作 （T3:38A）。異體字形中的聲符"戔"草省作"乚"；另一異體字形作 （T3:100），異體字形中的聲符"戔"草省作"ス"。

【4】"所"，小篆作 ，簡文中的通用字形作 （T24:149），異體字形作 （T24:533A）。異體字形中的構件"斤"草省作"ス"。

【5】"輸"，小篆作 ，簡文中的通用字形作 （T14:27），異體字形作 （T24:96）。異體字形中的聲符"俞"所從構件"月、刂"草省作三橫。"輸"字在居延漢簡中的異體字形作 （515.29）、（395.16A），前一個異體字形中構件"俞"的下半部分訛作"口"，後一個異體字形中構件"俞"的下半部分則訛作"乙"。

綜上，肩水金關漢簡中用作記號的符號主要有"乙""一""、""口""乚""ス"等，曲折號和點號用作記號更爲普遍。有的構件記號化具有一定的類推性，有的記號代替的構件則比較複雜，如曲折號可以代替"攴""之""口""鬼""欠""畾"等多個構件。此外，肩水金關漢簡以構件記號化爲主，整字記號化的情況較少。

（九）古文異體

古文異體主要指簡文中承襲秦及秦以前的文字寫法，肩水金關漢簡中的古文異體字有的是某個構件源於古文，有的則是整字形體都來源於古文。

1. 構件源於古文

古隸，毛遠明界定爲"或稱爲篆隸，是從秦篆發展而來的手頭草率書體，文字形體介於篆書與隸書之間"①。肩水金關漢簡中承襲古隸的字形並不鮮見，這裏主要指構件或整字明顯具有篆隸風格的字形。

（1）構件源於古隸

【1】"惲"，小篆作""，簡文中的通用字形作（T37:1458A），異體字形作（T30:204）。異體字形中的構件"忄"源於秦隸，如睡虎地秦簡中"懼"字寫作（睡·爲7.4）。

【2】"温"，小篆作""，簡文中的通用字形作（T29:115A），異體字形作（T24:267A）。異體字形的中構件"昷"字的上部構件寫作"囚"保存了秦隸的寫法，如"温"字在秦簡中寫作（周·病317）。

【3】"耶"，簡文中的通用字形作（T24:77），異體字形作（T9:88）。異體字形中的構件"邑"的寫法源於秦隸，如"邑"字在秦簡中寫作（周·曆55）。

【4】"鄲"，小篆作""，簡文中的通用字形作（T37:767），異體字形作（T26:259）。異體字形中的構件"邑"寫法源於秦隸（睡·法160）。

【5】"癸"，小篆作""，簡文中的通用字形作（T23:79A），異體字形作（T10:315A）。異體字形中的構件"癶"訛作"⺌"，下部構件寫法源於秦隸，如"癸"在秦簡中寫作（睡·日乙234.1）。

【6】"罷"，小篆作""，簡文中的通用字形作（T37:776A），異體字形作（T37:1）。異體字形中的構件"罓"的寫法承襲了秦隸，并在"罓"字上增加點筆。如嶽麓秦簡中"罪"字寫作（嶽麓一·爲87正），其構件"罒"寫作"罓"。

---

① 毛遠明：《漢魏六朝碑刻異體字典》，第84頁。

【7】“表”，小篆作“”，簡文中的通用字形作（T10:127），異體字形作（T4:46）。異體字形中的構件“毛”的寫法源於秦隸，如“表”字秦簡中寫作（睡·爲 3.5）。

【8】“急”，小篆作“”，簡文中的通用字形作（T24:829），異體字形作（10:409）、（T4:110B）。異體字形中的構件“及”的寫法源於秦隸，如“急”字秦簡中寫作（周·病 363 ）

【9】“恭”，小篆作“”，簡文中的通用字形作（T28:9A），異體字形作（T37:797）。異體字形中的構件“心”源於秦隸，如“恐”字在秦簡中寫作（嶽麓一·爲 42 ）。

【10】“愛”，小篆作“”，簡文中的通用字形作（T31:47），異體字形作（T24:47）。異體字形中的構件“心“和“夊”位置互換，且“心”字的寫法與秦隸相同，如“心”字在秦簡中寫作（睡·日乙 97.2）。

【11】“忠”，小篆作“”，簡文中的通用字形作（T2:16），異體字形作（T24:637）。異體字形中的構件“心”寫法源於秦隸，如秦簡牘中“忠”字寫作（睡·爲 12.1）。

【12】“都”，小篆作“”，簡文中的通用字形作（T37:870），異體字形作（T37:920）。異體字形中的構件“邑”的寫法源於秦隸，如周家臺秦秦簡中“都”字寫作（周·曆 14）。

（2）構件源於其他古文

【1】“歲”，小篆作“”，簡文中的通用字形作（T10:212），異體字形作（H2:40）。異體字形中的意符“步”的下部構件保留了甲骨文的寫法“”。

【2】“布”，小篆作“”，簡文中的通用字形作（T5:8A），異體字形作（T10:72）。異體字形中的聲符“”訛作古文字形“”。

【3】“旁”，小篆作“”，簡文中的通用字形作（T21:59），異

體字形作 （H1:29）。異體字形中的上部構件與古文"旁"的字形 上部寫法相同。

【4】"齒"，小篆作" "，簡文中的通用字形作 （73EJC:616），異體字寫作 （T26:238）。異體字形中的下部構件訛作"臼"，源於戰國文字，如 （中山王方壺）。

【5】"告"，小篆作" "，簡文中的通用字形作 （T21:131B），異體字形作 （T25:7A），異體字形中的構件"牛"寫法源於金文，如西周金文寫作 （班簋）。

2. 整字源於古文

（1）整字源於秦隸

【1】"端"，小篆作 ，簡文中的通用字形作 （T6:69），異體字形作 （T24:211）。異體字形的寫法源於秦簡牘文字，如睡虎地秦簡中"端"字寫作 （睡・語11）。

【2】"亦"，小篆作" "，從大，兩點指示人的腋下。簡文中的通用字形作 （F1:10），異體字形作 （H2:22）。異體字形的寫法源於秦文字，如睡虎地秦簡中"亦"字寫作 （睡・日甲58.Z.3）

【3】"壹"，小篆作" "，從壺吉聲。簡文中的通用字形作 （T24:46），異體字形作 （T23:27）。異體字形的寫法源於秦隸，如睡虎地秦簡中"壹"字寫作 （睡・日甲59背）。

【4】"心"，小篆作" "，簡文中的通用字形作 （T23:359A），異體字形作 （T1:168）。異體字形的寫法源於秦隸，如睡虎地秦簡中"心"字寫作 （睡・日乙97.2）

【5】"魚"，小篆作" "，簡文中的通用字形作 （T33:88），異體字形作 （T21:16）。異體字形的上部構件的寫法源於秦文字，如睡虎地秦簡中的"魚"字寫作 （睡・日乙178）。

　　【6】"郡"，小篆作""，簡文中的通用字形作（T30:202），異體字形作（T24:328）。異體字形的寫法源於秦文字，如睡虎地秦簡中"郡"字寫作（睡·法 144 ）。

　　【7】"斧"，小篆作""，簡文中的通用字形作（T37:1540），異體字形作（T24:592）。異體字形的寫法源於秦文字，如睡虎地秦簡中"斧"字寫作（睡·封 57 ）。

　　【8】"酉"，小篆作""，簡文中的通用字形作（T37:1452），異體字形作（T25:87）、（T3:58A）。異體字形的寫法源於秦文字，如睡虎地秦簡中"酉"字寫作（睡·日乙 109 ）。

　　【9】"乃"，小篆作""，簡文中的通用字形作（T10:425），異體字形作（T4:169）。異體字形的寫法源於秦文字，如睡虎地秦簡中"乃"字寫作（睡·日乙 255 ）。

　　【10】"鬼"，小篆作""，簡文中的通用字形作（T23:827），異體字形作（T10:178）。異體字形的寫法源於秦文字，如睡虎地秦簡中"鬼"字寫作（睡·法 27 ）。

　　【11】"來"，小篆作""，簡文中的通用字形作（T23:947A），異體字形作（T21:1）。異體字形的寫法源於秦文字，如睡虎地秦簡中"來"字寫作（睡·治23）。

　　【12】"冐"，小篆作""，簡文中的通用字形作（H2:46），異體字形作（T10:409）。異體字形的寫法源於秦文字，如秦睡虎地秦簡中"冐"字寫作（睡·封92）。

　　【13】"與"，小篆作""，簡文中的通用字形作（T24:22），異體字形作（T37:871）。異體字形的寫法源於秦文字，如睡虎地秦簡中"與"字寫作（嶽麓一·爲33 ）。

【14】"水"，小篆作 ，簡文中的通用字形作 （T37:875），異體字形作 （T1:36）。異體字形的寫法源於秦文字，如睡虎地秦簡中"水"字寫作 （睡·律·田4 ）。

【15】"鼻"，小篆作 ，簡文中的通用字形作 （T24:795），異體字形作 （T24:976）。異體字形的寫法源於秦文字，如睡虎地秦簡中"鼻"字寫作 （睡·法83）。

【16】"陰"，小篆作""，簡文中的通用字形作 （T21:51），異體字形作 （T5:61）。異體字形的寫法源於秦文字，如睡虎地秦簡中"陰"字寫作 （睡·日甲10.Z.2 ）。

【17】"橋"，小篆作""，簡文中的通用字形作 （T23:385），異體字形作 （T22:50）、（T1:30）。異體字形的寫法源於秦文字，如青川木牘中"橋"字寫作 （青3）。

【18】"襄"，小篆作""，簡文中的通用字形作 （T37:562），異體字形作 （T21:180）。異體字形的寫法源於秦文字，如睡虎地秦簡中"襄"字寫作 （睡·律·仓35）。

【19】"丈"，小篆作""，簡文中的通用字形作 （T4:77），異體字形作 （T1:41）。異體字形的寫法源於秦文字，如睡虎地秦簡中"丈"寫作 （睡·日乙259）。

【20】"赤"，小篆作""，簡文中的通用字形作 （T23:966），異體字形作 （T21:12）。異體字形的寫法源於秦文字，如睡虎地秦簡中"赤"字寫作 （睡·日乙170）。

【21】"直"，小篆作""，簡文中的通用字形作 （T23:925），異體字形作 （T10:72）。異體字形的寫法源於秦文字，如睡虎地秦簡中"直"字寫作 （睡·法209）。

【22】“朱”，小篆作“”，簡文中的通用字形作（T24:725），異體字形作（T23:66A）。異體字形的寫法源於秦文字，如睡虎地秦簡中“朱”字寫作（睡·爲36.3 ）。

【23】“公”，小篆作“”，簡文中的通用字形作（T6:52），異體字形作（T10:183）。異體字形的寫法源於秦文字，如睡虎地秦簡中“公”字寫作（睡·律·倉46）。

【24】“酒”，小篆作“”，簡文中的通用字形作（T37:525），異體字形作（T24:9A）。異體字形的寫法源於秦文字，如睡虎地秦簡“酒”字寫作（睡·日甲157.B）。

（2）整字源於其他古文

【1】“去”，甲骨文寫作（《合集》8070），從大、從口。“去”字在戰國晚期到秦代字形略有變化，寫作（秦銅圖版162·秦代·元年詔版二）或（睡·日乙204），“去”字結構變作“從大從凵”。肩水金關漢簡中“去”字的通用字形寫作（T4:108A），異體字形作（T28:135），異體字形承襲了甲骨文“去”字的寫法；“去”的另一異體字形作（T24:201A），上部構件“大”的寫法源於秦文字，如睡虎地秦簡中“去”字寫作（睡·日乙204）。

【2】“井”，甲骨文寫作（《合集》1339），象井欄四木相交之形。後秦簡中“井”寫作（睡·日甲21.B.4），中間增加點筆，這一寫法延續到漢代。肩水金關漢簡中“井”的通用字形作（T37:638），而異體字形作（T37:1052A），與甲骨文時期的寫法相同。

【3】“山”，甲骨文作（《合集》96），象山峰并立之形。金文寫作（善夫山鼎）；睡虎地秦簡寫作（睡·爲22.4）；肩水金關漢簡“山”的通用字形作（T23:61），異體字形作（T21:17），異體字形寫法源於金文。

【4】“四”，甲骨文中寫作（《合集》1055），春秋金文中開始寫

作“四”，“三”寫法持續到戰國時期，秦以後以“四”的寫法爲主，漢簡也多寫作“四”。肩水金關漢簡中“四”的通用字形作（T1:123），異體字形作（T24:11），異體字形承襲了甲骨文“三”字的寫法。

【5】“兩”，西周金文寫作（守簋），戰國時期“兩”字的變異形體較多，如寫作（王子中府鼎）。肩水金關漢簡中“兩”的通用字形作（T9:41），異體字形作（T1:129），異體字形源於戰國文字。

【6】“角”，甲骨文寫作（《合集》671 正），象獸角之形；戰國晚期寫作（二年寺工讋弋）；睡虎地秦簡寫作（睡・日乙 96.1）。肩水金關漢簡中“角”的通用字形作（T21:46），異體字形作（T22:9），其異體字形源於秦簡牘文字。

【7】“全”，戰國文字寫作（燕王喜矛），同時期的“全”字開始增加橫筆作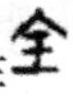（包山 244），秦漢時期“全”的通用字形是加橫筆后的形體。肩水金關漢簡中“全”的通用字形作（T37:1222），異體字形作（T24:635），異體字形的寫法源於戰國文字。

【8】“石”，甲骨文寫作（《合集》13505 正）、（《合集》22048）等；金文寫作（鄭子石鼎）；戰國時期加短橫寫作（《璽彙》2160）。肩水金關漢簡中“石”的通用字形作（T6:19），異體字形作（T22:33），異體字形的寫法源於戰國文字。

【9】“無”，甲骨文作（《合集》14209 正），之後繁化形體較多，睡虎地秦簡寫作（睡・日甲 76 背）。肩水金關漢簡中“無”的通用字形作（F1:1），異體字形作（T30:105），異體字形的寫法源於秦文字。

【10】“午”，甲骨文寫作（《合集》324）；戰國文字中寫作（《璽彙》164）。肩水金關漢簡中“午”的通用字形作（T23:2），異體字形作（T26:33），異體字形的寫法源於戰國古文字。

二、筆畫層異體字

　　王寧認爲，異寫的形體差異"不是結構要素、結構模式、結構分布的差異，因而它們的構形屬性是全然相同的，所不同的是各結構要素內部筆畫上的差異，也就是書寫屬性的差異"①。無論是筆畫形態的不同，還是筆畫數量不同，凡是字形有差異的其實都可以稱爲"異體"，但並非所有的微小差異都有作爲異體字討論的必要。肩水金關漢簡中的文字是用毛筆書於木牘而成，不同的書寫者寫出的字形體有別，同一書手寫出的字形體也不盡相同，簡文中幾乎難以找到完全一樣的單個字形，文字形體或多或少都存在著一些筆畫上的差異。若將筆畫有差異的字形均納入筆畫層異體字中來討論，則沒有多大的意義。但若將此類異形均置之不理又不能全面反映簡文異體字的特徵。因此，我們在確定筆畫層差異爲異體字時堅持以下兩個選形標準。

　　第一，筆畫差異是否影響文字識別，易造成文字誤識的筆畫差異歸爲異體字形。下列三類不影響文字識別的筆畫差異，不歸入異體字討論：（一）筆畫長短、粗細的不同，如"言"，簡文中的通用字形作 ![言]（T10:228）、![言]（T28:8A）、![言]（T31:35），這三個字形僅橫筆的長短粗細略有不同。又如，"君"，簡文中的通用字形作 ![君]（T3:52）、![君]（T21:44）、![君]（T30:136）等，構件"尹"的橫筆和撇筆的長短引起的筆畫交接關係變化不影響這個構件及其合成字的識讀，此類筆畫異寫均不納入異體字。（二）書寫時筆畫偶然遺漏，如"雒"的構件"隹"漏寫第二個豎筆寫作 ![雒]（T37:1109）；"觲"的構件"角"漏寫豎筆作 ![觲]（T23:661）；"奉"簡文省豎筆寫作 ![奉]（T23:928）。這類偶然性的筆畫省減不能算作筆畫層異體字。（三）筆畫形變不影響文字識別者，如"下"的通用字形作 ![下]（T6:44B），末筆的捺點在簡文中異寫作小圓點如 ![下]（F1:14），這類筆畫形變不計入異體，而另一字形 ![下]（T30:202）則是豎筆和末筆的捺點均有形變，若不藉助語境很難識別，故這類筆畫變異計入筆畫層異體字。

① 王寧：《漢字構形學講座》，第80—81頁。

第二，字形筆畫變化是否促進文字發展。在第一原則的基礎上，若筆畫的增减、形變在文字發展史上有重要的意義則歸入筆畫層異體範疇。肩水金關漢簡中有些字筆畫上的形變體現了漢字隸楷化的特徵，比如筆畫的平直化使得漢字朝著更加綫條化、簡潔化的漢字方向發展。如"右"在簡文中的通用字形作 （T37:114），沿襲了古文字形的寫法，而構件"又"筆畫平直化後寫作 （T30:257），這一筆畫形變是"右"字楷化的重要步驟，基本形成後世漢字中"右"字的寫法。這種筆畫的變化在漢字形體演變史上有重要的意義，推動了漢字的隸楷化進程。

基於這兩個標準，肩水金關漢簡中筆畫層異體字主要包括筆畫平直化、筆畫伸縮、筆畫斷開、筆畫變異、筆畫減省、筆畫增加等六類。

（一）筆畫平直化

筆畫平直化是漢字由篆及隸的主要方式，西漢中晚期的肩水金關漢簡絕大部分雖已是成熟的隸書，但少部分字形仍然在持續的隸楷化過程中。例如"右""若""有"等字的構件"又"，古文"又"象右手之形，寫作 ，直到秦及西漢早期的古隸文字中"又"的寫法依然保持象手之形，文吏在書寫肩水金關漢簡時爲追求書寫速度，將 字的第一筆的半弧形變成綫性的撇筆，第二筆則變成橫筆。筆畫的平直、綫條化是追求書寫速度的必然結果，這類筆畫異寫體現了漢字隸楷化過程。簡文中筆畫平直化的字舉例如下：

【1】"右"，小篆作" "，簡文中的通用字形作 （T37:114），異體字形作 （T30:257）。異體字形中的構件"又"第一筆半弧形變成撇筆，第二筆變成橫筆。

【2】"若"，小篆作" "，簡文中的通用字形作 （T22:9），異體字形作 （T37:1429A）。異體字形中的構件"又"第一筆半弧形變成撇筆，第二筆變成橫筆。

【3】"有"，小篆作" "，簡文中的通用字形作 （T31:47），異體字

形作 （T10:221A）。異體字形中的構件"又"第一筆半弧形變成撇筆，第二筆變成橫筆。

【4】"牛"，小篆作""，簡文中的通用字形作 （T23:303），異體字形作 （T37:58）。異體字形"牛"字原象牛角之形的筆畫，簡文中平直寫作橫筆。

【5】"犢"，小篆作""，簡文中的通用字形作 （T27:58A），異體字形 （T30:265）。異體字形中的構件"牛"字原象牛角之形的筆畫，簡文中平直寫作橫筆。

【6】"犒"，小篆作""，簡文中的通用字形作 （T33:59A），異體字形作 （T23:238）。異體字形中的構件"牛"字原象牛角之形的筆畫，簡文中平直寫作橫筆。

【7】"牧"，小篆作""，簡文中的通用字形作 （T24:335A），異體字形作 （T23:878）。異體字形中的構件"牛"字原象牛角之形的筆畫，簡文中平直寫作橫筆。

【8】"物"，小篆作""，簡文中的通用字形作 （T35:6），異體字形作 （T37:522A）。異體字形中的構件"牛"字原象牛角之形的筆畫，簡文中平直寫作橫筆。

【9】"告"，小篆作""，簡文中的通用字形作 （T21:131B），異體字形作 （T21:303）。異體字形中的構件"牛"字原象牛角之形的筆畫，簡文中平直寫作橫筆。

【10】"造"，小篆作""，簡文中的通用字形作 （T37:1544），異體字形作 （T24:121）。異體字形中的聲符"告"字的構件"牛"，簡文中平直寫作橫筆。

【11】"吳"，小篆作""，簡文中的通用字形作 （T22:78），異體字形作 （T1:43）。異體字形中的表意構件"矢"的第一筆撇折筆，平直作橫筆。

（二）筆畫伸縮

筆畫伸縮指異體字形中的筆畫延伸或收縮，筆畫延伸致使原本沒有貫連關係的筆畫貫穿起來，而筆畫收縮則指原本有連接關係的筆畫失去貫連，這兩種筆畫變化都導致了字形的差異，有的甚至因此導致了構件的訛混。

【1】"薄"，小篆作"薄"，簡文中的通用字形作 薄（T37:1538），異體字形作 薄（T21:431）。異體字形中的聲符"溥"所從構件"甫"倒數第二豎筆縮短。

【2】"傳"，小篆作"傳"，簡文中的通用字形作 傳（T10:147），異體字形作 傳（T10:212）。異體字形中的聲符"專"所從構件"叀"中間豎筆縮短。

【3】"東"，小篆作"東"，簡文中的通用字形作 東（T37:641），異體字形作 東（T37:1453）。異體字形中倒數第三筆的中間豎筆縮短。

【4】"丙"，小篆作"丙"，簡文中的通用字形作 丙（T30:240），異體字形作 丙（T30:145）。異體字形中倒數第二筆撇筆未出頭。

【5】"某"，小篆作"某"，簡文中的通用字形作 某（T23:4），異體字形作 某（T37:485A）、某（F2:13）。異體字形中的構件"木"字的豎筆貫穿出頭。

【6】"餘"，小篆作"餘"，簡文中的通用字形作 餘（T10:73）。異體字形作 餘（T10:180），其聲符"余"字的豎筆縮短，下部構件變作"示"；另一異體字形作 餘（T37:1169），其聲符"余"字的豎筆延伸，下部構件變作"未"。

【7】"徐"，小篆作"徐"，簡文中的通用字形作 徐（T25:19）。異體字形作 徐（T23:735），其聲符"余"字的豎筆延伸，下部構件變作"未"；另一異體字形作 徐（T30:168），其聲符"余"字的豎筆縮短，下部構件變作"示"。

【8】"除"，小篆作"除"，簡文中的通用字形作 除（T21:103）。

異體字形作 （T23:277），其聲符"余"字的豎筆延伸，下部構件變作"末"；另一異體字形作 （T26:155），其聲符"余"字豎筆縮短，下部構件變作"示"。

【9】"半"，小篆作" "，簡文中的通用字形作 （T37:785），異體字形作 （H1:32B）。異體字形中的構件"牛"的豎筆縮短，下部構件變作"干"。

【10】"寅"，小篆作" "，簡文中的通用字形作 （T37:1537A），異體字形作 （T27:29）。異體字形下部構件的中間豎筆延伸，下部構件變作"東"。

【11】"井"，小篆作" "，簡文中的通用字形作 （T37:638），異體字形作 （T6:130）。異體字形"井"字的撇筆和豎筆縮短，字形變作"开"。

【12】"吏"，小篆作" "，簡文中的通用字形作 （T29:97），異體字形作 （T37:1339）。異體字形的最後一筆捺筆縮短。

（三）筆畫斷開

筆畫斷開即筆畫斷作兩筆，簡文中尤以"大""夫""失"等字的撇筆斷開多見。這類筆畫斷開有的是承襲古文字寫法而來，隸變使得原本斷開的筆畫連接起來，而在簡文中偶有此類筆畫斷開的異寫，爲簡文通用字形的異體。

【1】"央"，小篆作" "，簡文中的通用字形作 （T33:44A），異體字形作 （T33:39）。異體字形中的構件"大"的撇筆斷作豎、撇兩筆。

【2】"侯"，小篆作" "，簡文中的通用字形作 （T10:315A），異體字形作 （T3:56）。異體字形中的構件"矢"字的倒數第二撇筆斷作豎、撇兩筆。

【3】"候"，小篆作" "，簡文中的通用字形作 （T33:70），異體字形作 （T30:26）。異體字形中的構件"矢"字的倒數第二撇筆斷作

豎、撇兩筆。

【4】"夫"，小篆作"![篆]"，簡文中的通用字形作![夫]（T37:609），異體字形作![夫]（T37:1328）。異體字形中的構件"大"字的撇筆斷作豎、撇兩筆。

【5】"失"，小篆作"![篆]"，簡文中的通用字形作![失]（T21:58），異體字形作![失]（T10:243）。異體字形的倒數第二撇筆斷作豎、撇兩筆。

【6】"疾"，小篆作"![篆]"，簡文中的通用字形作![疾]（T23:575A），異體字形作![疾]（T30:67）。異體字形中的構件"矢"的倒數第二撇筆斷作豎、撇兩筆。

【7】"告"，小篆作"![篆]"，簡文中的通用字形作![告]（T21:131B），異體字形作![告]（T28:80）。異體字形中的構件"牛"字橫筆斷開成兩點。

（四）筆畫變異

這類筆畫形變較爲複雜，有的是單筆的筆形變化，有的則是兩筆以上的筆畫形變。舉例如下：

【1】"伍"，小篆作"![篆]"，簡文中的通用字形作![伍]（T37:988）。異體字形作![伍]（T30:158），其構件"五"的倒數第二筆捺筆變成橫筆；另一異體字形作![伍]（T37:857A），其構件"五"倒數第二筆捺筆變成橫折筆。

【2】"五"，小篆作"![篆]"，簡文中的通用字形作![五]（T21:35B），異體字形作![五]（T30:180）、![五]（T9:237）。異體"五"字倒數第二筆捺筆由橫筆到橫折筆的變化體現了"五"字楷化的過程，筆畫異寫的字形![五]爲後世繼承。

【3】"卷"，小篆作"![篆]"，簡文中的通用字形作![卷]（T35:2），異體字形作![卷]（T37:899）。異體字形中的構件"卩"的豎筆變成豎彎鈎。

【4】"蓋"，小篆作"![篆]"，簡文中的通用字形作![蓋]（T9:196），異體字形作![蓋]（T1:249）。異體字形中的聲符"盍"的構件"太"捺筆與點筆連寫作"乙"。

【5】“弟”，小篆作“”，簡文中的通用字形作（T23:16），異體字形作（T5:78）。異體字形中的豎筆變成豎彎鈎。

【6】“第”，簡文中的通用字形作（T26:185）。異體字形作（T10:124A），其橫折筆和豎折折鈎筆連寫，同時豎筆省寫，撇筆延長與豎折折鈎筆相交；另一異體字形作（T37:50），其豎筆變成豎撇，撇筆變捺筆。

【7】“耳”，小篆作“”，簡文中的通用字形作（T15:24B），異體字形作（T23:40B）。異體字形中的豎筆變豎彎鈎。

【8】“復”，小篆作“”，簡文中的通用字形作（T34:6A），異體字形作（T7:13A）。異體字形中的構件“彳”變作三點。

【9】“止”，小篆作“”，簡文中的通用字形作（T21:12）。異體字形作（T25:60），其豎和橫筆變成兩點；另一異體字形作（T10:146A），其豎筆變成撇點。

【10】“八”，小篆作“”，簡文中的通用字形作（T1:150）。異體字形作（F1:10），其撇、捺筆變成兩短橫；另一異體字形作（T9:55），其撇、捺筆變成點、撇筆。

【11】“九”，小篆作“”，簡文中的通用字形作（T3:93），異體字形作（T6:54）。異體字形中的橫折彎鈎變成橫折筆。

【12】“丙”，小篆作“”，簡文中的通用字形作（T30:240），異體字形作（T37:1537A）。異體字形中的撇、點筆連寫變作豎和橫筆。

【13】“今”，小篆作“”，簡文中的通用字形作（T23:947A）。異體字形作（T24:11），其橫撇筆變成兩點；另一異體字形作（T24:65A），其點和橫撇筆變成兩點。

【14】“下”，小篆作“”，簡文中的通用字形作（T6:44B），異體字形作（T30:235）。異體字形中的豎筆變成撇點。

【15】“伯”，小篆作“”，簡文中的通用字形作（T15:20），

異體字形作 (H1:45)。異體字形中的構件"白"撇筆和豎筆連寫，並且橫折筆連寫成短捺筆。

【16】"張"，小篆作" "，簡文中的通用字形作 (T37:739)。異體字形作 (T10:280)，其構件"弓"字筆畫連寫草省；另一異體字形作 (T9:98)，其構件"弓"筆畫連寫訛作豎筆。

【17】"強"，小篆作" "，簡文中的通用字形作 (T5:13)，異體字形作 (T5:13)。異體字形中的構件"弓"字筆畫連寫草省。

【18】"弩"，小篆作" "，簡文中的通用字形作 (T10:131)，異體字形作 (H1:47)。異體字形中的構件"弓"字筆畫連寫草省。

【19】"牛"，小篆作" "，簡文中的通用字形作 (T23:303)，異體字形作 (H1:41)。甲骨文" "字，本象牛頭之形，金文" "字下部筆畫已經變成橫筆，秦文字 第一筆已經平直化。肩水金關漢簡中"牛"字的各種寫法幾乎完整地體現這個字隸楷化過程： (T23:303)→ (T37:58)→ (T37:841)→ (H1:41)，且簡文中這四種寫法通用程度相當，由此也可看出該字正處於字形的發展階段。

【20】"朱"，小篆作" "，簡文中的通用字形作 (T24:725)，異體字形作 (T37:1585A)。"朱"的字形演變亦是先由 (T23:66)的第一筆平直化作 (T24:725)，再形變作 (T37:1218)，與"牛"的隸楷化過程相同。

上述筆畫變異有的促進了該字的隸楷化進程，如 ，筆畫變異後作 ， 筆畫變異後作 等；有的則使字形變異影響了單字的識別，如 筆畫變異後作 ， 筆畫變異後作 等。這些筆畫變異使文字形體發生了較大的變化，一般需藉助語境才能識別。因此，這類筆畫變異計入異體字。

（五）筆畫減省

簡文中筆畫的減省主要表現爲橫、豎、撇、點等單筆畫的減省，以及臨近筆畫的共用和連省寫。

1. 省橫筆

【1】"卿"，小篆作"[字形]"，簡文中的通用字形作[字形]（T29:32），異體字形作[字形]（T22:131B）。異體字形中的構件"皀"省橫筆。

【2】"節"，小篆作"[字形]"，簡文中的通用字形作[字形]（T30:33A），異體字形作[字形]（T25:7A）。異體字形中的構件"皀"省橫筆。

【3】"徐"，小篆作"[字形]"，簡文中的通用字形作[字形]（T25:19），異體字形作[字形]（T5:9）。異體字形中的構件"余"字省橫筆。

【4】"行"，小篆作"[字形]"，簡文中的通用字形作[字形]（T28:54），異體字形作[字形]（T21:106）。異體字形中的構件"亍"字省橫筆。

【5】"衛"，小篆作"[字形]"，簡文中的通用字形作[字形]（F1:12），異體字形作[字形]（T28:58）。異體字形中的構件"亍"字省橫筆。

【6】"言"，小篆作"[字形]"，簡文中的通用字形作[字形]（T30:34A），異體字形作[字形]（T10:120A）、[字形]（T28:39）。異體字形省橫筆。

【7】"謂"，小篆作"[字形]"，簡文中的通用字形作[字形]（T5:76），異體字形作[字形]（T37:782）。異體字形中的構件"言"字省橫筆。

【8】"請"，小篆作"[字形]"，簡文中的通用字形作[字形]（T5:7），異體字形作[字形]（T29:65A）。異體字形中的構件"言"字省橫筆。

【9】"計"，小篆作"[字形]"，簡文中的通用字形作[字形]（T14:10），異體字形作[字形]（T30:26）。異體字形中的構件"言"字省橫筆。

【10】"誼"，小篆作"[字形]"，簡文中的通用字形作[字形]（T21:59），異體字形作[字形]（T37:226）。異體字形中的構件"言"字省橫筆。

【11】"詡"，小篆作"[字形]"，簡文中的通用字形作[字形]（T24:611），異體字形作[字形]（T23:408）。異體字形中的構件"言"字省橫筆。

【12】"音"，小篆作"[字形]"，簡文中的通用字形作[字形]（T23:408），異體字形作[字形]（T23:303）。異體字形中的構件"立"省橫筆。

【13】“章”，小篆作“”，簡文中的通用字形作（T37:26），異體字形作（T24:266B）。異體字形中的構件“立”省橫筆。

【14】“竟”，小篆作“”，簡文中的通用字形作（T37:59），異體字形作（T21:221）。異體字形中的構件“立”省橫筆。

【15】“奉”，小篆作“”，簡文中的通用字形作（T9:314），異體字形作（T10:179）。異體字形省兩橫筆。

【16】“書”，小篆作“”，簡文中的通用字形作（T3:13A），異體字形作（T24:141）。異體字形省兩橫筆。

【17】“秦”，小篆作“”，簡文中的通用字形作（T37:1085），異體字形作（T30:184）。異體字形省兩橫筆。

2. 省豎筆

【1】“吏”，小篆作“”，簡文中的通用字形作（T29:97），異體字形作（T21:42A）。異體字形省“口”字左邊的豎筆。

【2】“使”，小篆作“”，簡文中的通用字形作（T3:98），異體字形作（T10:327A）。異體字形省“口”字左邊的豎筆。

【3】“其”，小篆作“”，簡文中的通用字形作（T3:71），異體字形作（H1:34）。異體字形省豎筆。

【4】“止”，小篆作“”，簡文中的通用字形作（T21:12），異體字形作（T24:250）。異體字形省豎筆。

【5】“歸”，小篆作“”，簡文中的通用字形作（T24:865），異體字形作（T6:91）。異體字形省“止”字豎筆。

【6】“正”，小篆作“”，簡文中的通用字形作（T1:2），異體字形作（T10:120A）。異體字形省豎筆。

【7】“通”，小篆作“”，簡文中的通用字形作（T37:522A），異體字形作（T3:98）。異體字形省“甬”字的豎筆。

【8】“延”，小篆作“”，簡文中的通用字形作（T34:1），異體字形作（T37:1057A）。異體字形省“止”字的豎筆。

【9】“論”，小篆作“”，簡文中的通用字形作（T3:53），異體字形作（T23:362）。異體字形省“侖”字的豎筆。

【10】“異”，小篆作“”，簡文中的通用字形作（T24:547），異體字形作（T37:1518）。異體字形中的構件“共”字省豎筆。

【11】“舒”，小篆作“”，簡文中的通用字形作（T27:48），異體字寫作（T2:35）。異體字形中的構件“舍”省豎筆。

【12】“塞”，小篆作“”，簡文中的通用字形作（T37:1396A），異體字形作（T37:529）。異體字形中的構件“土”省豎筆，且構件“寅”省豎筆。

【13】“侖”，小篆作“”，簡文中的通用字形作（T27:99），異體字形作（T4:79）。異體字形的下部構件省豎筆。

【14】“農”，小篆作“”，簡文中的通用字形作（T30:205），異體字形作（T37:986）。異體字形中的構件“曲”省豎筆。

3. 省撇、捺筆

【1】“元”，小篆作“”，簡文中的通用字形作（F1:85），異體字形作（T37:1451A）。異體字形的撇筆省寫，豎彎鈎寫作“乙”。

【2】“諸”，小篆作“”，簡文中的通用字形作（T23:878），異體字形作（T23:619）。異體字形中的構件“者”字省撇筆。

【3】“卑”，小篆作“”，簡文中的通用字形作（T23:765），異體字形作（T10:34）。異體字形的倒數第三筆，撇筆省。

【4】“死”，小篆作“”，簡文中的通用字形作（T23:206），異體字形作（T37:407）。異體字形省撇筆。[①]

---

① 按：筆畫增省都是以隸變后字形結構爲依據的，有的字筆畫的增省與小篆字形稍有不同。

【5】“射”，小篆作“”，簡文中的通用字形作（T22:141），異體字形作（H1:47）。異體字形省倒數第四撇筆。

【6】“奉”，小篆作“”，簡文中的通用字形作（T9:314），異體字形作（T30:165）。異體字形的撇筆和捺筆省寫，豎筆延長。

【7】“塞”，小篆作“”，簡文中的通用字形作（T37:1396A），異體字形作（T10:177A）。異體字形中的構件“”撇筆和捺筆省寫，且構件“土”字增橫筆訛作“王”。

【8】“寒”，小篆作“”，簡文中的通用字形作（T1:168），異體字形作（T30:28A）。異體字形中的構件“”撇筆和捺筆省寫。

【9】“勝”，小篆作“”，簡文中的通用字形作（T4:65），異體字形作（T24:740）。異體字形右邊構件的撇筆和捺筆省寫。

4. 省點筆

【1】“癸”，小篆作“”，簡文中的通用字形作（T37:719），異體字形作（T10:115A）。異體字形中的構件“”點筆省寫。

【2】“登”，小篆作“”，簡文中的通用字形作（T3:51），異體字形作（T28:10）。異體字形中的構件“”點筆省寫。

【3】“證”，小篆作“”，簡文中的通用字形作（T37:527），異體字形作（T24:555）。異體字形中的構件“”點筆省寫。

【4】“發”，小篆作“”，簡文中的通用字形作（T4:50），異體字形作（T23:298）。異體字形中的構件“”點筆省寫。

【5】“逐”，小篆作“”，簡文中的通用字形作（T37:540），異體字形作（T1:187）。異體字形的撇筆和點筆省寫。

【6】“空”，小篆作“”，簡文中的通用字形作（T37:928），異體字形作（T25:208）。異體字形中的構件“穴”字的點筆省寫。

【7】“竈”，小篆作“”，簡文中的通用字形作（T23:116），異體字形作（T1:2）。異體字形中的構件“穴”字的點筆省寫。

【8】"擅"，小篆作"擅"，簡文中的通用字形作 （T37:775），異體字形作 （T27:52）。異體字形中的構件"宀"的點筆省寫。

5. 共用筆畫

【1】"皇"，小篆作"皇"，簡文中的通用字形作 （T37:772），異體字形作 （T5:69）。異體字形中的構件"白"和"王"共橫筆。

【2】"苛"，小篆作"苛"，簡文中的通用字形作 （T37:525），異體字形作 （T24:382A）。異體字形中的構件"艹"和"可"共橫筆。

【3】"佰"，小篆作"佰"，簡文中的通用字形作 （T37:710），異體字形作 （T14:2）。異體字形中的構件"百"字，省撇筆后共橫筆。

6. 筆畫連寫

【1】"籍"，小篆作"籍"，簡文中的通用字形作 （T24:600），異體字形作 （T27:2B）。異體字形中的構件"耤"所從的"耒"字撇筆、捺筆連寫。

【2】"行"，小篆作"行"，簡文中的通用字形作 （T28:54），異體字形作 （T21:103）。異體字形的橫筆與豎鈎連寫。

【3】"審"，小篆作"審"，簡文中的通用字形作 （T23:825），異體字形作 （T37:175）。異體字形的點筆連寫成橫。

【4】"番"，小篆作"番"，簡文中的通用字形作 （T37:422），異體字形作 （H2:56A）。異體字形的撇筆和捺筆連寫成橫，同時增橫筆。

【5】"潘"，小篆作"潘"，簡文中的通用字形作 （T6:31），異體字形作 （T22:38B）。異體字形的點筆連寫成橫。

【6】"燊"，小篆作"燊"，簡文中的通用字形作 （T24:23B），異體字形作 （T37:856）。異體字形中的構件"火"字的點筆連寫成橫。

【7】"執"，小篆作"執"，簡文中的通用字形作 （T26:54），異體字形作 （T21:149）。異體字形中的構件"幸"字的點筆連寫成橫。

【8】"在"，小篆作"在"，簡文中的通用字形作 （T21:162A），

異體字形作 （T23:609）。異體字形的撇筆和橫筆連寫，且省豎筆。

　　【9】"商"，小篆作" "，簡文中的通用字形作 （T23:563），異體字形作 （T37:1033）。異體字形的撇點和捺點連寫成橫。

　　【10】"新"，小篆作" "，簡文中的通用字形作 （T37:764），異體字形作 （F1:85）。異體字形中的構件"亲"字的點筆連寫成橫。

　　【11】"辛"，小篆作" "，簡文中的通用字形作 （T30:20），異體字形作 （F1:85）。異體字形的點筆和撇筆連寫成橫。

　　【12】"金"，小篆作" "，簡文中的通用字形作 （F1:89），異體字形作 （T3:5）。異體字形的點筆連寫成橫。

　　【13】"平"，小篆作" "，簡文中的通用字形作 （T14:17），異體字形作 （T30:102）。異體字形的點筆連寫成橫。

　　【14】"佐"，簡文中的通用字形作 （T23:897A），異體字形作 （T37:707B）。異體字形中的構件"工"筆畫連寫成"乙"。

　　【15】"陵"，小篆作" "，簡文中的通用字形作 （T6:55），異體字形作 （T23:342）。異體字形中的構件"灬"點連寫成橫。

　　【16】"黑"，小篆作" "，簡文中的通用字形作 （T37:933），異體字形作 （T37:802）。異體字形的點筆和撇筆連寫成橫，且構件"灬"點筆連寫成橫。

　　【17】"帝"，小篆作" "，簡文中的通用字形作 （T26:31），異體字形作 （T37:223）。異體字形的點和撇連寫成橫。

　　【18】"章"，小篆作" "，簡文中的通用字形作 （T37:26），異體字形作 （T37:1459）。異體字形的點和撇連寫成橫。

　　【19】"耿"，小篆作" "，簡文中的通用字形作 （T37:630），異體字形作 （T37:99）。異體字形中的構件"火"字的點筆和撇筆連寫成橫筆。

　　【20】"秋"，小篆作" "，簡文中的通用字形作 （T31:17），

異體字形作。異體字形中的構件"火"字的點筆和撇筆連寫成橫筆。

【21】"竝"，小篆作"![竝]"，簡文中的通用字形作，異體字形作。兩個"立"字所從的"亠"連寫變異作"丷"，下橫筆連寫共用，中間點、撇筆略有形變，整個字形變作"並"。

7. 其他筆畫減省

【1】"養"，小篆作"![養]"，簡文中的通用字形作，異體字形作。異體字形上部的兩個點筆連寫成橫筆，下部構件"食"省變。

【2】"南"，小篆作"![南]"，簡文中的通用字形作，異體字形作。異體字形的點筆和撇筆省寫。

【3】"置"，小篆作"![置]"，簡文中的通用字形作，異體字形作。異體字形中的構件"罒"字省豎筆。

【4】"頭"，小篆作"![頭]"，簡文中的通用字形作，異體字形作。異體字形中的構件"豆"省點筆和撇筆。

【5】"色"，小篆作"![色]"，簡文中的通用字形作，異體字形作。異體字形省橫折筆。

【6】"承"，小篆作"![承]"，簡文中的通用字形作，異體字形作。異體字形省捺筆。

【7】"義"，小篆作"![義]"，簡文中的通用字形作，異體字形作。異體字形中的構件"我"字省豎鈎筆和提筆。

【8】"乘"，小篆作"![乘]"，簡文中的通用字形作，異體字形作。異體字形省撇筆。

【9】"繩"，小篆作"![繩]"，簡文中的通用字形作，異體字形作。異體字形中的構件"黽"字省上部構件。

【10】"里"，小篆作"![里]"，簡文中的通用字形作，

異體字形作 （T21:221）。異體字形中的構件“田”省作“口”。

【11】“及”，小篆作“”，簡文中的通用字形作 （T5:76），異體字形作 （T10:241）。異體字形省橫折筆。

【12】“商”，小篆作“”，簡文中的通用字形作 （T23:563），異體字形作 （T10:206）。異體字形省撇點和捺點筆。

【13】“嬰”，小篆作“”，簡文中的通用字形作 （T4:2），異體字形作 （T23:820）。異體字形中的兩個“貝”均省撇點和捺點作“目”。

【14】“命”，小篆作“”，簡文中的通用字形作 （T1:93），異體字形作 （F1:110）。異體字形中的構件“口”省橫折筆。

【15】“莢”，小篆作“”，簡文中的通用字形作 （T21:418），異體字形作 （T24:169）。異體字形省中間的“六”字的筆畫。

【16】“匹”，小篆作“”，簡文中的通用字形作 （T30:147），異體字形作 （T1:42）。異體字形省撇筆。

【17】“敢”，小篆作“”，簡文中的通用字形作 （T37:1573A），異體字形作 （T24:266A）。異體字形省橫折筆。

（六）筆畫增加

筆畫增加包括橫筆、點筆、撇筆、豎筆等單筆畫的增加，筆畫增加導致構件訛混者已在前文討論，未導致構件訛混的單筆畫增加主要有以下三類。

1. 增橫筆

【1】“蓄”，小篆作“”，簡文中的通用字形作 （T37:1111），異體字形作 （T9:28）。異體字形增橫筆。

【2】“牟”，小篆作“”，簡文中的通用字形作 （T24:372），異體字形作 （T21:315）。異體字形增橫筆。

【3】“過”，小篆作“”，簡文中的通用字形作 （T9:144A），異體字形作 （T24:266A）。異體字形中的構件“咼”增橫筆。

【4】“造”，小篆作“”，簡文中的通用字形作 （T37:1544），

異體字形作 （T21:121）。異體字形中的構件"告"增橫筆。

【5】"送"，小篆作""，簡文中的通用字形作 （T14:25），異體字形作 （T37:1040）。異體字形中的構件"关"增橫筆。

【6】"徐"，小篆作""，簡文中的通用字形作 （T25:19），異體字形作 （T1:175）。異體字形中的構件"余"增橫筆。

【7】"廷"，小篆作""，簡文中的通用字形作 （T9:92A），異體字形作 （T10:120A）。異體字形中的構件"壬"增橫筆。

【8】"合"，小篆作""，簡文中的通用字形作 （T22:99），異體字形作 （F1:31）。異體字形增橫筆。

【9】"瓦"，小篆作""，簡文中的通用字形作 （F1:122），異體字形作 （T4:23B）。異體字形增橫筆。

【10】"畜"，小篆作""，簡文中的通用字形作 （T24:96），異體字形作 （T1:91）。異體字形中的構件"田"字增橫筆。

【11】"庶"，小篆作""，簡文中的通用字形作 （T24:235），異體字形作 （T37:526）。異體字形增橫筆。

【12】"受"，小篆作""，簡文中的通用字形作 （T21:326），異體字形作 （T11:2）。異體字形增橫筆。

【13】"涼"，小篆作""，簡文中的通用字形作 （483.24），異體字形作 （T37:224）。異體字形增橫筆。

【14】"乾"，小篆作""，簡文中的通用字形作 （T23:518A），異體字形作 （T37:753）。異體字形增橫筆，右邊所從構件"乞"變成"气"。

2. 增點筆

【1】"兄"，小篆作""，簡文中的通用字形作 （T37:785），異體字形作 （T24:723）。異體字形增點筆。

【2】"況"，小篆作""，簡文中的通用字形作 （T23:288），

異體字形作![](T23:819）。異體字形中的構件"兄"增點筆。

【3】"祝"，小篆作"![]"，簡文中的通用字形作![](T9:41），異體字形作![](T3:15）。異體字形中的構件"兄"增點筆。

【4】"麥"，小篆作"![]"，簡文中的通用字形作![](F3:108），異體字形作![](72EJC:192）。異體字形增兩點筆。

【5】"旦"，小篆作"旦"，簡文中的通用字形作![](T30:244），異體字形作![](T3:22A）。異體字形增點筆。

【6】"宣"，小篆作"![]"，簡文中的通用字形作![](T37:1052B），異體字形作![](T4:108A）。異體字形增點筆。

【7】"但"，小篆作"![]"，簡文中的通用字形作![](T22:154），異體字形作![](T37:648A）。異體字形中的構件"旦"增點筆。

【8】"罷"，小篆作"![]"，簡文中的通用字形作![](T37:776A），異體字形作![](T21:38A）。異體字形中的構件"罒"上增點筆。

【9】"置"，小篆作"![]"，簡文中的通用字形作![](T2:23），異體字形作![](T21:409）。異體字形中的構件"罒"上增點筆

【10】"煙"，小篆作"![]"，簡文中的通用字形作![](T24:743），異體字形作![](T37:1544）。異體字形中的構件"土"位置位移，且"土"字增點筆。

【11】"至"，小篆作"![]"，簡文中的通用字形作![](T23:378），異體字形作![](T37:85）。異體字形增點筆。

【12】"到"，小篆作"![]"，簡文中的通用字形作![](T21:356），異體字形作![](T37:85）。異體字形增點筆。

【13】"景"，小篆作"![]"，簡文中的通用字形作![](T26:9），異體字形作![](T37:859）。異體字形增點筆。

【14】"凡"，小篆作"![]"，簡文中的通用字形作![](T24:178），異體字形作![](T24:200）。異體字形增點筆。

【15】"反"，小篆作""，簡文中的通用字形作（T9:114），異體字形作（T21:140B）。異體字形增點筆。

【16】"福"，小篆作""，簡文中的通用字形作（T24:265），異體字形作（T2:78）。異體字形中的構件"畐"增點筆。

【17】"尚"，小篆作""，簡文中的通用字形作（T24:149），異體字形作（D:260A）。異體字形的聲符"向"字的構件"口"增加筆畫變作"公"。

【18】"社"，小篆作""，簡文中的通用字形作（T6:48），異體字形作（F3:106）。異體字形中的構件"土"增加點筆。

點筆增加的某些構件具有一定的類推性，如旦、至、兄等字增加點筆的異體在其組成的合體字中該構件依然增加相應的點筆。

3. 其他筆畫增加

【1】"民"，小篆作""，簡文中的通用字形作（T26:65），異體字形作（T31:86）。異體字形增捺點筆。

【3】"鳳"，小篆作""，簡文中的通用字形作（T9:92A），異體字形作（T10:107）。異體字形增兩豎筆。

【4】"叔"，小篆作""，簡文中的通用字形作（T23:769A），異體字形作（T30:2）。異體字形增撇筆。

【5】"督"，小篆作""，簡文中的通用字形作（T23:825），異體字形作（T30:86）。異體字形中的構件"叔"字增撇筆。

三、小　結

綜上，按異體字的形體差異，肩水金關漢簡中的異體字可以分爲上述類型，共計 924 組①，其中構件層異體字 748 組，包括：構件簡省 132 組、構件增繁 11 組、構件位移 50 組、構件同化 11 組、構件改換 15 組、構件變

---

① 各類異體字組中有的一條包含多個異體字形，故 924 組異體只是異體組數非異體字形數。

異 148 組、構件訛混 266 組、構件記號化 64 組、古文異體 51 組；筆畫層異體字共計 176 組，其中筆畫平直化異體 11 組、筆畫伸縮異體 12 組、筆畫斷開異體 7 組、筆畫變異異體 20 組、筆畫減省異體 89 組、筆畫增繁異體 37 組。

　　總體而言，肩水金關漢簡中的異體字主要表現爲構件的不同，構件層異體字占總異體字的 81%，其中構件訛混、構件變異、構件簡省三大異體字尤爲突出。而構件的訛混、變異、簡省、記號化、位移、同化以及筆畫層異寫等異體字形的産生與書寫和書體關係密切，因此，肩水金關漢簡異體字的成因及特點應該著重從書寫、書體及簡文的性質等方面進行分析。

第二節　肩水金關漢簡與其他西北漢簡異體字的比較

　　肩水金關漢簡與敦煌漢簡、居延漢簡、居延新簡、額濟納漢簡、懸泉漢簡等同屬西北屯戍漢簡體系，它們無論是在簡文内容、簡牘形制、書寫時代、書寫風格、書寫習慣、書寫主體等各方面都有著十分密切的聯繫，共時下的西北屯戍漢簡中各批簡牘的異體字形略有不同。通過與其他區域出土的西北屯戍漢簡異體字形的比較，肩水金關漢簡與它們有很多共同的異體字形，同時也有肩水金關漢簡中所没有的異體字形，也有只見于肩水金關漢簡的異體字形。

一、肩水金關漢簡未見的異體字形

　　肩水金關漢簡異體字與敦煌漢簡、額濟納漢簡、居延新簡、居延漢簡等簡牘中的異體字比較，有 60 組異體字形肩水金關漢簡中未見，按異體的類型分列如下。

1. 構件簡省

【1】"讓"，簡文①中的通用字形作 （T37:78）；居延新簡中的異體字形作 （EPT68:18），其意符"言"簡化作"讠"，聲符"襄"下的構件"衣"字訛寫作"心"。

【2】"東"，簡文中的通用字形作 （T37:641）；居延新簡中的異體字形作 （EPW:20），草寫簡化作"东"。

【3】"負"，簡文中的通用字形作 （T10:131）；居延新簡中的異體字形作 （EPT52:114B），其構件"貝"簡化作"贝"。

【4】"罷"，簡文中的通用字形作 （T37:776A）；居延新簡中的異體字形作 （EPT2:2），其構件"能"的右邊構件減省。

【5】"親"，簡文中的通用字形作 （T37:523A）；居延新簡中的異體字形作 （EPT10:56），省構件"見"，簡化作"亲"。

【6】"關"，簡文中的通用字形作 （T24:37）；居延新簡中的異體字形作 （EPF22:490），其構件"門"簡化作"门"，構件"𢇅"草省作"大"。

【7】"聽"，簡文中的通用字形作 （T9:73）；居延新簡中的異體字形作 （EPT49:9），省構件"壬"。

【8】"賊"，簡文中的通用字形作 （T23:566）；居延新簡中的異體字形作 （EPT68:17），其構件"貝"簡化作"贝"。

【9】"萬"，簡文中的通用字形作 （T6:56）；居延新簡中的異體字形作 （EPS4T1:14B），其草省簡化作"万"字。

2. 構件訛混

【1】"神"，簡文中的通用字形作 （T34:6A）；敦煌漢簡中的異體字形作 （1791），居延漢簡中的異體字形作 （40.14），兩個異體字形的構件"示"分別訛作"未"和"禾"。

---

① 此節簡文指肩水金關漢簡的簡文。

【2】"蘇"，簡文中的通用字形作 ；居延漢簡中的異體字形作 ![字形](X268.30)，其構件"禾"訛混作草省的"乐"。

【3】"若"，簡文中的通用字形作 ；居延新簡中的異體字形作 ，其構件"右"訛作"各"。

【4】"牡"，簡文中的通用字形作 ；居延漢簡中的異體字形作 ![字形](506.3)，其構件"牛"訛作"木"。

【5】"叩"，簡文中的通用字形作 ；居延漢簡中的異體字形作 ![字形](4.9)，其構件"口"訛作"日"，"卩"異寫作"阝"。

【6】"趙"，簡文中的通用字形作 ；居延漢簡中的異體字形作 ![字形](199.21A)，其構件"走"訛作"毛"。

【7】"是"，簡文中的通用字形作 ；居延新簡中的異體字形作 ，其構件"日"訛作"目"。

【8】"樊"，簡文中的通用字形作 ；居延新簡中的異體字形 ，其隸變構件"大"訛作"木"。

【9】"書"，簡文中的通用字形作 ；居延新簡中的異體字形作 ，其構件"聿"訛作"申"。

【10】"執"，簡文中的通用字形作 ；居延新簡中的異體字形作 ，其構件"幸"訛作"辛"。

【11】"橐"，簡文中的通用字形作 ；居延新簡中的異體字形作 、，第一個異體字形的上部構件訛作"古"，第二個異體字形的上部構件訛作"土"。

【12】"稽"，簡文中的通用字形作 ；居延新簡中的異體字形作 ，其構件"旨"訛作"目"。

【13】"宗"，簡文中的通用字形作 ；居延漢簡中的異體字形作 ![字形](10.32)，其構件"示"訛作"禾"。

【14】"使"，簡文中的通用字形作 ；居延漢簡中的異體

字形作 （20.8），其構件"亻"訛作"彳"。

【15】"伯"，簡文中的通用字形作 （T15:20）；居延漢簡中的異體字形作 （284.9A）、（124.21），其構件"白"分別訛作"日"和"百"。

3. 構件變異

【1】"遷"，簡文中的通用字形作 （T23:563）；居延新簡中的異體字形作 （EPT51:187A），其構件"䙴"上部構件訛變，而與西北漢簡中隸變後的 形成異體；居延漢簡中的異體字形作 （498.13），其構件"西"變異作"田"。

【2】"遣"，簡文中的通用字形作 （T31:66）；居延新簡中的異體字形作 （EPT51:93）、（EPT44:8A），前一個異體字形中的構件"𠷎"的上部構件變異作"罒"，後一個異體字形中的構件"辶"和"𠂤"訛作"之"。

【3】"邊"，簡文中的通用字形作 （T21:198A）；敦煌漢簡中的異體字形作 （88.12），其構件"方"訛作"寸"。

【4】"齒"，簡文中的通用字形作 （T6:59）；居延新簡中的異體字形作 （EPT22:23）、（EPT22:22），前一個異體字形的下部構件訛變，後一個異體字形中的構件"止"訛作"䒑"，下部構件亦訛變。

【5】"詣"，簡文中的通用字形作 （T5:7）；居延新簡中的異體字形作 （EPT51:343），其構件"匕"訛作"橫"、"日"訛作"自"。

【6】"與"，簡文中的通用字形作 （T24:22）；居延新簡中的異體字形作 （EPT22:25）、（EPT40·205），前一個異體字形的構件"与"訛作"歹"，後一個異體字形的"与"訛作"臼"字的左邊部分；居延漢簡中的異體字形作 （314.13），構件"廾"上部的構件整體訛作"田"。

【7】"會"，簡文中的通用字形作 （T10:400）；居延漢簡中的異體字形作 （246.16A），其構件"曰"訛作三點。

【8】"亭"，簡文中的通用字形作 （T9:87）；居延新簡中的異體字形作 （EPF22:139），其構件"口"草省寫作點、撇。

【9】"稟"，簡文中的通用字形作 （T34:19）；居延新簡中的異體字形作 （EPT4:44），其構件"宀"訛作"艹"；居延漢簡中的異體字形作 （89.11），其構件"宀"訛作"人"，"禾"訛作"未"。

【10】"部"，簡文中的通用字形作 （T1:36）；居延新簡中的異體字形作 （EPT22:13），其構件"音"訛作"言"。

【11】"明"，簡文中的通用字形作 （T31:64）；居延漢簡中的異體字形作 （110.34A），其構件"目"訛作"自"。

【12】"牒"，簡文中的通用字形作 （T33:27）；居延新簡中的異體字形作 （EPF22:528），其構件"片"訛作"亻"。

【13】"寒"，簡文中的通用字形作 （T1:168）；居延漢簡中的異體字形作 （114.19A），其構件"宀"訛作"穴"，下部構件訛寫變異作"未"。

【14】"寬"，簡文中的通用字形作 （T21:16）；居延新簡中的異體字形作 （EPT57:108B），其構件"莧"訛作"鬼"。

【15】"塱"，簡文中的通用字形作 （T4:65）；居延新簡中的異體字形作 （EPF22:763），其構件"月"訛作"又"。

【16】"驗"，簡文中的通用字形作 （T4:63A）；居延漢簡中的異體字形作 （133.4B），居延新簡中的異體字形作 （EPF22:31）。以上兩個異體字形的聲符"僉"的構件"吅"和"从"訛作"品"。

【17】"壹"，簡文中的通用字形作 （T23:991）；居延新簡中的異體字形作 （EPF22:77）。肩水金關漢簡的通用字形承秦時寫法，而居延新簡中的異體字形變異成從壺吉聲。

【18】"泉"，簡文中的通用字形作 （T24:194）；居延新簡中的異體字形作 （EPT40:11A）。"泉"古文字作 ，本象水流出成川形，肩水金關漢簡中的通用字形繼承了秦文字時的寫法，其異體字形將構件"小"訛作"水"。

【19】"擅"，簡文中的通用字形作 (T37:775)；居延新簡中的異體字形作 (EPT43:55)，其構件"亶"所從的"亠"異寫作"大"，且"旦"省減。

【20】"婦"，簡文中的通用字形作 (T23:554)；居延新簡中的異體字形作 (EPT43:103)，其構件"帚"的下部構件"巾"訛作"又"。

【21】"繩"，簡文中的通用字形作 (T4:86)；居延新簡中的異體字形作 (EPT20:29)，其構件"黽"書寫訛變。

【22】"略"，簡文中的通用字形作 (T24:719)；居延新簡中的異體字形作 (EPF22:233)，其構件"各"訛作"殳"。

【23】"官"，簡文中的通用字形作 (T1:97)；居延漢簡中的異體字形作 (181.11B)，其構件"宀"訛作"亠"，"𠂤"訛作"日"。

【24】"癸"，簡文中的通用字形作 (T23:79A)；居延新簡中的異體字形作 (EPT52:115B)，其構件"天"訛作"未"。

4. 構件位移

【1】"品"，簡文中的通用字形作 (T21:103)；敦煌漢簡中異體字形作 (783)，異體字形的三個"口"字空間布局位移。

【2】"短"，簡文中的通用字形作 (T4:86)；居延新簡中異體字形作 (EPT40:16)，其構件"矢"訛作"夫"且位移至構件"豆"的右邊。

【3】"幣"，簡文中的通用字形作 (T27:62)；居延新簡中異體字形作 (EPT40:205)，其構件"攵"寫作"又"，且下方的構件"巾"位移至右邊，整字成左右結構。

【4】"娶"，簡文中的通用字形作 (EPF22:826)；居延新簡中異體字形作 (EPT4:45)，其構件"女"位移至"取"的左邊。

【5】"好"，簡文中的通用字形作 (T37:983)；居延漢簡中異體字形作 (133.4B)，其構件"女"與"子"左右位置互換。

【6】"強"，簡文中的通用字形作（T5:13）；居延新簡中異體字形作（EPT40:206），其構件"虫"位移至左邊。

【7】"孫"，簡文中的通用字形作（T37:527）；居延新簡中異體字形作（EPT51:36A），其構件"子"與"系"位置左右互換。

5. 構件記號化

【1】"敞"，簡文中的通用字形作（T37:752A）；居延漢簡中異體字形作（123.8），其構件"支"草寫成記號"乙"。

【2】"敢"，簡文中的通用字形作（T37:1573A）；居延新簡中異體字形作（EPT48:25），其左邊的構件省寫成"日"，右邊構件"支"草寫成記號"乙"。

【3】"劍"，簡文中的通用字形作（T21:226）；居延新簡中異體字形作（EPT40:203），其構件"从"簡省寫作記號的一橫筆。

【4】"臨"，簡文中的通用字形作（T3:74）；居延漢簡中異體字形作（193.25），其構件"品"上部的"口"記號作橫，下部的兩個"口"省寫成一個"口"字。

【5】"輸"，簡文中的通用字形作（T14:27）；居延漢簡中的異體字形有三個，分別是：（515.29），其聲符"俞"的下部構件"月"和"刀"寫作記號"口"；（395.16A），其聲符"俞"的下部構件"月"和"刀"寫作記號"乙"；（456.5A），其聲符"俞"的下部構件"月"和"刀"寫作記號"口"，上部構件"亼"位移至左邊構件"車"之上。

在這 60 組異體字組中構件簡省異體 9 組、構件訛混異體 15 組、構件變異異體 24 組、構件位移異體 7 組、構件記號化 5 組。

二、肩水金關漢簡新見異體字形

與其他西北屯戍漢簡中的異體字形相比，肩水金關漢簡新增了 57 組異體字形，如下：

1. 構件訛混

【1】“扶”，簡文中的通用字形作 （T5:66），異體字形作
（T37:670）。異體字形中的構件“扌”訛作“木”。

【2】“落”，簡文中的通用字形作 （T10:357），異體字形作
（T25:118）、（T37:1329）。前一個異體字形中的構件“氵”訛作“田”，
後一個異體字形中的構件“各”訛作“冬”。

【3】“功”，簡文中的通用字形作 （T30:29A），異體字形作
（T23:928）。異體字形中的構件“工”訛作“土”。

【4】“命”，簡文中的通用字形作 （T1:93），異體字形作
（T37:55）。異體字形中的構件“口”訛作“日”。

【5】“唯”，簡文中的通用字形作 （T28:125），異體字形作
（T29:114B）。異體字形中的構件“口”訛作“日”。

【6】“瞀”，簡文中的通用字形作 （T28:11），異體字形作
（T21:11）、（T21:13）、（T21:14）。第一個異體字形中的構件
“矛”訛作“工”，“夊”訛作“月”；第二個異體字形中的構件“矛”訛
作“工”；第三個異體是字形中的構件“矛”訛作“未”。

【7】“皆”，簡文中的通用字形作 （T9:87），異體字形作
（T6:36）。異體字形中的構件“比”訛作“土”。

【8】“魯”，簡文中的通用字形作 （T23:303），異體字形作
（T37:754）。異體字形中的構件“日”訛作“田”。

【9】“牡”，簡文中的通用字形作 （T35:4），異體字形作
（T10:126）、（T24:412）。這兩個異體字形中的構件“牛”分別訛作“土”
和“扌”。

【10】“時”，簡文中的通用字形作 （T24:24A），異體字形作
（T23:239）。異體字形中的構件“日”訛作“白”。

【11】“枚”，簡文中的通用字形作 （T30:181），異體字形作

（T24:138）。異體字形中的構件"木"訛作"爿"。

【12】"都"，簡文中的通用字形作 （T37:870），異體字形作 （T6:38A）。異體字形中的構件"者"訛作"吉"。

【13】"送"，簡文中的通用字形作 （T14:25），異體字形作 （T23:296B）。異體字形中的構件"丷"變異作"从"。

【14】"牝"，簡文中的通用字形作 （T37:552），異體字形作 （T37:999）、（T37:1042）。異體字形中的構件"匕"訛作"比"或"亡"。

2. 構件變異

【1】"葆"，簡文中的通用字形作 （T24:525），異體字形作 （T37:745）。異體字形中的構件"呆"變異。

【2】"律"，簡文中的通用字形作 （T5:76），異體字形作 （T31:66）。異體字形中的構件"聿"變異。

【3】"異"，簡文中的通用字形作 （T24:547），異體字形作 （H1:3A）、（T37:1518）。異體字形的下部構件"共"均變異。

【4】"舒"，簡文中的通用字形作 （T37:1581），異體字形作 （T30:12）。異體字形中的構件"舍"變異。

【5】"受"，簡文中的通用字形作 （T21:326），異體字形作 （T10:212）。異體字形中的構件"爫"訛作"小"字頭。

【6】"妻"，簡文中的通用字形作 （T9:87），異體字形作 （T5:8A）。異體字形構件"丷"變異。

【7】"索"，簡文中的通用字形作 （T3:5），異體字形作 （T23:499）。異體字形中的構件"十"變作"小"字頭。

【8】"富"，簡文中的通用字形作 （T6:94），異體字形作 （T26:154）。異體字形中的構件"口"變作"西"。

【9】"宿"，簡文中的通用字形作 （F1:35），異體字形作 （T9:126）。

異體字形中的構件"宀"變作"罒"。

【10】"署"，簡文中的通用字形作（T27:24），異體字形作（T10:247）。異體字形中的構件"罒"變作"宀"。

【11】"雜"，簡文中的通用字形（T9:73），異體字形作（T21:47）。異體字形中的構件"衣"變作"辛"。

【12】"淮"，簡文中的通用字形作（T30:102），異體字形作（T37:933）。異體字形中的構件"氵"變作"冬"。

【13】"涫"，簡文中的通用字形（T23:969），異體字形作（T6:50）。異體字形中的構件"官"變異。

【14】"谷"，簡文中的通用字形作（T24:78），異體字形作（T30:189）、（T22:63）。異體字形的上部構件變異。

【15】"師"，簡文中的通用字形作（T25:5），異體字形作（T21:21）。異體字形中的構件"阝"變作"亻"。

3. 構件位移

【1】"脂"，簡文中的通用字形作（T37:236），異體字形作（T21:423）。異體字形中的構件"月"和"旨"位置左右互換。

【2】"禮"，簡文中的通用字形作（T15:8A），異體字形作（T24:902）。異體字形中的構件"示"和"豊"左右互換。

【3】"解"，簡文中的通用字形作（T25:90），異體字形作（T26:2）。異體字形中的構件"牛"位移。

【4】"杜"，簡文中的通用字形作（T3:49），異體字形作（T10:174）。異體字形中的構件"木"和"土"的位置左右互換。

【5】"郡"，簡文中的通用字形作（T30:202），異體字形作（H2:40）。異體字形中的構件"阝"和"君"的位置左右互換。

【6】"邴"，簡文中的通用字形作（T25:557），異體字形作（T23:731A）。異體字形中的構件"阝"和"丙"的位置左右互換。

【7】“陌”，簡文中的通用字形作 （T5:69），異體字形作 （T37:1397A）。異體字形中的構件“阝”和“百”的位置左右互換。

【8】“牒”，簡文中的通用字形作 （T33:27），異體字形作 （T3:113），異體字形中的構件構件“木”位移至“片”和“世”下方。

【9】“姦”，簡文中的通用字形作 （T6:109），異體字形作 （T21:14）。異體字形中的構件三個“女”平面布局變化。

【10】“期”，簡文中的通用字形作 （T37:1505），異體字形作 （T10:120A）。異體字形中的構件“月”和“其”的位置左右互換。

4. 構件改換

【1】“迎”，簡文中的通用字形作 （T24:304），異體字形作 （T4:30）、（T11:3）。這兩個異體字形中的聲符“卬”分別改換成“印”和“巾”。

【2】“董”，簡文中的通用字形作 （T24:262），異體字形作 （T30:160）。異體字形中的聲符“重”改換作“童”。

【3】“公”，簡文中的通用字形作 （T21:62），異體字形作 （T22:41）。異體字形中的構件“八”改換成“仌”。

5. 構件同化

【1】“孫”，簡文中的通用字形作 （T37:527），異體字形作 （T24:507A）。異體字形中的構件“子”同化作“系”。

【2】“禁”，簡文中的通用字形作 （T37:1453），異體字形作 （T9:252B）。異體字形中的構件“示”同化作“木”。

【3】“邊”，簡文中的通用字形作 （T21:198A），異體字形作 （T24:709）。異體字形中的下部構件同化作“自”。

【4】“肩”，簡文中的通用字形作 （T37:738A），異體字形作 （T10:208）。異體字形中的構件“月”同化作鄰字的“水”。

【5】“事”，簡文中的通用字形作 （T29:116），異體字形作

（T10:81）。異體字形的上部構件同化作下部的構件。

6. 構件記號化

【1】"惠"，簡文中的通用字形作 （T33:40A），異體字形作 （T23:769A）。異體字形中的構件"心"記號作三點。

【2】"寅"，簡文中的通用字形作 （T37:1537A），異體字形作 （T37:733）。異體字形中的下部構件寫作記號"乙"。

【3】"魏"，簡文中的通用字形作 （T6:150），異體字形作 （T23:250）。異體字形中的構件"鬼"寫作記號"乙"。

【4】"鄉"，簡文中的通用字形作 （T10:315A），異體字形作 （T29:28A）。異體字形中的構件"皀"寫作記號"乙"。

【5】"彊"，簡文中的通用字形作 （T31:62），異體字形作 （T23:289）、（T21:429）。前一個異體字形的中構件"畺"寫作記號"乙"，後一個異體字形中的兩個"田"寫作兩個"口"。

7. 構件增減

【1】"賣"，簡文中的通用字形作 （T23:934），異體字形作 （T29:114A）。異體字形中的構件"罒"減省。

【2】"畜"，簡文中的通用字形作 （T37:1111），異體字形作 （T30:210A）。異體字形中的構件"田"減省。

【3】"殺"，簡文中的通用字形作 （T24:719），異體字形作 （T23:464）。異體字形中的構件"殳"減省。

【4】"昨"，簡文中的通用字形作 （T21:289），異體字形作 （T23:947B）、（T23:395）。這兩個異體字形均增加構件"亻"，但所處位置不同。

【5】"降"，簡文中的通用字形作 （T11:2），異體字形作 （T23:342）。異體字形增加構件"辶"。

　　綜上，肩水金關漢簡新見構件訛混異體 14 組、構件變異異體 15 組、構件位移異體 10 組、構件改換異體 3 組、構件同化異體 5 組、構件記號化異體 5 組、構件增减異體 5 組，共計 57 組。

　　上述比較表明構件簡省、構件訛混、構件變異、構件位移、構件記號化是西北漢簡屯戍漢簡異體字的主要類型，肩水金關漢簡異體字與其他西北屯戍漢簡異體字的特征具有一致性。

第五章
肩水金關漢簡典型訛混異體字舉隅

通過前文對肩水金關漢簡異體字類型定量統計可知，書寫訛混是這批簡牘異體產生的主要原因。在 924 組異體字中，訛混異體字 266 組，約占異體字總數的 28.8%。文獻用字中的訛混現象前輩學者早有研究，如：魏宜輝《楚系簡帛文字形體訛變分析》[①]、張峰《楚系簡帛文字訛書研究》[②]、方勇《戰國楚文字中的偏旁形近混同現象釋例》[③]、雷黎明《楚簡文字形體訛混現象試說》[④]、李天虹《楚簡文字形體混同、訛混舉例》[⑤]等文章專門討論了楚簡中的文字訛混現象；毛遠明《漢魏六朝碑刻異體字研究》，吳文文、林志強《簡析漢碑文字中的訛混現象》[⑥]、龍仕平、何山《漢魏六朝墓志構件訛混舉隅研究》[⑦]等論著則討論了碑刻文獻中的文字訛混問題；劉釗《古文字構形學》第十章亦對古文字中的形體訛混現象做了細緻的歸納分析。有關論述文字訛混現象的文章還很多，此處不贅舉。

① 魏宜輝：《楚系簡帛文字形體訛變分析》，博士學位論文，南京大學，2000 年。
② 張峰：《楚系簡帛文字訛書研究》，博士學位論文，吉林大學，2012 年。
③ 方勇：《戰國楚文字中的偏旁形近混同現象釋例》，碩士學位論文，吉林大學，2005 年。
④ 雷黎明：《楚簡文字形體訛混現象試說》，《內蒙古社會科學（漢文版）》2009 年第 1 期。
⑤ 李天虹：《楚簡文字形體混同、訛混舉例》，《江漢考古》2005 年第 3 期。
⑥ 吳文文、林志強：《簡析漢碑文字中的訛混現象》，《福建師範大學學報（哲學社會科學版）》2009 年第 2 期。
⑦ 龍仕平、何山：《漢魏六朝墓志構件訛混舉隅研究》，《重慶三峽學院學報》2012 年第 6 期。

肩水金關漢簡乃至其他西北屯戍漢簡中文字訛混現象都比較突出。訛混的本質只是字形的訛寫混同，該字的字音字義以及用法未發生變化，因此文字訛混也是異體字的類型之一。本章舉例分析典型的訛混構件和形近字訛混現象。

第一節　肩水金關漢簡中典型構件訛混異體字舉隅

構件訛混包括構件混同和構件訛寫兩類。構件混同指形近構件在書寫時相互訛寫混用，即 A 訛寫作 B，B 亦能訛寫作 A，彼此間是雙向訛混關係。構件訛寫則多指某個構件單向訛寫作其他構件，即 A 訛寫作 B，B 則不能訛寫作 A。本節在前文歸納的訛混構件基礎上，著重分析肩水金關漢簡異體字中 16 個典型的訛混構件。

一、構件“宀”

“宀”，甲骨文寫作“介”，象房屋之形，《説文·宀部》：“交覆深屋也。”隸變後寫作“宀”。簡文①中與“宀”訛混的構件有冖、穴、亠三個。

1.“宀”與“冖”混同

《説文·冖部》：“冖，覆也。”從“宀”的字多與房屋有關，從“冖”的字則多與覆蓋義相關，“冖”與“宀”形體上僅以有無點筆區分，二者音義無聯繫。秦文字中“宀”與“冖”兩構件已經混用。

“宀”訛作“冖”，如：“軍”，小篆作🖼，《説文·車部》：“从車从勹。”“軍”在西漢早期的馬王堆漢簡中異體字形作🖼、肩水金關漢簡中字形作🖼（T10:283），構件“勹”隸變作“冖”。

“冖”訛作“宀”，如：“宜”，小篆作🖼，《説文·宀部》：“从宀之下，一之上，多省聲。”秦簡中異體字形作🖼（睡·日甲 19.B.5）、🖼

（里·J191），馬王堆漢簡中字形作▣（馬·老乙前），肩水金關漢簡中字形作▣(72EJC:19)等。

2. "宀"與"穴"混同

《説文·穴部》："穴，土室也。"從"穴"的字與洞穴義相關，"宀"與"穴"在意義上有一定的關聯。

"宀"訛作"穴"，如："寧"，小篆作▣，《説文·丂部》："從丂盜聲。"肩水金關漢簡中"寧"的通用字形作▣（T23:766），異體字形作▣（T31:59A），異體字形省構件"心"且"宀"訛寫作"穴"。此外，"寬"的異體字形作▣（T37:740A）、"寢"的異體字形作▣（10.27）等，構件"宀"均訛寫作"穴"。"宿"的異體字形作▣（T9:126），異體字形中的構件"宀"訛寫作"穴"，且"穴"省頭上的點筆。

"穴"訛作"宀"，如："深"，小篆作▣，《説文·水部》："從水罙聲。罙，從穴從火。"肩水金關漢簡中"深"的通用字形作▣（T37:1539），異體字形作▣（T4:77）、▣（T6:77A）等。"突"，從犬在穴中。居延新簡中"突"的異體字形作▣(EPS4.T2:56)，異體字形中的構件"穴"訛作"宀"。

3. "宀"訛寫作"冖"

"宀"訛寫作"冖"在肩水金關漢簡中並不多見，僅2例。如："安"，簡文中通用字形作▣（T37:1076A），異體字形作▣（T30:131）；"案"，簡文中通用字形作▣（T37:692），異體字形作▣（T37:784A）。

二、構件"手（扌）"

構件"手"，古文字寫作▣，象指掌之形。秦文字寫作▣（睡·封78），構件"手"隸變作"扌"。肩水金關漢簡中與構件"扌"訛混的構件有木、牛、幸三個。

1. "扌"與"木"混同

隸變後的"扌"與構件"木"形近，左右結構中位於左邊的構件"木"

常訛寫作"扌"。構件"木"訛作"扌"在秦文字時期就已經發生，且較爲普遍，而構件"扌"訛作"木"的情況並不多見。

"木"訛作"扌"，如："相"，從目從木，簡文中通用字形作 ，異體字形作 ；"杜"，從木土聲，簡文中通用字形作 ，異體字形作 等。西北漢簡中構件"木"訛寫作"扌"較常見，肩水金關漢簡中構件"木"訛作"扌"的字還有枚、格、板、橄、櫝等，此處不一一列舉。

"扌"訛作"木"，肩水金關漢簡中僅見 1 例，即"扶"字，從手夫聲，簡文中的通用字形作 ，異體字形作 ，異體字形中的構件"扌"訛寫作"木"。秦文字中尚未見此類訛混。碑刻文獻中有"扌"訛作"木"的用例，毛遠明《漢魏六朝碑刻異體字研究》的典型構件舉例一節有詳述。[①]

2."牛"訛作"扌"

肩水金關漢簡中構件"牛"訛作"扌"的字很多，如："牡"，簡文中的通用字形作 ，異體字形作 ；"牝"，簡文中的通用字形作 ，異體字形作 等。此外還有犗、牡、特、牧、物、犢等字。"牛"在簡文中的通用字形作 ，與簡文中構件"扌"的寫法 極爲相近，而作爲構件組成合體字時，二者不太容易區分。碑刻文獻中"牛"與"扌"的訛混也較常見。

3."幸"訛作"扌"

"幸"，甲骨文寫作 ，戰國時期寫作 ，秦文字寫作 ，肩水金關漢簡寫作 、。肩水金關漢簡中，"幸"作構件時訛寫作"扌"的字僅 1 例，即"執"，小篆作 ![]，從丮從幸，幸亦聲。"執"到"执"的演變過程在肩水金關漢簡中有較爲完整的體現，→

---

① 毛遠明：《漢魏六朝碑刻異體字研究》，第 259 頁。

→ 执（T37:179A）。構件"幸"先草省寫作羊，再進一步省寫作"扌"。"執"的異體"执"被後世繼承作簡化字通用。

三、構件"木"

"木"，甲骨文寫作"朮（3510）"，象樹木之形。肩水金關漢簡中除前文提及"木"訛作"扌"外，與"木"有訛混關係的還有小、牛、米、土、示、耒、爿七個構件。

1. "小" 訛作 "木"

構件"小"訛寫作"木"僅發生在"小"字底的字。如："京"，小篆作京，肩水金關漢簡中"京"通用字形作 京（T10:152），異體字形作 㡿（T29:50），構件"小"訛寫作"木"；"就"，簡文中的通用字形作 就（T23:951A），異體字形作 就（T37:1159），異體字形中的構件"京"中的"小"字底亦訛作"木"。

2. "牛" 訛作 "木"

構件"牛"與構件"木"形近，作構件時偶有混同。如："物"，小篆作物，從牛勿聲，肩水金關漢簡中的通用字形作 物（T35:6），異體字形作 物（T24:142），異體字形中的構件"牛"訛寫變異作"木"，此訛混異體肩水金關漢簡中僅見 1 例。

3. "米" 訛作 "木"

"米"與"木"字形相近，作構件時偶有混同。如："糈"，小篆作糈，肩水金關漢簡中的通用字形作 糈（T37:1541），異體字形作 糈（T9:13），異體字形中的構件"米"字上面的兩點省寫，從而訛作"木"；"麋"，簡文中通用字形作 麋（T21:129），異體字形作 麋（T30:40），異體字形中的構件"米"省點和撇筆，訛作"木"。

4. "木" 訛作 "土"

構件"木"訛作"土"的字，肩水金關漢簡中僅 1 例。如："李"，小篆作李，從木子聲，肩水金關漢簡中的通用字形作 李（T37:1105），

異體字形作 （H2:40），異體字形中的構件"木"的撇捺兩筆連寫成橫，訛作"土"。

5. "木"訛作"示、耒"

構件"木"訛作"示、耒"的異體字形僅見於"榦"字。"榦"，小篆作 ，從木倝聲，肩水金關漢簡中通用字形作 （T37:871），異體字形作 （T10:131），異體字形中的構件"木"訛寫作"示"。"榦"的另一異體字形作 （T37:525），異體字形中的構件"木"則訛寫作"耒"。

6. "木"訛作"爿"

"爿"，甲骨文寫作 （合集 14576 正甲）、（19599）。肩水金關漢簡中的通用字形作 （T30:181），異體字形作 （T24:138），異體字形中的構件"木"訛寫作"爿"。構件"木"訛作"爿"在肩水金關漢簡中僅見 1 例，即"枚"字。枚，小篆作 ，從木從攴。

四、構件"攴"

"攴"，甲骨文作 （合集 22536），會手持棍棒敲打之意，後演變作 （陶氏鐘）、（陶彙 3.507）。《説文·攴部》："攴，小擊也。從又卜聲。"肩水金關漢簡中與構件"攴"有訛混關係的構件有又、攵、殳三個。

1. "攴"與"又"混同

"又"，甲骨文作 （合集 21586），象右手之形，隸變時圓轉筆畫變方折作 （T23:866B）。"攴"與"又"在意義上均與手有關聯，甲骨文、金文中"攴"和"又"同義通用。

"攴"訛作"又"在漢以前的古文字中已較爲常見，肩水金關漢簡中構件"攴"幾乎均訛作構件"又"。如："敞"，從攴尚聲，肩水金關漢簡中的通用字形作 （T37:752A），異體字形作 （T4:56）；"寇"，從攴從完，肩水金關漢簡中的通用字形作 （T10:131），異體字形作 （T25:130）等。此外，"故""殺""敦""赦""教""幣""數""政"等字中的構件"攴"均省寫"卜"訛作"又"。

“又”訛作“攴”，如：“賢”，小篆作，肩水金關漢簡中的通用字形作（T37:10），異體字形作（T37:731）；蔡，小篆作，肩水金關漢簡中的通用字形作（T37:25），異體字形作（T30:140）。以上兩個異體字形的構件“又”增加“卜”訛寫作“攴”。

2. “攴”訛作“夂”

“夂”，《玉篇·攴部》：“夂，同攴。”《廣韻·屋韻》：“攴，凡從攴者作夂。”《九經字樣》：“攴，隸省作夂。”肩水金關漢簡中構件“攴”均形變作“夂”，如：“政”，簡文中的通用字形作（T23:966），異體字形作（T31:64）等。

3. “殳”訛作“攴”

“殳”，甲骨文作（合集 6），金文作（趞曹鼎），秦文字作（睡·效）。“殳”與“攴”意義上有一定的關聯。“殳”訛作“攴”在秦文字時期就已經發生，如：“毃”的通用字形作（睡·法 132），異體字形作（睡·爲 11.5）。肩水金關漢簡中“殳”訛寫作“攴”的用例如：“穀”，小篆作，簡文中的通用字形作（T24:144），異體字形作（T21:82）；“發”，小篆作，簡文中的通用字形作（T4:50），異體字形作（T28:8A）、（T37:408），異體字形中的構件“殳”分別訛寫作“攴”和“夂”，構件“癶”訛寫作“䒑”。此外，肩水金關漢簡中“段”“殷”“殺”“廄”等字的構件“殳”亦訛寫作“攴”，而漢魏六朝碑刻中“殳”“攴”多爲雙向訛混。

五、構件“又”

“又”，甲骨文作（合集 21568），象右手之形，隸變後寫作（T23:866B）。肩水金關漢簡中與“又”有訛混關係的構件有攴、殳、欠、及、丈、子。“又”與“攴”的訛混上文已討論，此不贅述。

1. “殳”訛作“又”

肩水金關漢簡中構件“殳”訛寫作“又”，如：“廄”，簡文中的通用

字形作 (T3:68)，異體字形作 （T10:62）；"段"，簡文中的通用字形作 （T37:1222），異體字形作 （T23:481A）。

2. "欠"訛作"又"

"欠"，甲骨文作（合集 914 反），象人張口呼氣之形，隸變作"欠"。肩水金關漢簡中"欠"草寫訛作"又"，如："欲"，簡文中的通用字形作 （T34:1A），異體字形作 （T23:731B）；"歐"，簡文中的通用字形作 （T3:53），異體字形作 （T24:585）。

3. "及"訛作"又"

"及"，甲骨文作（合集 22551），從又從人，會手抓住人之意。金文作（鄭登叔盨），戰國時期增飾筆形體多變，秦文字寫作（青川木牘），隸變作（T34:11）。"及"作構件時訛作構件"又"，如："汲"，肩水金關漢簡中的通用字形作（T23:305），異體字形作（T28:36）。

4. "又"訛作"子"或"丈"

"又"訛作"子"和"丈"較爲特殊，肩水金關漢簡僅見 1 例，即"受"字。"受"，小篆作，簡文中的通用字形作（T21:326），異體字形作（T30:2）、（T10:116），構件"又"分別訛變作"丈""子"。

六、構件"艸（艹）"

"艸"是"草"的本字，古文字寫作，《説文·艸部》："艸，百芔也。从二屮。"戰國文字沿襲商周"艸"字的寫法，秦文字中"艸"作爲構件時就已隸變作"艹"，如"草"寫作（睡·日甲 33）。肩水金關漢簡中"艹"多書寫作"⺍"，簡文中與"艸"有訛變關係的構件有竹、廿、𦥑、止、炊、穴等六個字頭，這些構件音義上均無聯繫。

1. "竹"訛作"⺍"

"竹"，甲骨文作（合集 108），象竹枝葉之形，战国文字作（古钱 660）、（望山 2.48），秦文字作（睡·治 81）。"竹"作爲構件時在秦文字中多寫作，但已有將筆畫拉直連寫作"艹"的異體，如：

“等”，秦簡中的通用字形作 **[字形]**（睡·律·均111），異體字形作 **[字形]**（睡·效60）。肩水金關漢簡中“竹”字頭訛作“艹”的寫法更普遍，如：“節”，簡文中的通用字形作 **[字形]**（T37:519A），異體字形作 **[字形]**（T30:33A）；“等”，簡文中的通用字形作 **[字形]**（T5:71），異體字形作 **[字形]**（T37:1535B）等，其他“竹”字頭訛作“艹”的異體還有“簪”“簿”等字。

2.“廿”訛作“艹”

“廿”訛作“艹”，肩水金關漢簡中“革”及“革”的合體字中構件“廿”多異寫作“艹”，如：“革”，簡文中的通用字形作 **[字形]**（T21:11），異體字形作 **[字形]**（T24:380）；“鞞”，簡文中的通用字形作 **[字形]**（T28:11），異體字形作 **[字形]**（T24:380）等。此外，“革”字的構件“廿”也異寫作“丗”，如：“靳”，簡文中的的通用字形作 **[字形]**（T30:2），異體字形作 **[字形]**（T20:145）；“勒”，簡文中的的通用字形作 **[字形]**（T1:25），異體字形作 **[字形]**（T23:965）。

3.“癶”訛作“艹”

《说文·癶部》：“癶，足剌癶也。从止、少。”秦文字尚未見“癶”訛寫作“艹”的異體字。肩水金關漢簡中“癶”草省訛作“艹”，如：“登”的通用字形作 **[字形]**（T3:51），異體字形作 **[字形]**（T1:133）；“發”的通用字形作 **[字形]**（T4:50），異體字形作 **[字形]**（T23:311）、 **[字形]**（T28:8A）、 **[字形]**（T30:57B）、 **[字形]**（T37:408）等，構件“癶”均訛變作“艹”。

4.“止”訛作“艹”

“止”，甲骨文作 **[字形]**（合集 7537），象腳趾之形，金文寫作 **[字形]**（五年召伯虎簋），隸變后作 **[字形]**（睡·法126）。構件“止”訛作“艹”時多位於文字結構中的上部，這種訛變在秦簡中已經發生，如秦簡中“前”的通用字形作 **[字形]**（睡·日甲142.Z.6），異體字形作 **[字形]**（放·日乙332）。肩水金關漢簡中“歲”的通用字形作 **[字形]**（T10:212），異體字形作 **[字形]**（T6:52）；“前”，肩水金關漢簡中的通用字形作 **[字形]**（T1:132），異體字形作 **[字形]**（T24:32）。以上字形上部構件“止”均訛寫作“艹”。

5. "炏" 訛作 "⼲"

"炏" 爲 "熒" 和 "勞" 等字的上部構件，簡文中常訛寫作 "⼲"。
"熒"，《説文·焱部》："从焱、冂。"肩水金關漢簡中 "熒" 的通用字
形作 [字形] (T24:23B)，異體字形作 [字形] (T24:925)，"炏" 省變作 "⼲"。
"勞"，《説文·力部》："从力，熒省。"肩水金關漢簡中 "勞" 的通用
字形作 [字形] (T26:235)，異體字形作 [字形] (T23:301)，"炏" 亦省變作
"⼲"。

6. "谷" 訛作 "⼲"

"谷"，甲骨文作 [字形] (佚 113)，"从谷从口，會山谷兩分開如口之
意"①。《説文·谷部》："谷，泉出通川爲谷。从水半見，出於口。凡
谷之屬皆从谷。"肩水金關漢簡中 "谷" 的通用字形作 [字形] (T24:78)，
異體字形作 [字形] (T22:63)，構件 "谷" 筆畫連寫，從而訛作 "⼲"。

七、構件 "彳"

《説文·彳部》："彳，小步也。象人脛三屬相連也。"肩水金關漢簡
中與 "彳" 有訛混關係的構件有亻、氵。

1. "彳" 與 "亻" 混用

"彳" 與 "亻" 形體相近易訛混。肩水金關漢簡中構件 "彳" 訛寫作構
件 "亻" 的異體字如： "待"，簡文中的通用字形作 [字形] (T1:22A)，異體
字形作 [字形] (T25:69)； "律"，簡文中的通用字形作 [字形] (T5:76)，異體字
形作 [字形] (T37:1134)等。此外還有 "德、往、後、得" 等字的構件 "彳" 省撇
筆作 "亻"。

肩水金關漢簡中 "亻" 增撇筆訛混作 "彳" 的用例如： "備"，簡文中
的通用字形作 [字形] (T21:468)，異體字形作 [字形] (T23:658)； "傳"，簡文
中的通用字形作 [字形] (T10:147)，異體字形作 [字形] (T10:67)。

---

① 劉志基主編：《中國漢字文物大系》第十一卷，大象出版社，2013 年，第 474 頁。

2. "彳" 訛作 "氵"

"水" 作構件時在秦文字中就已寫作 "氵"，如："涂" 字寫作 （周·病 372）、（周·病 352）等。肩水金關漢簡中 "彳" 筆畫草寫時作 "氵"，如："往"，簡文中的通用字形作 （T25:6），異體字形作 （T23:359A）；"律"，簡文中的通用字形作 （T5:76），異體字形作 （T37:497）等。

八、構件 "雨"

"雨"，甲骨文作 （合集 12704），象雨滴落下之形，金文作 （子雨己鼎），戰國文字作 （楚帛書乙）。肩水金關漢簡中 "雨" 字的四點常連寫成兩橫，甚至連省寫作一橫，如："露" 字，簡文寫作 （T28:22）、（T37:1063）。肩水金關漢簡中與構件 "雨" 有訛混關係的構件有虍、庚、襾、而等四個。

1. "虍" 訛作 "雨"

"虍"，甲骨文作 （合集 10948 正），象形，虎省文。肩水金關漢簡中構件 "虍" 訛寫作 "雨" 的異體，如："虜"，小篆作 ，從毌從力，虍聲，簡文中的通用字形作 （T21:12），異體字形作 （T37:454）；"虞"，小篆作 ，從虍吳聲，簡文中的通用字形作 （T24:877），異體字形作 （T37:76）；"處"，簡文中的通用字形作 （T37:175），異體字形作 （T23:151）"。

2. "庚" 訛作 "雨"

"庸"，小篆作 ，從用從庚，庚省。肩水金關漢簡中 "庸" 的通用字形作 （T23:174），異體字形作 （T24:910）、（T24:19），構件 "庚" 訛寫作 "雨"。

3. "襾" 訛作 "雨"

《說文·襾部》："襾，覆也。从冂，上下覆之。" "襾" 作爲構件時多寫作 "西"。"襾" 與 "雨" 無音義聯繫，僅形近書寫易混。如："賈"，小篆作，從貝而聲，簡文中的通用字形作（T37:1585A），異體字形作（T23:963），"而（兩）"訛寫作"雨"。

4. "而"訛作"雨"

"而"，甲骨文作（合集 10201），戰國文字作（侯馬 307），秦文字作（睡·日乙 231），均與"雨"音義上無聯繫。"襦"，小篆作，從衣需聲，肩水金關漢簡中"襦"異體字形作（T24:15B），構件"需"從雨而聲，"雨"受"而"影響同化作"而"，從而產生同化訛混異體。

九、構件"日"

"日"，甲骨文作（合集 6572）。與構件"日"有訛混關係的構件有目、白、田、口、自等五個。

1. "日"與"目"混用

"目"，甲骨文作（合集 456 正），象一隻眼之形，戰國時期作（貨系 428）。"目"與"日"形近書寫時易混。如："莫"，小篆作，從日在茻中，簡文中的通用字形作（T37:1537A），異體字形作（T5:78）；"書"，小篆作，簡文中的通用字形作（T3:13A），異體字形作（T23:725）。以上字形構件"日"增橫筆訛作"目"。

"省"，小篆作，簡文中的通用字形作（T23:298），異體字形作（T24:118）；"循"，小篆作，簡文中的通用字形作（T37:674），異體字形作（T22:122）；"明"，小篆作，從月從囧，構件"囧"變異作"目"在秦簡中就已產生，如睡虎地秦簡中的"明"字寫作（睡·日乙 206.1）。肩水金關漢簡中"明"的通用字形作（T31:64），異體字形作（T24:346）。以上這些字形的構件"目"省減橫筆訛混作"日"。

2. "日"與"白"混用

構件"白"與"日"形近。"時"，從日寺聲，簡文中的通用字形作（T24:24A），異體字形作（T23:239），異體字形中的構件"日"增撇筆訛作"白"。"樂"，簡文中的通用字形作（T10:404），異體字形作

（T9:86），異體字形中的構件“白”省撇筆訛作“日”。

3. “日”與“田”訛混

“日”與“田”形近易混。“畢”，簡文中的通用字形作（T25:88）異
體字形作（T30:12），異體字形中的構件“田”省豎筆訛作“日”。“魯”，
簡文中的通用字形作（T23:303），異體字形作（T37:754），異體字形
中的構件“日”增豎筆訛作“田”。

4. “口”訛作“日”

“口”，古文字作，象張口之形。構件“口”與“日”形近易混。
“唯”，簡文中的通用字形作（T28:125），異體字形作（T29:114B）；
“豪”，簡文中的通用字形作（T34:21），異體字形作（F1:10）。
以上異體字形中的構件“口”增橫筆訛作“日”。此外，肩水金關漢簡中“京”
“就”“告”“福”“命”等字中的構件“口”亦增橫筆訛混作“日”。

5. “自”訛作“日”

肩水金關漢簡中構件“自”訛作“日”的異體，如：“官”，小篆作，
簡文中的通用字形作（T1:97），異體字形作（T10:120A）；“館”，
小篆作，簡文中的通用字形作（T24:765），異體字形作
（T37:1535B）。以上異體字形中的構件“自”訛省寫作“日”。

十、構件“亠”

“亠”，《龍龕手鏡·亠部》：“亠，徒侯反。”《正字通》：“亠字，
六書不用爲字母，本無音義。”《說文》無此部。肩水金關漢簡訛變作“亠”
的構件有十、宀、立、卜、入、广六個。其中“宀”訛作“亠”在上文已討
論，此不贅述。

1. “十”訛作“亠”

“朝”，簡文中的通用字形作（T5:11），異體字形作（T34:21）；
“索”，簡文中的通用字形作（T3:5），異體字形作（T6:91）等。
肩水金關漢簡中“南”“惠”“直”“胡”“居”“故”等字的構件“十”

均訛寫作"亠"。

2. "立"訛作"亠"

肩水金關漢簡中"立"字頭的字有"童""妾""章"等字，但"立"字頭來源不同。如"童"，《説文·辛部》"从辛，重省聲"，構件"立"爲"辛"省；"妾"，《説文·辛部》"从辛从女"，構件"立"亦來源於"辛"省；"章"，《説文·音部》"从音从十"，構件"立"爲"音"省。肩水金關漢簡中"立"字頭的字省作"亠"的如"意"，簡文中的通用字形作 ，異體字形作 ；"音"，簡文中的通用字形作 ，異體字形作 。此外，"歆""章""贛""鄣""適""竟""童"等字中的構件"立"均省減作"亠"。

3. "卜"訛作"亠"

"占"，小篆作 ![占]，從卜從口，簡文中的通用字形作 ，異體字形作 ，異體字形中的構件"卜"訛寫作"亠"。

4. "入"訛作"亠"

"食"，小篆作 ![食]，從皀亼聲，簡文中的通用字形作 ，異體字形作 ，異體字形的構件"亼"中的構件"入"異寫作"亠"。"倉"，小篆作 ![倉]，簡文中的通用字形作 ，異體字形作 ，異體字形中的構件"入"訛寫作"亠"。

5. "广"訛作"亠"

"麃"，肩水金關漢簡中的通用字形作 ，異體字形作 ，異體字形中的構件"广"省訛作"亠"。

十一、構件"矢"

"矢"，甲骨文作 ![矢]（合集 5699），象箭之形。石鼓文中寫作 ![矢]，秦文字隸變作 ![矢]（睡·日甲 24.B.2）。肩水金關漢簡中與構件"矢"有訛混關係的構件有夫、天、夾、束四個。

1.“矢”訛作“夫”

“夫”，甲骨文作（合集 940 正），戰國文字作（曾侯 164）。肩水金關漢簡中構件“矢”在書寫過程中常訛作“夫”，如“短”，簡文中的通用字形作（T4:86），異體字形作（T37:675）；“疾”，簡文中的通用字形作（T23:575A），異體字形作（T24:976）。此外，“知”“智”“侯”“候”等字中的構件“矢”也訛作“夫”。“矢”與“夫”的訛混在秦文字及漢魏六朝碑刻中均有體現。

2.“矢”訛作“天”

“天”，甲骨文作（合集 19050），金文作（史頌簋），戰國時期增飾筆。“矢”省撇筆訛作“天”在戰國晚期文字中已出現，如（詛楚文）。肩水金關漢簡中“疾”，從疒矢聲，簡文中的通用字形作（T23:575A），異體字形作（T5:13），異體字形中的構件“矢”訛作“天”。

3.“夾”訛作“矢”

“夾”，甲骨文作（合集 24239），會二人夾持一人之意。“陝”，簡文中的通用字形作（T37:1493），異體字形作（T9:67），異體字形中的構件“夾”訛作點並連寫成橫而訛作“矢”。

4.“束”訛作“矢”

“束”，甲骨文作（合集 5618），象木之刺尖。金文作（束鼎），戰國文作（貨系），是“刺”的初文。刺，小篆寫作，從刀從束，束亦聲。秦文字中“刺”作（睡·日甲 35.B.2），構件“束”訛作“夾”。肩水金關漢簡中“刺”的通用字形作（T28:71），異體字形作（T34:12）、（T26:95）。異體字形中的構件“束”訛作“夾”，“夾”再訛作“矢”或“夫”，其異體訛混體現出漸進性。

十二、構件“禾”

“禾”，古文字作，象禾垂穗之形，肩水金關漢簡中與“禾”有訛混的構件有示、米、未、耒、樂五個。

1. "禾"與"示"混同

肩水金關漢簡中構件"示"常訛寫作"禾"。如"禁"，簡文中的通用字形作 （T37:1453），異體字形作 （T9:138）；"察"，簡文中的通用字形作 （T23:967），異體字形作 （T24:916）。以上"禁"與"察"異體字形的構件"示"均訛作"禾"。"穎"，小篆作 , 從禾頃聲，簡文中的通用字形作 （T37:526），異體字形作 （T9:81），異體字形中的構件"禾"訛寫作"示"。

2. "禾"與"米"混用

"米"，甲骨文作 （合集72反），象米粒形，秦文字隸變作 （睡·律）。"禾"與"米"意義相同，形近易混。"稟"，簡文中的通用字形作 （T34:19），異體字形作 （T11:2），異體字形中的構件"禾"訛作"米"。"粟"，簡文中通用字形作 （T23:688），異體字形作 （T24:16），異體字形中的構件"米"訛作"禾"。

3. "禾"訛作"未"

"未"，甲骨文作 （合集795正），象樹干之形，金文作 （利簋），戰國文字作 （楚帛書·甲八），秦文字作 （睡·效20）。"積"，從禾責聲，簡文中的通用字形作 （T29:80），異體字形作 （T10:71），異體字形中的構件"禾"訛作"未"。

4. "耒"訛作"禾"

"耒"，古文字作 或 ，前者會手持農具會意，後者爲耕地工具形。戰國晚期寫作 ，隸變作"耒"，"耒"與"禾"形近易混。"籍"，簡文中的通用字形作 （T24:600），異體字形作 （T10:214），異體字形中的構件"耒"訛作"禾"。

5. "樂"訛作"禾"

"樂"，甲骨文作 （合集33153），象絲綫設於木器之上，表示弦樂器。金文作 ，戰國文字增加飾筆後字形略有變化，秦文字作 （睡·日乙 132）。肩水金關漢簡中"樂"草省寫作 ![字](T37:529），後世簡化字"乐"即來源於此字形的楷化。"觻"，從角樂聲，簡文中的通用字形作 ![字]（T23:341），異體字形作 ![字]（T6:127）、 ![字]（T6:83A）、 ![字]（T37:1007），異體字形中的構件"樂"在草省 ![字]字的基礎上繼續訛作示、未、禾，這也體現了構件訛混的漸進性。

十三、構件"灬"

構件"灬"來源於火字底，本義與火相關。"火"，甲骨文作 ![字]（合集 2874），象火焰之形；秦文字作 ![字]（睡·日乙 94.1）。"火"在左右結構的字中字形沒有變化，在上下結構的字中火字底變異作"灬"，秦文字中火字底在構字時作 ![字]（睡·日乙 22.1），仍寫作"火"；到西漢中晚期的肩水金關漢簡中火字底變作"灬"，如"然"，簡文中的通用字形作 ![字]（F1:10）。另外，簡文中"赤字下部"、"![字]"構件，均與"火"意義相關，寫作"灬"屬"火"字的形變，如"赤"，從大從火，簡文中的通用字形作 ![字]（T23:966），異體字形作 ![字]（T30:94A）。"赤"異體的形變過程爲"大"變"土"，"火"隸變作"小"，"小"再訛寫作"灬"。肩水金關漢簡中訛寫作"灬"的構件有"乘"字下部的"八"、"縣"字下部的"小小"、"兼"字下部的"八"、"从"字底等。

1. "乘"字下部的"八"訛作"灬"

"乘"，甲骨文作 ![字]（合集 171），從大從木。秦文字隸變作 ![字]（睡簡），肩水金關漢簡中"乘"的通用字形作 ![字]（T26:35），異體字形作 ![字]（H2:5），"乘"字下部的筆畫"八"訛作"灬"。

2. "縣"字下部的"小小"訛作"灬"

"縣"，古文作 ![字]，從木從首從糸，會懸人首於木之上。秦文字隸變作 ![字]（睡·律·倉 29），肩水金關漢簡承秦文字寫法，通用字形作 ![字]（T6:91），異體字形作 ![字]（T3:5），"縣"的異體字形下部兩個構件共省訛作"灬"。

3.“兼”字下部的“⺌”訛作“灬”

“兼”，古文字作，從又從秝，會以手持二禾之意。肩水金關漢簡中“兼”的通用字形作（T24:816），異體字形作（T23:777），“兼”字下部“⺌”訛寫作“灬”。

4.“从”字底訛作“灬”

“檢”，從木僉聲，肩水金關漢簡中“檢”的通用字形作（T37:527），異體字形作（T3:55）；“劍”，從刃僉聲，簡文中的通用字形作（T21:226），異體字形作（T10:268）。以上兩個異體字形中的構件“僉”中的“从”均訛寫作“灬”。

十四、構件“卩”

“卩”，甲骨文作（合集 7767），象人跪踞之形。“卩”與“阝”在簡文中常有訛混。如“叩”，肩水金關漢簡中的通用字形作（T2:8A），異體字形作（T23:206）。構件“阝”來源於“邑”和“𨸏”兩個形音義均不同的構件，“邑”草寫作“阝”位於字形的右邊，如“郡”“都”“郊”等。而“𨸏”草寫作“阝”位於字形的左邊，如“陽”“陵”“陳”等。

1.“阝（邑）”訛作“卩”

“邑”，甲骨文作（合集 6678），從口從卩。秦文字中“邑”作爲構件在右邊位置時就已有形變作“阝”，如（里·J195 正）。肩水金關漢簡中“郡”的通用字形作（T30:202），異體字形作（T4:8）；“鄉”，簡文中的通用字形作（T10:315A），異體字形作（T10:207）等。以上字形的構件“阝”均訛寫作“卩”。

2.“阝（𨸏）”訛作“卩”

“𨸏”，古文字作，象台階之形，與“卩”形音義均無聯繫。阝作爲左邊位置的構件，在秦文字中已有“阝”這一寫法，如“除”寫作（睡·雜 37）。肩水金關漢簡中構件“𨸏”通常寫作“阝”，構件“阝”也常訛作“卩”，如“陽”，簡文中的通用字形作（T3:49），異體字形作（T3:69）；

"陳"，簡文中的通用字形作 （T6:19），異體字形作 （T30:119）等。

十五、構件"刀"

"刀"，古文字作 ，象刀之形。簡文中與構件"刀"混用的構件有刃、力兩個。

1. "刃"訛作"刀"

"刃"，甲骨文作 （英甲 321）或 （合集 117）。"刃"與"刀"形近且意義相關。秦文字中"劍"字常寫作 （睡・法 85），"刃"訛作"刀"。肩水金關漢簡中"劍"的通用字形作 （T21:226），異體字形作 （T22:134），異體字形中的構件"刃"省點訛寫作"刀"。

2. "力"訛作"刀"

"力"，甲骨文作 （合集 22099），象耒等農具之形，或以耒示意。"力"與"刀"形近，無音義聯繫。肩水金關漢簡中"男"的通用字形作 （T10:178），異體字形作 （T37:1135）；"勳"，簡文中的通用字形作 （T10:155），異體字形作 （T37:1290）。以上兩個異體字形中的構件"力"均訛作"刀"。

十六、構件"心"

"心"，甲骨文作 （合集 6），戰國文字作 （侯馬 301），秦文字"心"的寫法與戰國文字相同。"心"作爲構件，位置在下時寫作"心"，位置在左時寫作"忄"。肩水金關漢簡中與構件"心"字有訛混的構件有衣、十、⺌ 三個。

1. "衣"訛作"心"

"衣"，古文寫作 ，象衣服之形，與"心"無音義聯繫。如"襄"，小篆作 ，從衣𢦔聲，簡文中的通用字形作 （T37:562），異體字形作 （T27:22），異體字形中的構件"衣"訛寫作"心"。

2. "心" 訛作 "十"

"德"，小篆作，從彳悳聲，簡文中的通用字形作（T30:133），異體字形作（T24:260），異體字形中的構件"悳"中的"心"字底訛寫作"十"。

3. "心" 訛作 "灬"

肩水金關漢簡中"心"字底的字訛作"灬"的異體非常多，如"息"，簡文中的通用字形作（F1:11），異體字形作（T23:797B）；"德"，簡文中的通用字形作（T30:133），異體字形作（T14:1）。此外，"意""急""惠"等字的構件"心"均有訛作"灬"。"愛"，簡文中的通用字形作（T31:47），異體字形作（T24:843），異體字形中的構件"心"與"夊"位置互換後，"心"字底訛作"灬"。構件"心"只有在作爲"心"字底時才訛作"灬"，而這"灬"又常連寫作橫，如：（T33:37）、（T23:731B）等，這種形變亦是構件訛混的漸進性。

第二節　肩水金關漢簡形體混同異體字舉例

前文對典型構件異體字進行了舉例分析，本節則對整字訛混的異體字進行分析。整字訛混異體字是古文字中常見的文字現象，文字研究中常將訛混字作爲獨立的研究對象，我們在討論異體字時，考慮到訛混的本質是同字異形，因此，我們將簡文中的形近訛混的字也納入到異體字的範疇討論。

一、形體混同異體字與錯別字、同形字的區別

錯別字一般指根據簡文語境本該寫作 A 的字錯誤地寫成了 B，即書寫錯誤的字，具有較強的偶然性。關於出土文獻中的錯別字問題學界有爭議，

裘錫圭在《談談上博簡和郭店簡中的錯別字》[①]一文中，通過對上博簡和郭店簡中的《緇衣》《性自命出》的互校指出了其中的一些錯别字，在學界影響較大。此後在討論簡文用字時“某字是某字之誤”或“某字誤寫作某”的説法較多。劉信芳《關於竹書“錯别字”的探討》一文對以往學者所考證出的竹書訛誤或錯别字進行重新審視，認爲不應該輕易認爲古人書寫錯誤。[②]張新俊《上博楚簡文字研究》第三章討論了簡文錯别字，認爲涉及楚人用字習慣的情況不能看作是錯字，又以“名”和“明”爲例説明由於偏旁混同而造成的錯誤，不能視爲錯字。他把錯字分爲“壞字”“抄手筆誤”“形近而誤”三種情况[③]。劉玉環《秦漢簡帛訛字研究》將簡帛中的訛字分爲訛别字和訛錯字進行了分析。[④]

肩水金關漢簡多爲漢代屯戍人員日常生活簿籍記録，往來郵書、符傳，以及公文書檄等，由於文書抄寫量大、書手衆多、書寫者的主觀能動性較强、書寫水準參差不一、書寫態度和書寫習慣有别，書寫時省訛現象就在所難免。錯别字是簡文中客觀存在的書寫現象，但應該在充分考慮秦漢時期簡文書寫習慣的基礎上謹慎地判定錯别字。

錯别字與形體混同類異體字的主要區别在於：是否有復現率。錯别字往往只是偶然的書寫錯誤，無復現率，具有偶然性、臨時性；形體混同異體字則是手寫文獻中較爲普遍的現象，它們具有一定的復現率和規律性，且在不同的時代具有傳承性。肩水金關漢簡錯别字的用例如：

1.“傳”錯寫成“博”

肩水金關漢簡T10:173簡：“傳馬一匹，騩牡齒十二歲，高五尺八寸。”釋文中的“傳”，原簡該字形作“”，實乃“博”字。據簡文上下文

---

① 裘錫圭：《談談上博簡和郭店簡中的錯别字》，載謝維揚、朱淵清主編《新出土文獻與古代文明研究》，上海大學出版社，2004年，第77—80頁。

② 劉信芳：《關於竹書“錯别字”的探討》，《考古》2006年第10期，第66—76頁。

③ 張新俊：《上博楚簡文字研究》，博士學位論文，吉林大學，2005年，第36—55頁。

④ 劉玉環：《秦漢簡帛訛字研究》，中國書籍出版社，2012年。

語境當是“傳馬”的“傳”字，“傳馬”乃漢時驛站傳車所用的驛馬，“傳”即驛站過所。“傳”在簡文中的通用字形作 （T37:1451A），“博”在簡文中的通用字形作 （T3:68），二者左邊構件區別明顯。“傳”字在西北屯戍漢簡中出現了近 707 次，“傳”訛寫作“博”，構件“亻”訛寫作“十”，西北屯戍漢簡中僅此一例。

2.“輸”錯寫成“偷”

肩水金關漢簡 T28:32 簡：“☑車二兩，載穬麥五十石輸橐佗候官。”釋文中的“輸”，原簡該字形作 ，應是“偷”字。而根據簡文上下文語境當是“輸入”的“輸”。“輸”在簡文中的通用字形作 （T14:27），“輸”與“偷”字形構件差異明顯，T28:32 簡中“輸”的構件“車”錯寫成“亻”，而成了“偷”。西北屯戍漢簡中“輸”字使用了 134 次，錯寫成“偷”字僅此一例。

同形字，裘錫圭指出“範圍最狹的同形字，只包括那些分頭爲不同的詞造的、字形偶然相同的字。”[1]即狹義的同形字僅指字形相同，讀音和意義不同的字，甲骨文中就已有相當數量的同形字。如“子”與“巳”同形，“月”與“夕”同形。[2]漢字發展過程中，同形字的數量也在不斷增加。毛遠明認爲“同形字的核心問題是同形不同詞，與異體字的核心問題同詞不同形剛好相反”[3]。因此，異體字與同形字是文字學中兩種不同的文字問題。形體混同與同形字的區別在於：一是文字發展史上的“同形字”是兩個音義不同的字在造字時偶然使用了相同的符號表示，是造字層面的同形，具有歷史傳承性；而形體混同是書寫時形近字的訛寫混用，是書寫層面的偶然同形，與字體和書寫有密切的關係。二是形體的借用也是“同形字”中的一種，如“隻”本表示“獲”，表獲得義，借用“隻”表示“只”，爲量詞單位。“隻”和“只”在讀音和意義上完全不同，只是借用了其中一字的形體。這種形體借

---

① 裘錫圭：《文字學概要》，第 209 頁。
② 陳煒湛：《甲骨文異字同形例》，《古文字研究》第六輯，中華書局，1981 年。
③ 毛遠明：《漢魏六朝碑刻異體字研究》，第 368 頁。

用的 "同形字" 與假借是有區別的, 假借是借形、借音, 表示不同的字。而簡牘中的形體混同字之間不存在形體借用的關係, 只是書寫訛混導致的兩個或幾個形近字的形體混同。因此 "形借" 的同形字是造字的範疇, 形體混同是用字的範疇。

二、肩水金關漢簡中形體混同異體字

肩水金關漢簡中因形近而成的形體混同異體字較多, 根據訛混形式的不同, 我們在簡文中歸納出 29 組形近訛混異體字, 分別是 "A 訛混作 B" 16 組, "A、B 互相訛混" 6 組, "A 訛混作 B 或 C" 2 組, "A、B 訛混作 C" 5 組。下面簡要舉例分析簡文中的形近字訛混異體字。

(一) A 訛混作 B

1. "壬" 訛作 "王"

"王", 甲骨文作 (合集 558), 增加橫筆作 (甲 28771), 金文作 (成王鼎), 後形變作 (天亡簋), 此後 "王" 字形體基本確定, 戰國時期偶有增加飾筆的字形。壬, 甲骨文作 (合集 2646), 金文作 。金文中 "王" 與 "壬" 字形相近, 僅首筆筆形不同。大約在戰國時期, "壬" 字就已有寫作 "" (十七年寺工鈹), 與 "王" 字開始訛寫混同。秦簡文字中 "壬" 幾乎都寫作 "王", 西漢早期的漢簡中 "壬" 與 "王" 的寫法亦無區別, 如肩水金關漢簡中 "壬" 字的異體字形作 (T3:109), "王" 字的通用字形作 (T21:100), "壬" 訛寫成 "王"。

2. "乎" 訛作 "平"

"乎", 甲骨文作 (合集 148), 金文增撇筆作 (頌鼎), 豎筆與點筆連寫作 (頌簋), 其後 "乎" 字的字形略有變化。"平", 春秋金文作 (郘公鼎), 春秋戰國時期添加了飾筆, 戰國晚期形體趨簡, 飾筆删減後作 (平都矛)。"乎" 與 "平" 字形相近。肩水金關漢簡中 "乎" 的通用字形作 (T23:279A), 當撇筆變橫筆時寫作 (T24:104), 即與簡文中 "平" 字的寫法 (T14:17) 混同, 進而產生形近訛混異體字。

3. "印"訛作"卬"

"印"，甲骨文作，從爪從卪；"卬"古文字寫作，從匕從卪。"印"與"卬"爲形近字，肩水金關漢簡中"印"的通用字形作（T6:38A），構件"爪"形變后減省内部的短橫筆訛寫作（T31:34B），即"印"的異體與"卬"的字形（T37:1266）混同。

4. "朱"訛作"未"

"朱"，甲骨文作（合集 36743），木字中間加點會樹干之意，後來點演變成橫作（公朱左師鼎），秦文字作（睡·法 140）。"未"，甲骨文作（合集 795 正）、（合集 36496），戰國時期增添飾筆作（郭店楚簡），秦文字作（睡·效 20）。秦文字時期"朱"與"未"二字已訛混同形，西漢早期的漢簡中這兩個字依然訛混同形，到西漢中晚期的肩水金關漢簡中"朱"的通用字形作（T37:1585A），以與"未"區别。但在簡文中"朱"的異體作（T24:725），與"未"字依然是訛混同形關係。

5. "告"訛作"吉"

"告"，甲骨文作（合集 183），金文作（班簋），秦文字作（睡·雜 36），構件"牛"字形不斷變化，秦文字時圓弧形筆畫趨於平直。肩水金關漢簡中"告"字寫作（T25:7A）、（T21:131B）、（T21:303），當"告"作時，與簡文中的"吉"字作（T29:54）形體混同。

6. "世"訛作"卅"

"世"，金文作、，小篆作。《説文·卅部》："世，三十年爲一世。从卅而曳長之。亦取其聲也。""卅"，小篆作，《説文·卅部》："三十并也。"肩水金關漢簡中"世"的通用字形作（T1:7），異體字形作（T5:76），"世"的異體字形與"卅"的通用字形作（T10:117）混同。

7. "左"訛作"尤"

"左"，甲骨文作(合集 5825)，象左手之形，金文增加"口"作（班簋），春秋戰國時期構件"口"訛作"工"作(秦工鑄)。肩水金關漢簡中

"左"字隸變作（T3:1），而書寫時構件"工"的筆畫常快筆連書作"乙"，如（T9:104）、（H2:13）等，簡文中的"尢"字寫作（T37:1098B），即"左"訛作"尢"。

8. "丹"訛作"月"

"丹"，甲骨文作（合集 716 正），戰國文字中"丹"寫作，秦文字"丹"作（睡·爲 36.3）、（放·志 2）。肩水金關漢簡中"丹"的通用字形作（T37:1217），點筆與下橫筆長短有別，當這兩筆寫法趨同時作（T37:230）、（T22:111A）等，即與"月"字訛混同形，簡文中"月"字寫作（T23:79A）。

9. "出"訛作"土"

"出"，甲骨文作（合集 974 正），戰國時期作（石鼓文·四車），秦文字隸變作（睡·日乙 156）。肩水金關漢簡中的"出"的通用字形作（T35:2），異體字形作（T21:161），這一異體字形在簡文中也很常見。而簡文中"土"字作（T28:53A），則"出"的異體字與"土"字訛混同形。"出"字的另一異體字形作（T30:32），則與"士"字同形。

10. "先"訛作"夫"

"先"，甲骨文作（合集 22165），秦簡中作（睡·日乙 159）。肩水金關漢簡中"先"的筆畫拉直形變作（T2:92），異體字形作（T30:176），這一異體字形與簡文中"夫"的字形（T10:120A）訛混同形。

11. "昜"訛作"易"

"昜"，甲骨文作（合集 3389），金文作（昜叔盨），戰國文字作。《説文·勿部》："昜，開也。从日一勿。"肩水金關漢簡中"昜"字作""（T21:464）。"易"，甲骨文作（合集 940 正）、（合集 11438），金文作（大克鼎），戰國文字進一步形變作，秦文字作，且增橫筆作（睡·日乙 106.1）。戰國文字中"昜"與"易"已是形近字，秦文字中"昜"已訛混作"易"。肩水金關漢簡中"易"的通用字形作（T30:31），異體字形作（T21:464）、（T23:921）等，異體字形均增寫橫筆，與"昜"字的字形混同。

12. "水"訛作"木"

"水"，甲骨文作（甲2491）；秦文字中"水"的通用字形作（睡·律·田4），異體字形作（睡·律·徭115）。"木"，古文字作![]，秦文字作（周·病284），秦簡中"水"與"木"字形已接近訛混同形。肩水金關漢簡中"水"的通用字形作（T9:89），異體字形作（T9:336）、（T21:103）等，異體字形亦與簡文中"木"的字形（T23:521）混同。

13. "戍"訛作"戎"

"戍"，甲骨文作![]、![]，從人持戈；秦文字時期"戍"字形變作![]。"戎"，甲骨文作![]，從戈從甲，會武器之意。"戎"字在發展過程中字形變化不大。肩水金關漢簡中"戍"的通用字形作（T24:261），異體字形作（T25:86）、（H1:52），從而與簡文中的"戎"字形（T14:25）混同。

14. "兩"訛作"丙"

"兩"，金文作（守簋），增橫筆作（盄子孟姜壺），戰國文字作（王子中府鼎）、（巍鼎），秦文字中作（睡·日甲 39.Z）。肩水金關漢簡中"兩"的通用字形作（T9:41），異體字形作（T1:129）、（T1:170）、（T24:105）、（T38:1383）等。"丙"，肩水金關漢簡中的通用字形作（T30:240），異體字形作（T37:1438）、（T26:47）。肩水金關漢簡中"兩"的異體字形與"丙"的通用字形及其異體字形均訛混同形。

15. "東"訛作"車"

"東"，古文字作![]，秦文字隸變作（睡·日甲 17.B.5）。肩水金關漢簡中"東"的通用字形作（T27:47），撇捺筆連寫成橫，異體字形作![]

（T30:8）、（T23:969）等，與 "車" 字的字形 （T37:712）混同。

16. "没" 訛作 "汲"

"没"，秦文字中作 （睡·律·103），"汲" 作 （嶽麓一·占42）。肩水金關漢簡中 "没" 作 （T1:212），"汲" 作 （T23:305）。"没" 和 "汲" 二字訛混同形，構件 "殳" 訛寫作構件 "及"。

（二）A、B 互相訛混

1. "曰、日" 混同

"曰"，甲骨文作 （合集586），口上短橫起指示作用；詛楚文中 "曰" 作 ，指示的短橫與 "口" 兩邊的筆畫連寫；秦文字中 "曰" 作 （周·病332）。肩水金關漢簡中 "曰" 的通用字形作 （T34:40），與 "日" 的字形 （T10:221A）訛混同形。"曰" 與 "日" 在肩水金關漢簡中常混同。

2. "人、入" 混同

"人"，甲骨文作 ，象人側面之形；"入"，甲骨文作 。隸變后 "人" 與 "入" 趨於同形。肩水金關漢簡中 "人" 的通用字形作 （T10:76），"入" 的通用字形作 （T21:206A），二字常有訛混，如："人" 異體字形作 （T14:7），"入" 異體字形作 （T1:34）。但簡文中以 "入" 訛作 "人" 更爲普遍。此外，"人" 還作 （T10:316），此字形與 "八" 訛混同形。

3. "它、也" 混同

"它"，甲骨文作 ；"也"，金文作 。古文字時期 "它" 與 "也" 字形差異明顯，隸變后二字形體接近，肩水金關漢簡中 "它" 的通用字形作 （T37:149），異體字形作 （T24:15A），"它" 的異體字形與 "也" 字同形；"也" 簡文中的通用字形作 （T6:92），異體字形作 （T23:708），則 "也" 的異體字形與 "它" 字同形。此外，"他" 與 "佗" 簡文中也常訛混。如在簡文中 "他" 字的通用形作 （T37:870），異體字形作 （T37:762），"他" 的異體字形與 "佗" 的通用字形

（T37:81）同形；“佗”的異體字形作 （T9:105），則與“他”字的通用字形混同。

4. “毛、屯”混同

“毛”，金文作 ，秦文字作 。“屯”，甲骨文作 （合集 9652），金文作 。肩水金關漢簡中“毛”與“屯”的字形極爲相似，如“毛”寫作 （T24:212），“屯”寫作 （T1:83），二字訛混同形。

5. “支、丈”混同

“丈”，戰國文字作 （郭店楚簡·六德），秦文字作 （睡·日乙），居延漢簡作 （4.4A），肩水金關漢簡中“丈”作 （T1:41）、（T22:81）、（T28:10）。“支”，秦文字中作 （睡·法75），與肩水金關漢簡中“丈”寫法相同。肩水金關漢簡中“支”的通用字形作 （T23:863），異體字形作 （T29:115A），“丈”與“支”訛混同形。

6. “土、士”混同

“土”，甲骨文作 （合集 559 正），金文作 （孟鼎），戰國文作 （公子土斧壺）。“士”，金文作 （獣簋）、（邾公牼鐘）；戰國文字中“士”作 ，也作 ；秦文字中“士”作 （睡·日甲.5.B.1）、（睡·爲 18.2）。肩水金關漢簡中“士”的異體字形作 ，則“士”的異體字形與“土”字同形。居延漢簡中“土”字作 （387.12），爲與“士”字形相區別在“土”字上加點。但整體上西北屯戍漢簡中“士”與“土”二字常訛混同形。

（三）A 訛混作 B 或 C

1. “甲”訛寫作“申、田”

隸變后的“甲”“申”“田”三個字的差別僅在於豎筆的長短。肩水金關漢簡中“甲”作 （T37:1076），與“申”訛混同形；而“甲”作 （T25:43）時，則與“田”訛混同形。此外，簡文中“申”字的豎筆寫得較短時也訛混作“甲”，如 （H2:18）。

2. "正"訛寫作"乏、匹"

"正"，甲骨文作【字形】，從止從口，後"口"訛變作"一"，作【字形】。"乏"，古文字作【字形】。肩水金關漢簡中"正"的通用形作【字形】（T1:2），異體字形作【字形】（T24:267A）等；肩水金關漢簡中"乏"字作【字形】（T21:59）。則"正"的異體字形與"乏"字同形。此外，"正"的另一異體作【字形】（T28:9A），與簡文中"匹"字的寫法【字形】（T26:23）訛混同形。

（四）A、B 訛混作 C

1. "左、在"訛混作"【字形】"

"左"，甲骨文作【字形】(合集 5825)，金文增加"口"作【字形】（班簋），春秋戰國時"口"訛作"工"作【字形】(秦工鎛)。"在"，甲骨文作【字形】（合集 22925），秦文字隸變作【字形】（睡·日乙 157）。肩水金關漢簡中"左"的通用字形作【字形】（T3:1），異體字形作【字形】（T4:25）、【字形】（T37:34）等；"在"，簡文中的通用字形作【字形】（T1:132），異體字形作【字形】（T23:609）、【字形】（T3:105）。"左"與"在"在簡文中均訛寫作【字形】。此外，"在"有時也訛寫作【字形】（63.37），與"左"字同形訛混。

2. "白、自"訛混作"【字形】"

"自"，甲骨文作【字形】，金文作【字形】，秦文字作【字形】（睡·爲 15.4）。"白"，甲骨文作【字形】，秦文字作【字形】（放·日乙 345）、【字形】（周 1 日 204）。肩水金關漢簡中"自"的通用字形作【字形】（T10:220A），異體字形作【字形】（T23:731B）；"白"，簡文中的通用字形作【字形】（T23:874），異體字形作【字形】（T27:49）。橫筆的省變致"白"和"自"訛混同形。

3. "鄉、卿"混作"【字形】"

"鄉"，甲骨文作【字形】（合集 5411），秦文字作【字形】（睡·日甲 158 背）。"卿"，甲骨文作【字形】（合集 5236），秦文字作【字形】（睡·日甲 248）。肩水金關漢簡中"鄉"的通用形作【字形】（T10:315A），異體字形作【字形】（T10:66）；"卿"，簡文中的通用字形作【字形】（T10:81），異體字形作【字形】（T24:142）。

"鄉"和"卿"的異體字形簡省作同一個字形均寫作 。此外，"鄉"還有異體字形作 （T37:1189），"卿"亦有異體字形作 （T4:108A），"鄉"右邊的"阝"變異作"卩"，"鄉"與"卿"的這一異體字形均以右邊構件"卩"代替整字，從而又訛混同形。

4. "已、己"訛作"巳"

肩水金關漢簡中"巳"字作 （T3:55）、 （T4:87），"己"在簡文中作 （T3:114）、 （T33:40A）。"已"和"己"的異體均與"巳"的字形 （T9:115）訛混同形。

5. "午，牛"混"十"

"午"，甲骨文作 （合集 324），金文作 （卯卤），戰國文字作 (包山楚簡 59)，秦文字作 (睡·日乙 251)。"牛"，甲骨文作 （合集 203反），戰國文字作 ，秦文字作 （睡·法 5）。肩水金關漢簡中"午"的通用字形作 （T22:11A），異體字形作 （T37:770A）；"牛"簡文中的通用字形作 （T37:761），異體字形作 （T37:58）。"午"與"牛"的異體字訛混同形。

第三節　肩水金關漢簡訛混異體字的特點

肩水金關漢簡中因訛混產生的異體字共 266 組，是各類異體字組中數量最多的異體字組。因此，書寫訛混是肩水金關漢簡異體字產生的主要原因。整體而言，肩水金關漢簡訛混異體字具有以下特征。

一、訛混關係的複雜性

訛混關係指各個訛混異體之間的對應關係，從形式上來說，包括："A 訛混作 B"的單向訛混、"A、B 互相訛混"的雙向混用、"A 訛混作 B 或

C”的發散型多向訛混，“A、B 訛混作 C”聚集型訛混四類。簡文中字與字之間的訛混關係複雜，具體表現在以下四個方面。

第一，同一個字的同一個構件訛混成多個不同的構件，如構件“木”，在“李”字的異體字形中訛作“土”（ T21:14）、“士”（T1:137）、“丰”（T23:481B）；在“檟”字的異體字形中訛作“扌”（T6:14B）、“牛”（T37:773）等。因此，構件“木”在“李”字中有 3 種訛混寫法，在“檟”字中有 2 種訛混寫法。

第二，不同字的多個不同構件訛混成同一個構件，如簡文中“十”“宀”“立”“卜”“入”“广”等 6 個構件都訛寫作“宀”；“竹”“廿”“癶”“止”“炏”“公”等 6 個構件均訛寫作“䒑” 等。

第三，有的成字構件作獨體字和作構件時的訛混相同，如前文分析到的獨體字“也”和“它”字在簡文中互相訛混，當它們分別作“他”和“佗”的構件時，這兩個字也常訛混同形。

第四，成字構件作單字時不混同，而作構件時混同，如“日”與“目”，簡文中這兩個獨體字未見訛混，但這兩個字作構件時常常訛混，如：“睢”的異體字形作（T3:104），構件“目”訛作“日”；“日”與“白”，作獨體字時二者未見混同，作構件時“日”訛作“白”，如：“時”字的異體字形作（T23:239）。

另外，就訛混構件的數量而言，肩水金關漢簡中的 16 組典型訛混構件，涉及 62 個構件，其中 6 個訛混構件的有 3 組、5 個訛混構件的有 3 組、4 個訛混構件的有 4 組、3 個訛混構件的有 3 組、2 個訛混構件的有 3 組，平均每個構件約有 3.9 個訛混構件。單個構件最少有 2 個訛混構件，最多的有 6 個訛混構件。這些數據表明肩水金關漢簡中構件的訛混以 4—6 個爲主，同組訛混構件越多，訛混關係就越複雜。

二、訛混具有一定的歷史傳承性

一般而言，隨著書體的變化和書寫者的不同，文字間的訛混具有偶然性和不確定性，但由於書寫心理和書寫習慣的趨同使得不同時代的某些構件或形近字的訛混呈現出一定的歷史繼承性，這些構件或形近字在不同的時代訛混相同。

就訛混構件而言，肩水金關漢簡的訛混構件有承上啓下的作用。典型的訛混構件中承襲秦文字並産生訛混構件的有"力與刀""卩與阝""宀與冖""日與目""田與日""手（扌）與牛""彖與彔""易與昜""夊與辶""赤與亦""貝與見"等 11 組。而肩水金關漢簡中訛混構件的寫法延續到漢魏六朝碑刻文字中的有"宀與冖""宀與穴""木與扌""牛與扌""木與土""木與示""攴與殳""攴與夊""攴與又""艸與竹""艸與廿""雨與虍""雨與而""雨與覀""失與夫""禾與示""禾與米""心與灬"等 18 組。秦文字、肩水金關漢簡，以及漢魏六朝碑刻文字中共有的訛混構件有"宀與冖""扌與牛"等。整字訛混也具有時代延續性，如秦文字中有的形近訛混字延續到西漢中晚期的肩水金關漢簡中仍然具有訛混關係，如："人與入""壬與王""日與白""支與丈""告與吉""和與私"等。

雖然構件或形近訛混具有一定的歷史傳承性，但各個時期的訛混字也會産生該時代特有的書寫訛混現象。肩水金關漢簡中構件"𦣞"訛作"日"，如"官"，小篆作 ，從宀從𦣞，簡文中的通用字形作 （T1:97），異體字形作 （T10:120A）；"館"，小篆作 ，從食官聲，簡文中的通用字形作 （T24:765），異體字形作 （T37:1535B）。以上字形的構件"𦣞"訛省寫作"日"，這一訛混是肩水金關漢簡中新見，秦文字和漢魏六朝碑刻文字中尚未見此類構件訛混。

訛混異體字的傳承性反映了書寫的社會屬性，基於相同的書寫習慣，大多數訛混字或者訛混構件不是個體的臨時性書寫訛混，而是普遍的持續性書寫訛混，它們既有歷時的訛混同形，也有共時的訛寫混同，這些特征使得漢字演變的追根溯源更加複雜。

三、訛混構件類推的有限性

　　類推性是肩水金關漢簡異體字的重要特征，簡文中類推性簡化構件，如："門"簡化作"门"、"言"簡化作"讠"、"易"簡化作"𦀇"、"見"簡化作"见"、"頁"簡化作"页"、"戔"簡化作"戋"等，這些構件在組字過程中的類推簡化未全覆蓋，也就是説並非所有含這些構件的字都會發生簡化。構件是否簡化與其在合體字中的位置有較爲密切的關係，比如"言"字作構件時，基本上是左右結構中左邊的"言"字旁，以及處於漢字結構中間位置的"言"字可以類推簡化作"讠"，上下結構中"言"未簡化。

　　除構件草寫簡化時有類推性外，簡文中的構件訛混構件也具有類推性，而且這種類推也具有一定的限制性。這種限制性也主要與構件在該字中所處的位置有關，如構件"木"訛作構件"扌"時，只發生在左右結構的左邊位置中，如："相"，從目從木，簡文中的通用字形作 （T37:552），異體字形作 （T37:997）；"杜"，從木土聲，簡文中的通用字形作 （T3:49），異體字形作 （H1:23）。這些字形結構左邊的"木"均訛寫作"扌"。而左右結構右邊的"木"則不訛作"扌"，如"休"在簡文中的通用字形作 （T37:1052A）。上下結構中"木"亦不能訛寫作"扌"，如"案"在簡文中的通用字形作 （T4:189），下部構件位置上的"木"不訛作"扌"；"李"在簡文中的通用字形作 （T37:1105），異體字形作 （H2:40），上部構件中的"木"也不訛作"扌"，但撇捺筆常連寫訛作"土"。因此，"木"訛作"扌"僅限於左右結構中的左構件"木"，其他位置上的"木"均不訛混作"扌"。這就體現出了構件訛混的類推性是以構件所處的位置爲條件的。訛混構件類推的有限性也適用於秦文字、漢魏六朝碑刻文字中的訛混構件，這是文字書寫訛混的共性。

四、訛混具有一定的漸進性

　　訛混的漸進性主要體現在構件訛混上，有的構件在訛混過程中並非直接訛作與該構件字形差異較大的另外一個構件，而是在書寫過程中逐漸訛寫而成，中間有過渡字形，這種訛混過程即具有漸進性。典型的例字如"樂"字的異體變化：

"樂得"的"樂"字，符合結構理据上的通用字形寫作 ▨（T24:022），簡文實際書寫中圍繞構件"樂"產生了多個訛變字形，其訛變的大致類型有以下五種。

第一種，"樂"字上部的三個構件部分或全部用三角符號代替，如：▨（73EJC:609）、▨（T9:87）、▨（T24:384A）、▨（T30:157）。

第二種，"樂"字上部簡文寫成三個點，如：▨（T9:42）、▨（T23:773）、▨（T26:154）、▨（T37:622）。也有三角與點並用的訛變，如：▨（T37:1333）。三點偶爾還會寫成四點，如：▨（T37:1092）。

第三種，"樂"字上部簡省作三點後又省略作兩點，如：▨（F3:462）、▨（F3:538）。省略成兩點後有時形體與"米"字相同，如：▨（T5:83）、▨（73EJD:210）、▨（T24:99）、▨（T37:1154）。

第四種，簡省後的"樂"字上面由兩點連寫形成的橫筆與下橫筆繼續連寫，則形成與簡化的"乐"字類似的寫法，如：▨（F3:376）、▨（T37:1061A）、▨（T37:1152）。

第五種，上部省作兩點的"樂"字連寫成一條直綫，這樣有時就與"禾"字同形，如：▨（73EJC:300）、▨（73EJD:134）；或與"未"字同形，如：▨（T6:51）、▨（T6:83A）、▨（T37:759）；或與"示"字同形，如：▨（73EJC:311）、▨（T35:4）。

上述"樂"字中構件"樂"的訛變過程，是一個草寫簡化的過程，從其字形變化來看帶有一定的漸進性，或者可以說體現出了一定的綫性序列，"樂"字上部構件先是草省成三點或兩點，點畫再連寫成橫筆或撇筆，從而產生簡化的"乐"字，"乐"再訛混成"禾""未""示"等構件，構件"樂"

的訛變經歷了相對清晰的發展過程。"觻"字在肩水金關漢簡中的使用頻次是 396 次，屬於高頻字，且字形結構複雜，因此異體字形較多，構件"樂"的字形訛變過程性明顯。除此之外的其他訛混構件還是以單向訛混和雙向互訛爲主。

　　綜上，肩水金關漢簡中的訛混異體字主要具有上述四個特征。訛混是文字手書時代中不可避免的書寫習慣，這些訛混對簡文的釋讀造成了一定的障礙，使異體字形大量增加。但與此同時，有的訛混也促進了字形的發展演變，在漢字發展史中有一定的積極意義。

第六章

結　語

第一節　肩水金關漢簡異體字的成因

異體字是漢字發展史中最常見的用字現象，其生成原因具有歷史普遍性。毛遠明《漢魏六朝碑刻異體字研究》第五章第二節中詳細地歸納了碑刻異體字的成因：

漢字性質決定了異體字大量產生的可能性、繼承與創新、文字工具的便捷要求、字體改變後的多頭嘗試、文字區別性特徵的動態選擇、書法風格的驅動、構字心理的潛在作用、文字形體的漸變性因素、文字形體結構內部平衡規則的影響、書寫者文字水平的差異、文字記錄的內容使用環境不同規範要求不同而產生異體、漢字規範的無力。[①]

這十三個方面是結合漢字的性質和特點、書寫水平和書寫習慣、書法風格、構字心理、書寫工具和書寫載體等因素概括出了異體字產生的普遍性成因，肩水金關漢簡中異體字的產生也主要受上述因素的影響。此外，肩水金關漢簡異體字的產生還有其獨特的個體性因素。

一、書寫時代跨度長

肩水金關漢簡收錄簡牘 1 萬餘枚，文獻總字數 13 萬餘字。簡文中紀年

---

① 毛遠明：《漢魏六朝碑刻異體字研究》，第 497—547 頁。

簡、曆譜簡、日期簡，以及有新莽特征的字詞是簡文分期斷代的主要依據。
簡文中與紀年有關的簡牘共計約 2234 枚，其中明確的紀年簡有 939 枚，可
考證的日期簡、曆譜簡及根據新莽時期特有的語言文字特徵推測出的紀年
簡有 234 枚。在這些紀年簡中所見最早的紀年爲 T4:107 簡的 "大初五年"
（西漢漢武帝天汉元年，公元前 100 年），最晚的紀年爲 72EJC:77B 簡的
"元興元年"（公元 105 年），也就説肩水金關漢簡的書寫年代大致在西漢
漢武帝太初五年至東漢和帝元興元年，歷時 205 年。

　　當然，這只是肩水金關漢簡大致的紀年範圍，絕大多數的簡文沒有紀年，
不排除其紀年跨度更長的可能。已知的這 205 年本身就已經是一個較長的
時間跨度，在這兩百多年的時間里文字書寫可能產生一些變化。因此，我們
試圖在這些有明確紀年的文字中尋找漢字字形的演變規律，雖然有的字形
在不同的時段有不同的寫法，但並不能以此判斷它們的形體演變序列。如：
"送" 字在簡文中通常寫作 ，在本始四年的紀年簡中 "送" 的異體字形
作 （T21:305），在河平三年的紀年簡中 "送" 的異體字形作 （T28:56）
等，但在沒有紀年的簡牘中亦有這兩個異體字形： （T37:958）、
（T23:641），因爲這兩個字形沒有紀年，我們就無法判斷它們的書寫時代
與前兩個異體的書寫時代是否相同，因此，也就無法判斷這兩個異體字形的
演進序列。

　　雖然無法直接地呈現在這兩百多年的時間里肩水金關漢簡異體字形的
演進序列，但可以肯定的是在這段時間里隨著時代的推移、書寫者的更替、
書寫風格的發展，以及其他外力因素的影響都會使得文字書寫發生或多或
少的變化，而異體字形在其中亦會發生相應的形體變化。

二、書體複雜多樣

　　肩水金關漢簡的書體，包括篆書、隸書、隸草、草書、楷書、行書等六
大類書體，書體複雜多樣。以單枚簡爲單位，除去簡牘中字形模糊的簡、文
字殘損嚴重的簡、圖畫簡等三類無法判斷書體的 1010 枚簡外，這六類書體

的數量分別爲：篆書 17 枚、隸書 4862 枚、隸草 5496 枚、草書 683 枚，以及楷書、行書簡少量。因此，肩水金關漢簡呈現出以隸書、隸草爲主，草書爲輔，篆書、楷書、行書兼有的書體面貌，其中楷書、行書尚處於萌芽階段，數量較少。隸草是介於隸書和草書之間的過渡性書體，其書體特徵兼有隸書和草書的屬性。它是追求書寫速度的產物，也是西北漢簡中最常見的書體。共時狀態下肩水金關漢簡各種字體雜糅，書體間的字形差異本身也是異體，書體間相互影響也會產生異體。書體間的形體差異屬於另一層次上的異體，非本文討論的對象。書體相互影響或轉換而產生的字形差異則是我們重點討論的對象，如：

“觼”，小篆作□，從角樂聲。“觼”在簡文的通用字形作□（T23:341），“觼”的異體主要發生在聲符“樂”的變化上。“樂”作爲獨體字時，通用字形作□（T23:303），草書寫作□（T24:248）、□（T37:529），草書楷化後即爲簡化的“乐”。當“樂”作爲“觼”的聲符時，“樂”草寫簡化后產生異體□（T9:042）、□（F3:462）等，這兩個草化異體字形中“樂”字上部構件草寫成點筆，而點筆連寫成撇筆并與下橫筆相連就成了另外的異體字形□（T37:1512），進而楷化作□（T37:1152）。並在這個字形的基礎上將簡化構件“乐”訛寫作“禾”“未”“示”等構件等字，產生了□（T6:83A）、□（T6:127）、□（T9:229）等異體字形。構件“樂”到“□”的字形變化，是隸書到草書的變化。“觼”的字形變化從“□”，經過“□”和“□”這兩個過渡字形，再到“□”“□”“□”等異體字形的變化是受書體影響產生的異體字，隸書草化、草書再隸楷化從而就產生各種草寫簡化的異體字形。

“急”，小篆作□，從心及聲。簡文中“急”的異體字形作□（T24:268B）、□（T33:37）也是受草書影響，“急”在《急就章》中草寫作□，構件“心”草寫作三點。構件“心”字底草寫作三點或四點筆，而草寫的點筆又隸楷作橫筆。"急"字的異體產生軌迹也是隸書草化，草書隸楷化的過程。

因此，書體間的相互影響和轉換是肩水金關漢簡異體字產生的重要因素之一。簡文中各簡之間甚至同一簡牘上書體變換靈活，各類書體的雜糅以及新書體的萌芽與發展，在很大程度上也催生了異體字，使得肩水金關漢簡異體字現象更爲突出。

三、文書種類豐富

除去簡文中的圖畫簡，文字鹽蝕嚴重、筆畫漶漫不清無法釋讀的簡不計入文書類型（此類簡牘共計約442條）外，肩水金關漢簡的簡文內容可以分爲書檄、簿籍、刺課符券、檢楬、藝文、其他等六大類，各大類中又包含若干具體的小類。書檄類包括皇室往來文書、官府往來文書、司法文書、檄文、傳、病書、視事書、遣書、除書，官/私書信等文書；簿籍類主要包括各類登記賬簿和名籍類簡牘，賬簿類有穀出入簿、錢出入簿、兵器出入簿、日作簿、計簿等，名籍類有卒名籍、葆名籍、庸代名籍、出入名籍、廩食名籍等；刺課符券類包括郵書刺、表火、符、券四類；檢楬類分爲實物檢楬和文書檢楬兩大類；藝文類包括典籍、數術、方技、習字簡等。

肩水金關漢簡各類簡文的書體使用呈現出一定的傾向性。書檄、簿籍、刺課符券、檢楬、藝文等簡文多以隸書爲主，其中檢楬類和藝文類簡牘基本上用工整的隸書書寫。根據我們的統計，隸書簡4862枚，約占總簡文數的40%。檢楬是提示説明的標題、封緘，字數較少，文字要求清晰易識，故書以標準的隸書。但就使用隸書總數量而言依然是書檄類和簿籍類簡牘爲主。藝文類包括典籍、方技、小學習字等供屯戍人員學習和保存的非文書性質的簡牘，要求書寫規整便於識讀。隸草簡5496枚，約占總簡數的45%，是肩水金關漢簡中使用最廣泛的書體，簿籍、書檄、刺課符券類簡等均大量使用隸草。隸草的廣泛使用與書寫追求便捷密切相關。草書簡683枚，約占總簡數的5.6%。草書主要應用於書檄類文書，尤其是書信簡幾乎均書以草字，簡文里草書已經非常成熟。篆書簡 17 枚幾乎均是習字簡。楷書、行書尚處在萌芽發展階段，書體風格尚未完全形成，經我們初步統計這批簡文裏楷書、行書簡約 23 枚。

綜上，雖然肩水金關漢簡及其他西北漢簡尚未見明確的簡文書寫要求，但文書的性質和内容促使書手在書寫時對書體的選擇呈現出一定的傾向性：符券、檢楬、藝文類多用隸書書寫，尤其是檢楬類簡牘隸書書寫極爲工整。而書檄、簿籍、刺課類多書以隸草。

總體而言，肩水金關漢簡是西漢中晚期到東漢早期西北邊境屯戍人員記録的日常生活的文字，與其他典籍類簡牘文獻比起來，西北屯戍漢簡書寫較爲自由，各類文書的謄寫也未見明確的抄寫規範，因此簡文書寫時有靈活的書體選擇。總的來説，漢代西北邊境地區文字書寫工作繁重、書手衆多、書體靈活、書寫環境自由，使得肩水金關漢簡甚至整個西北屯戍漢簡的異體字更加豐富。

四、書寫者衆多

肩水金關漢簡數量多、内容雜、書手多，絶大部分簡牘無明確的書手。但據簡文和相關史料記載，漢代從中央到地方的各級單位都有專門職掌文書的書佐。書佐主要負責文書的"記録、繕寫、起草、宣讀等，也有委以他任的"[①]。《後漢書·百官志》記載"河南尹員吏百二十七人"，其中掾吏下有"書佐五十人"；尹灣漢簡的東海郡吏員簿 YM6D2 簡記載："大守吏員廿七人：大守一人，秩中二千石；大守丞一人，秩六百石；卒史九人；屬五人，書佐九人；用筭佐一人；小府嗇夫一人。凡廿七人。"這些文獻都表明漢代書佐人員數量不少。

西北屯戍漢簡中記録書佐數量的簡牘不多，但簡文中"書佐"一詞出現較爲頻繁，肩水金關漢簡中有 24 條、居延漢簡中有 21 條、居延新簡有 24

① 安作璋、熊鐵基：《秦漢官制史稿》（下册），齊魯書社，1985 年，第 118 頁。

條、敦煌漢簡有 4 條，以"書佐+名"的署名常見，如 T23:7A 簡"書佐宗"、T31:64 簡"書佐鳳"、T37:33"書佐政"等；也有書佐後署多個名字的情況，如居延漢簡 16.4B 簡"掾習，屬沈，書佐橫、實、均"。有學者指出"一般而言，具名兩三位書佐的，墨書常出於最後一位書佐之手，另外一兩位書佐或爲文書草擬者，或爲該文書事宜處理者"①。這些都表明肩水金關漢簡以及西北屯戍漢簡的書寫出自多人之手。另外，肩水金關漢簡書寫時代跨度長，至少歷時 205 年，在這兩百多年的時間里，上至太守府、都尉府，下至諸曹的各級書佐人員的新老更替，亦增加衆多書手，加之各地區、各機關均有書佐，書佐人員數量定不在少數。衆多的書手必定會産生大量的書寫差異，客觀上也會導致異體字的增加。

由於肩水金關漢簡的書手衆多，書寫水平千差萬別，所書寫出來的字形自然也各具特色，姿態萬千，異體頻出。肩水金關漢簡中有"能書、會計、治官民、頗知律令"等殘簡記述了對書佐基本素養的要求。但對邊陲文吏"能書"的標準可能並不是很高，或許更加注重文吏處理日常公文事務的實際能力。整體而言，邊陲底層文吏的書佐，他們多只是"知官事，曉簿書"的主司文書的辦事人員，文化水平參差不齊，書寫水平高低不等，加之文書事務繁重，抄寫過程中文字訛混、錯漏、異體頗多。但從簡牘保存下來的屯戍人員書寫練習的習字簡來看，習字內容大多爲文書用語，説明閑暇之餘，屯戍人員或負責起草、傳抄文書的文吏注重書寫練習，且多練習文書用字。

總之，書寫者更替、書寫水平差異，以及書寫任務繁重都會對文字形體産生影響。因爲書寫性差異産生的異體遠遠多於文字本身結構發展産生的異體，所以，書寫者對異體字的形成有重要的影響。

---

① 楊然、王曉光：《漢代的"書佐"與簡牘書寫》，《書法》2015 年第 6 期，第 84 頁。

第二節 肩水金關漢簡異體字在漢字發展史上的作用

一、異體産生了大量的簡化字和簡化構件，爲簡化字溯源提供了歷史依據

一直以來，現行簡化字的來源頗受爭議，爭議的焦點在於簡化字有無構字理據和有無歷史依據。李樂毅《簡化字源》、張書岩等《簡化字溯源》均已指出大部分簡化字確實是古已有之，且分别列出了各個時代的簡化字。這些簡化字大多是當時的異體字形，是現今部分簡化字的源頭。

肩水金關漢簡異體字中構件簡化類異體 132 組，約占異體字類型總組數的 14.3%。構件簡省主要表現爲構件簡化和構件省減兩類，其中構件簡化是主體，具有較強的規律性、類推性、可持續性。簡文中産生的簡化字或簡化構件等異體字形多被後世繼承沿用，這些原本是異體字形的字在爲後世普遍使用後而成爲通用字。肩水金關漢簡中典型的構件簡化如："門"簡化作"门"、"言"簡化作"讠"、"昜"簡化作"𠃓"、"貝"簡化作"贝"、"見"簡化作"见"、"頁"簡化作"页"、"戔"簡化作"戋"等，它們在作爲構件時均出現了類推簡化，具有較強的規律性，這些簡化構件均被後世的簡化字接受。簡文中有的字則是既有構件簡化異體字，又有構件省減異體字，如："親"的通用字形作 ，其構件"見"簡化作"见"，而産生異體字形 ；而居延新簡中"親"字省構件"見"簡化作 ，"亲"這一異體字就被現代簡化漢字吸取，因此"親"字的簡化字形源於居延新簡裏的這個異體字形。

此外，草書楷化亦産生了一些簡化異體字，如簡文中"爲"的通用字形作 ，異體字形作 ；"長"簡文中的通用字形作 ，異體字形作 等。肩水金關漢簡中"爲"

和"長"的這兩個異體字形是現代簡化漢簡字的"为"和"长"的源頭。

西漢中晚期至東漢初期是漢字字形演變的關鍵時期，隸變使得漢字形體發生了巨大的變化，破壞了部分漢字的構字理據，主要表現爲構件或整字的記號化，以及構件的省減訛變。現代簡化漢字中的部分記號字的來源也可以追朔到這批簡文中的草寫記號字。有的漢字也因隸變草化使得構件脫離原來的構字理據。如："執"，甲骨文作 ，象兩手被夾銬在刑具里受刑；金文形變作 ，字形分解作從 、從 兩個構件。《説文·幸部》："執，從丮從幸，幸亦聲。""執"在肩水金關漢簡中構件"幸"的筆畫連筆省寫，並最終形變作"扌"。這個過程大致是：（T26:54）→ （T21:149）→ （T23:426）→ （T37:179A），構件"幸"所從的"羊"的"丷"筆畫連寫成橫，同時豎筆變豎鉤，而後四橫筆減省作兩橫，進而形變作"扌"，最終產生理据部分消失的異體字"执"，後世漢字承用簡化異體字形"执"，並被現行簡化漢字繼承。實際上，漢字發展過程中與理據消失對應的還有理據重構，即增加某些字的表音或表義功能從而增強該字的理據性。從西北漢簡來看漢字的理據破壞更爲突出，理據重構還不是很明顯。

總之，肩水金關漢簡中這些異體字爲簡化漢字溯源提供了歷史依據，有助於漢字簡化源流的探討，同時也證實了當今通行簡化字大多是有據可依的，爲進一步證明簡化字的合理性提供了歷史參考。

二、異體字進一步推動了漢字的隸楷化進程

肩水金關漢簡中的實際書體情況已證明西漢中晚期隸書已經成熟，但並不代表整個漢字系統的隸變已經完成。簡文中的部分異體字是隸變正在持續的證據，如平直化是隸變的基本手段之一，"直是指在隸變過程中，把原字當中的曲綫、弧綫、半圓拉成直綫、準直綫（指撇捺等）或折綫"①。肩水金關漢簡筆畫層異體字中即有此類隸變的例字：

---

① 趙平安：《隸變研究》，第 42 頁。

含構件“又”的字，古文字“又”作“”，象右手之形，直到秦及西漢早期的古隸階段依然以此象右手之形的字形多見。肩水金關漢簡中“又”作爲獨體字時已發生隸變，原來圓弧形的第一筆變成折筆，寫作（T23:866B）。而在“又”作爲組字構件時，筆畫的隸變方式又有所不同，如：“右”，小篆作，肩水金關漢簡中的通用字形作（T37:114），異體字形作（T30:257）。異體字形中的構件“又”拉直原圓弧綫筆畫成撇筆，原捺筆變橫筆，而成隸變之後的“右”形體。簡文中“若”“有”字的構件“又”也有同類的筆形變化。

有的筆畫變異亦是隸變的進一步發展。如：“五”，小篆作，肩水金關漢簡中的通用字形作（T21:35B），異體字形作（T9:237）。異體字形將原字的捺筆彎曲，使得字形重心更爲平穩。“伍”的異體亦沿襲了獨體字“五”的異體寫法，字形作（T37:857A）。這類由直綫筆畫變成曲綫也是隸變的手段，這些異體字形都反映了漢字隸變的過程。

除筆畫上的異寫推動漢字隸楷化以外，構件上的增省、改換都是隸變的體現。因此肩水金關漢簡中的很多異體字都是漢字隸變過程，或隸變結果的呈現，這些異體字無疑對漢字隸變的完成起到了進一步的推動作用。

總之，異體字是漢字發展和書寫的必然產物，從文字使用之初，異體字就不可避免的存在於各種文獻中。異體字形的存在是漢字發展演變的客觀規律，也是漢字系統的重要構成部分。因此，各種文獻中的異體字現象歷來也是文字學研究的重要課題。肩水金關漢簡作爲西北漢簡的重要組成部分，簡文中包含了大量的異體字，對其進行深入研究很有必要。當然，我們的討論還有一定的局限性，待西北漢簡全部整理出版后，再對整個西北漢簡的文字進行系統性地理論研究，相信定能有所發現。我們相信到時能更加客觀和全面地反映出西漢中晚期及東漢早期的西北邊境地區屯戍人員的文字使用情況，同時也能更加系統全面地反映該時期整個文字系統的特點。

附 錄

引書簡稱對照表

序號	全　稱	簡　稱
1	《説文解字》	《説文》
2	《甲骨文合集》	《合集》
3	睡虎地秦簡《日書》甲種	《睡·日甲》
4	睡虎地秦簡《日書》乙種	《睡·日乙》
5	睡虎地秦簡《封診式》	《睡·封》
6	睡虎地秦簡《秦律十八種》	《睡·律》
7	睡虎地秦簡《秦律雜抄》	《睡·雜》
8	睡虎地秦簡《效率》	《睡·效》
9	睡虎地秦簡《法律答問》	《睡·法》
10	睡虎地秦簡《治獄程式》	《睡·治》
11	睡虎地秦簡《爲吏之道》	《睡·爲》
12	放馬灘秦簡《日數》乙種	《放·日乙》
13	放馬灘秦簡《志怪故事》	《放·志》
14	周家臺秦簡《病方及其他》	《周·病》
15	周家臺秦簡《曆書》	《周·曆》

序號	全　稱	簡　稱
16	嶽麓書院藏秦簡一《占夢書》	《嶽麓一·占》
17	嶽麓書院藏秦簡（一）《爲吏治官及黔首》	《嶽麓一·爲》
18	岳麓書院藏秦簡（一）《質日》	《嶽麓一·質》
19	馬王堆漢墓帛書《老子》乙本	《馬·老乙》
20	里耶秦簡	《里》
21	青川木牘	《青》
22	侯馬盟書	《侯馬》
23	《古陶文彙編》	《陶彙》
24	《古錢大辭典》	《古錢》
25	《望山楚簡》	《望山》
26	《中國歷代貨幣大系》	《貨系》
27	曾侯乙墓竹簡	《曾侯》

參考文獻

【工具書】

[1] 漢語大字典編輯委員會編纂:《漢語大字典》（第 2 版），成都：四川辭書出版社，武漢：崇文書局，2010 年。

[2] 漢語大字典字形組編:《秦漢魏晉篆隸字形表》，成都：四川辭書出版社，1985 年。

[3] [漢]許慎：《説文解字》，北京：中華書局，2013 年。

[4] 黃德寬主編：《古文字譜系疏證》，北京：商務印書館，2007 年。

[5] 黃艷萍、張再興：《肩水金關漢簡字形編》，北京：學苑出版社，2018 年。

[6] 劉志基主編：《中國漢字文物大系》，鄭州：大象出版社，2013 年。

[7] [清]段玉裁：《説文解字注》，上海：上海古籍出版社，1981 年。

[8] 王輝：《秦文字編》，北京：中華書局，2015 年。

[9] 臧克和主編:《漢魏六朝隋唐五代字形表》，廣州:南方日報出版社，2011 年。

【出土文獻】

[1] 甘肅簡牘博物館等編:《肩水金關漢簡（壹）》，上海：中西書局，2011 年。

[2] 甘肅簡牘博物館等編:《肩水金關漢簡（貳）》，上海：中西書局，2012 年。

[3] 甘肅簡牘博物館等編:《肩水金關漢簡（叁）》，上海：中西書局，2014 年。

[4] 甘肅簡牘博物館等編:《肩水金關漢簡（肆）》，上海：中西書局，2015 年。

[5] 甘肅簡牘博物館等編:《肩水金關漢簡（伍）》，上海：中西書局，2016 年。

[6] 甘肅省文物考古研究所編:《居延新簡 —— 甲渠候官》，北京:中華書局,1994 年。

[7] 甘肅省文物考古研究所編:《敦煌漢簡》，北京:中華書局,1991 年。

[8] 甘肅簡牘博物館等編：《懸泉漢簡》（壹），上海：中西書局，2019 年。

[9] 甘肅簡牘博物館等編：《懸泉漢簡》（貳），上海：中西書局，2021 年。

[10] 國家文物局古文獻研究室編：《馬王堆漢墓帛書（壹）》，北京：文物出版社，1980 年

[11] 簡牘整理小組編：《居延漢簡》（壹），臺北："中研院"歷史語言研究所，2014 年。

[12] 簡牘整理小組編：《居延漢簡》（貳），臺北："中研院"歷史語言研究所，2015 年。

[13] 簡牘整理小組編：《居延漢簡》（叁），臺北："中研院"歷史語言研究所，2016 年。

[14] 簡牘整理小組編：《居延漢簡》（肆），臺北："中研院"歷史語言研究所，2016 年。

[15] 魏堅主編：《額濟納漢簡》，桂林：廣西師範大學出版社，2005 年。

[16] 中國社會科學院考古研究所主編：《居延漢簡》（甲乙編），北京：中華書局，1980 年。

[17] 中國簡牘集成編輯委員會：《中國簡牘集成》第十一卷，蘭州：敦煌文藝出版社，2001 年。

[18] 中國簡牘集成編輯委員會：《中國簡牘集成》第十二卷，蘭州：敦煌文藝出版社，2001 年。

[19] 張德芳主編：《敦煌馬泉灣漢簡集釋》，蘭州：甘肅文化出版社，2013 年。

[20] 張德芳主編：《居延新簡集釋》，蘭州：甘肅文化出版社，2016 年。

[21] 張家山二四七號漢墓竹簡整理小組：《張家山漢簡》，北京：文物出版社，2001 年。

【專　著】

[1] 安作璋、熊鐵基：《秦漢官制史稿》，濟南：齊魯書社，1985 年。

[2] 陳垣：《二十史朔閏表》，北京：中華書局，1962。

[3] 陳夢家:《漢簡綴述》,北京:中華書局,1980 年。

[4] 陳夢家:《中國文字學》,北京:中華書局,2006 年。

[5] 陳直:《居延漢簡研究》,北京:中華書局,2009 年。

[6] 陳偉主編:《里耶秦簡牘校釋》(第一卷),武漢:武漢大學出版社,2012 年。

[7] 陳婷珠:《殷商甲骨文字形系統再研究》,上海:上海人民出版社,2010 年。

[8] 方詩銘、方小芬編著:《中國史曆日和中西曆日對照表》,上海:上海人民出版社,2007 年。

[9]甘肅文物考古研究所編,薛英群、何雙全、李永良注:《居延新簡釋粹》,蘭州:蘭州大學出版社,1988 年。

[10] [漢]班固撰、顏師古注:《漢書》,北京,中華書局,1962 年。

[11] 胡平生、張德芳編撰:《敦煌懸泉漢簡釋粹》,上海:上海古籍出版社,2001 年。

[12] 侯燦、楊代欣編著:《樓蘭漢文簡紙文書集成》,成都:天地出版社,1999 年。

[13] 勞榦:《居延漢簡考釋·釋文之部》,上海:商務印書館,1943 年。

[14] 李圃:《異體字字典》,上海:上海學林出版社,1997 年。

[15] 李榮:《文字問題》,北京:商務印書館,2012 年。

[16] 李天虹:《居延漢簡簿籍分類研究》,北京:科學出版社,2003 年。

[17] 李均明:《秦漢簡牘文書分類輯解》,北京:文物出版社,2009 年。

[18] 李洪智:《漢代草書研究》,北京:北京師範大學出版社,2014 年。

[19] 蔣善國:《漢字學》,上海:上海教育出版社,1987 年。

[20] 劉釗:《古文字構形學》,福州:福建人民出版社,2011 年。

[21] 劉志基:《漢字體態論》,南寧:廣西教育出版社,1999 年。

[22] 劉志基主編:《中國漢字文物大系》,鄭州:大象出版社,2013 年。

[23] 劉玉環:《秦漢簡帛訛字研究》,北京:中國書籍出版社,2013 年。

[24] 陸錫興編著：《漢代簡牘草字編》，上海：上海書畫出版社，1989 年。

[25] 馬怡、張榮強主編：《居延新簡校釋》（上下），天津：天津古籍出版社，2013 年。

[26] 毛遠明：《漢魏六朝碑刻異體字研究》，北京：商務印書館，2012 年。

[27] 毛遠明：《漢魏六朝碑刻異體字典》，北京：中華書局，2014 年。

[28] 啓功：《古代字體論稿》，北京：文物出版社，1999 年。

[29] 裘錫圭：《裘錫圭學術文集·簡牘帛書卷·漢簡零拾》，上海：復旦大學出版社，2015 年。

[30] 裘錫圭：《文字學概要》，北京：商務印書館，1988 年。

[31] 饒宗頤、李均明：《新莽簡輯證》，臺北：新文豐出版公司，1995 年。

[32] 饒尚寬：《春秋戰國秦漢朔閏表》，北京：商務印書館，2006 年。

[33] 任繼愈主編:《中國科學技術典籍通彙·天文卷》，鄭州：大象出版社，1993 年。

[34][日]大庭脩：《漢簡研究》，徐世虹譯，桂林：廣西師範大學出版社，2003 年。

[35][日]永田英正：《居延漢簡研究》（上下），張學鋒譯，桂林：廣西師範大學出版社，2007 年。

[36] 沈剛：《居延漢簡語詞彙釋》，北京：科學出版社，2008 年。

[37] 唐蘭：《中國文字學》，上海：上海古籍出版社，2005 年。

[38] 土鳳陽：《漢字學》，長春：吉林文史出版社，1989 年。

[39] 王寧：《漢字構形學講座》，上海：上海教育出版社，2002 年。

[40] 王國維、羅振玉：《流沙墜簡》，北京：中華書局，1993 年。

[41] 王力：《古代漢語》，北京：中華書局，1963 年。

[42] 王錦城：《肩水金關漢簡分類校注》（第一冊），載潘美月、杜潔祥主編《古典文獻研究輯刊》，新北：花木蘭文化出版社，2022 年。

[43] 吳礽驤、李永良、馬建華釋校：《敦煌漢簡釋文》，蘭州：甘肅人民出版社，1991 年。

[44] 謝桂華、李均明、朱國炤：《居延漢簡釋文合校》，北京：文物出版社，1987 年。

[45] 徐錫祺：《西周（共和）至西漢曆譜》，北京：北京科學技術出版社，1997 年。

[46] 姚磊：《肩水金關漢簡釋文合校》，北京：中國社會科學出版社，2021 年。

[47] 葉喆民：《中國書法通論》，北京：清華大學出版社，2007 年。

[48] [英]邁克爾·魯惟一：《漢代行政記錄》，于振波、車今花譯，桂林：廣西師範大學出版社，2005 年。

[49] 于豪亮：《釋漢簡中的草書》，《于豪亮學術文存》，北京：中華書局，1985 年。

[50] 袁瑩：《戰國文字形體混同現象研究》，上海：中西書局，2019 年。

[51] 趙平安：《隸變研究》，保定：河北大學出版社，2009 年。

[52] 張培瑜：《三千五百年曆日天象》，鄭州：大象出版社，1997 年。

[53] 張再興：《西周金文文字系統論》，上海：華東師範大學出版社，2004 年。

[54] 周曉陸主編：《二十世紀出土璽印璽印集成》，北京：中華書局，2010 年。

[55] 周振鶴：《西漢政區地理》，北京：人民出版社，1987 年。

【論　文】

[1] 安豔嬌：《〈額濟納漢簡〉集釋》，碩士學位論文，吉林大學，2014 年。

[2] 白海燕：《"居延新簡"文字編》，博士學位論文，吉林大學，2014 年。

[3] 白軍鵬：《敦煌漢簡整理與研究》，博士學位論文，吉林大學，2014 年。

[4] 初師賓：《漢邊塞守御器備考略》，載甘肅省文物工作队、甘肅省博物館編《漢簡研究文集》，蘭州：甘肅人民出版社，1984 年。

[5] 陳維德：《從〈額濟納漢簡〉看漢代文字的發展——兼談啓功先生古代字體論》，載啓功中國書法研究中心編《第三屆啓功書法學國際研討會論文集》，北京：文物出版社，2009 年。

[6] 陳久金：《敦煌、居延漢簡中的曆譜》，中國社會科學院考古研究所編

《中國古代天文文物論集》，文物出版社，1989 年。

[7] 陳榮傑：《武威漢簡〈儀禮〉整理研究》，碩士學位論文，西南大學，2006 年。

[8] 程少軒：《〈肩水金關漢簡（壹）〉曆譜簡初探》，復旦大學出土文獻與古文字研究中心，2011 年。

[9] 董文強：《漢簡書藝略論》，《名作欣賞》2013 年第 26 期。

[10] 方勇：《讀〈肩水金關漢簡〉札記二則》，《魯東大學學報（哲學社會科學版）》2012 年第 2 期。

[11] 方勇：《秦简牍文字汇编》，博士學位論文，吉林大學，2010 年。

[12] 郭麗媛：《20 世紀敦煌簡牘書法藝術價值及其對當代隸書創作的影響》，《藝術百家》2012 年第 8 期。

[13] 何茂活、程建功：《武威漢代醫簡中的古今字和異體字》，《河西學院學報》2003 年第 6 期。

[14] 何雙全：《居延漢簡研究》，載《國際簡牘學會會刊》第二號，臺灣：蘭臺出版社，1996 年。

[15] 何學森：《論行書的形成與風格演變》，博士學位論文，首都師範大學，2001 年。

[16] 侯開嘉：《隸草派生章草今草説》，《四川大學學報（哲學社會科學版）》2002 年第 5 期。

[17] 洪春榮：《額濟納漢簡紀年初考》，載孫家洲主編《額濟納漢簡釋文校本》，北京：文物出版社，2007。

[18] 洪映熙：《居延漢簡的異寫字與異構字》，《中國學研究》第四十一輯，2007 年。

[19] 胡志明：《戰國文字異體現象研究》，博士學位論文，福建師範大學，2010 年。

[20] 黃浩波：《〈肩水金關漢簡（壹）〉所见淮阳简》，《历史地理》2013 年第 1 期。

[21] 黃雅茹：《漢簡識字書之書法初探》，《造型藝術學刊》，2003 年。

[22] 黃艷萍：《〈肩水金關漢簡（壹）〉紀年簡校考》，《敦煌研究》2014年第 2 期。

[23] 黃艷萍：《〈肩水金關漢簡（貳）〉紀年簡校考》，《簡帛研究二〇一三》，2013 年。

[24] 黃艷萍：《〈肩水金關漢簡（叁）〉紀年簡校考》，《敦煌研究》2015年第 2 期。

[25] 黃簡：《中國古代書法史的分期和體系》，《書學論集》，上海：上海書畫出版社，1985 年。

[26] 黃修珠：《論古代簡牘書寫方式與今草的形成》，碩士學位論文，河南大學，2006 年。

[27] 吉仕梅：《王莽改制在居延敦煌漢簡詞彙中的反映》，《學術交流》2008年第 4 期。

[28] 金美蘭：《“草變”與草書極化發展》，《東方藝術》2013 年第 20 期。

[29] 金美蘭：《從西漢馬圈灣簡牘看早期草書的發展》，碩士學位論文，中央美術學院，2010 年。

[30] 金美蘭：《漢代簡牘草書藝術研究》，博士學位論文，中國藝術研究院，2013 年。

[31] 雷黎明：《楚簡文字形體訛混現象試說》，《內蒙古社會科學》（漢文版）2009 年第 1 期。

[32] 李均明：《新莽簡時代特徵鎖議》，《文物春秋》1989 年第 4 期。

[33] 李學勤：《論漢簡錢范所見紀年超長現象》，《湖南大學學報（社會科學版）》2005 年第 5 期。

[34] 李蕾：《漢代改元問題芻議》，孫家洲主編《額濟納漢簡釋文校本》，文物出版社，2007。

[35] 李國英：《異體字的定義與類型》，《北京師範大學學報（社會科學

版）》2007 年第 3 期。

[36]（韓）李鏡淑：《異體字範疇的訛作字與同形字》，《勵耘學刊》（語言卷）2011 年第 2 期。

[37] 李運富：《關於"異體字"的幾個問題》，《語言文字應用》2006 年第 1 期。

[38] 李天虹：《楚簡文字形體混同、訛混舉例》，《江漢考古》2005 年第 3 期。

[39] 李逸峰：《敦煌漢簡草書略論》，《簡牘學研究》第五輯，2014 年。

[40] 李燁：《〈肩水金關漢簡（壹）〉研究三題》，碩士學位論文，西南大學，2013 年。

[41] 李瑤：《居延舊簡文字編》，博士學位論文，吉林大學，2014 年。

[42] 李洪才：《漢簡草字整理與研究》，博士學位論文，吉林大學，2014 年。

[43] 李蘇和：《秦文字構形研究》，博士學位論文，復旦大學，2014 年。

[44] 林雪：《居延漢簡字體風格研究》，碩士學位論文，河北師範大學，2013 年。

[45] 林進忠：《武威漢代醫簡的行草書法》，《藝術學報》1992 年第 72 期。

[46] 林進忠：《西漢〈甘露二年禦史書〉册書文字的書法》，《藝術學報》1993 年第 74 期。

[47] 龍仕平、何山：《漢魏六朝墓志構件訛混舉隅研究》，《重慶三峽學院學報》2012 年第 6 期。

[48] 羅見今：《〈居延新簡-甲渠候官〉中的月朔簡的年代考釋》，《中國科技史料》1997 年第 3 期。

[49] 羅見今、關守義：《敦煌漢簡中月朔簡年代考釋》，《敦煌研究》1998 年第 1 期。

[50] 羅見今、關守義：《〈居延新簡——甲渠候官〉六年曆譜散簡年代考釋》，《文史》第四十六辑，中华书局，1998 年。

[51] 羅見今：《敦煌漢簡中曆譜年代之再研究》，《敦煌研究》1999

年第 3 期。

[52] 羅見今：《敦煌馬圈灣漢簡年代考釋》，《敦煌研究》2008 年第 1 期。

[53] 羅見今、關守義：《〈肩水金關漢簡（壹）〉八枚曆譜散簡年代考釋》，
《敦煌研究》2012 年第 5 期。

[54] 羅見今、關守義：《〈額濟納漢簡〉年代考釋》，《敦煌研究》2012 年
第 2 期。

[55] 羅見今、關守義：《〈肩水金關漢簡（壹）〉紀年簡考釋》，《敦煌研
究》2013 年第 5 期。

[56] 羅見今、關守義：《〈肩水金關漢簡（貳）〉曆簡年代考釋》，《敦煌
研究》2014 年第 2 期。

[57] 劉志基：《隸書字形趨扁因由考》，《中國文字研究》第一輯，廣西教
育出版社，1999 年。

[58] 劉志基：《簡論甲骨文字頻的兩端集中現象》，《語言研究》2010 年
第 4 期。

[59] 劉志基：《先秦出土文獻字頻狀況的古文字研究認識價值》，《中國文
字研究》第十八輯，上海書店出版社，2013 年。

[60] 劉志基：《簡説古文字異體字的發展演變》，《中國文字研究》第十二
輯，大象出版社，2009 年。

[61] 劉延玲：《“字體”與“書體”論辯》，《書法研究》2001 年第 2 期。

[62] 劉樂賢：《肩水金關漢簡中的王莽登基詔書》，《文物》2015 年第 3 期。

[63] 劉倩倩：《〈肩水金關漢簡（壹）〉注釋及相關問題研究》，碩士學位
論文，華東師範大學，2015 年。

[64] 劉孝霞：《秦文字整理與研究》，博士學位論文，華東師範大學，2013 年。

[65] 劉立勛：《武威漢代醫簡文字編及集釋》，碩士學位論文，吉林大學，
2012 年。

[66] 劉雲：《戰國文字異體字研究——以東方六國文字爲中心》，博士學位

論文，北京大學，2012 年。

[67] 馬國俊、馬爭朝：《重釋：敦煌書法在書法創作中的現代意義》，《甘肅聯合大學學報（社會科學版）》2010 年第 3 期。

[68] 馬智全：《〈肩水金關漢簡（壹）〉校讀記》，《考古與文物》2012 年第 6 期。

[69] 馬智全：《肩水金關漢簡中的“葆”探論》，《西北師大學報（社會科學版）》2013 年第 1 期。

[70] 馬瑞：《西北屯戍漢簡文字研究》，博士學位論文，西南大學，2011 年。

[71] 馬瑞、張顯成：《西北屯戍漢簡異體字變異規律初探》，《唐都學刊》2011 年第 4 期。

[72] 任步雲：《甲渠候官漢簡年號朔閏表》，載甘肅省文物工作隊、甘肅省博物館編《漢簡研究文集》，甘肅人民出版社，1984。

[73] 任達：《肩水金關漢簡（壹）文字編》，碩士學位論文，吉林大學，2014 年。

[74] 沈利：《漢代簡牘書法形態研究》，碩士學位論文，南京航空航天大學，2010 年。

[75] 申硯歌：《懸泉漢簡的文字流變研究》，碩士學位論文，蘭州大學，2015 年。

[76] 孫東波：《〈額濟納漢簡〉所見日曆研究》，《河北經貿大學學報（綜合版）》2009 年第 2 期。

[77] [日]森鹿三：《論敦煌和居延出土的漢曆》，姜鎮慶譯，載中國社會科學院歷史研究所戰國秦漢史研究室編《簡牘研究譯叢》第一輯，中國社會科學出版社，1983 年。

[78] [日]森鹿三：《居延出土的王莽簡》，《東洋學研究——居延漢簡篇》，同朋舍，1975 年。

[79] [日]田中有：《漢簡隸書考——八分的完成》，《内野博士還曆紀年東洋學論文集》，1964 年。

[80] 斯琴畢力格、關守義、羅見今：《太初曆特殊置閏問題》，《内蒙古師

範大學學報（自然科學版漢文版）》2007 年第 6 期。

[81] 史忠平、馬國俊：《從漢代書論窺探敦煌漢簡的 "民間性"》，《山西師大學報（社會科學版）》2010 年第 3 期。

[82] 魏宜輝：《楚系簡帛文字形體訛變分析》，博士學位論文，南京大學，2003 年。

[83] 文化：《漢代西北地區的書法藝術及其影響》，《西北師大學報（社會科學版）》1991 年第 5 期。

[84] 文功烈：《漢簡牘書法研究》，碩士學位論文，首都師範大學，2001 年。

[85] 吳菲菲：《西域漢簡字頻統計與變異研究》，碩士學位論文，北京師範大學，2011 年。

[86] 吳照義、胡穎文：《居延漢簡與漢代草書》，《南昌高專學報》2004 年第 4 期。

[87] 吳照義、王琪：《漢代草書與簡化字》，《南昌高專學報》2005 年第 6 期。

[88] 吳照義、王琪：《居延漢簡草書的内部結構及外部特點——兼論草書對隸變的影響》，《時代文學》2007 年第 5 期。

[89] 吳文文、林志強：《簡析漢碑文字中的訛混現象》，《福建師範大學學報（哲學社會科學版）》2009 年第 2 期。

[90] 王文超：《 "隸草" "草隸" 辨》，《中國書畫》2014 年第 8 期。

[91] 王靖憲：《漢代的簡牘書法》，《中國藝術》1997 年第 1 期。

[92] 王玉蛟：《兩漢簡帛異體字研究》，碩士學位論文，西南大學，2013 年。

[93] 王凱博：《額濟納漢簡文字編》，碩士學位論文，吉林大學，2014 年。

[94] 徐舒桐：《居延漢簡書體研究》，碩士學位論文，鄭州大學，2014 年。

[95] 徐莉莉：《武威漢代醫簡異體字考》，《天津師範大學學報（社會科學版）》2005 年第 1 期。

[96] 肖從禮：《金關漢簡所見新舊年號並用舉隅》，《魯東大學學報（哲學社會科學版）》2012 年第 5 期。

[97] 楊一博：《出土漢代簡帛文字研究綜述 1914—2013》，碩士學位論文，吉林大學，2014 年。

[98] 楊二斌：《西漢官文書運行書體研究》，碩士學位論文，山西師範大學，2010 年。

[99] 楊艷輝：《〈敦煌漢簡〉整理研究》，碩士學位論文，西南大學，2007 年。

[100] 楊艷輝、張顯成：《敦煌漢簡的異體字——兼論異體字的認定問題》，《中國文字研究》第二輯，大象出版社，2007 年。

[101] 楊然、王曉光：《漢代的"書佐"與簡牘書寫》，《書法》2015 年第 6 期。

[102] 葉聲波：《〈居延漢簡〉異體字研究》，碩士學位論文，西南大學，2008 年。

[103] 伊強：《〈肩水金關漢簡〉文字考釋五則》，武漢大學簡帛網，2015 年。

[104] 于淼：《漢代隸書異體字表與相關問題研究》，博士學位論文，吉林大學，2015 年。

[105] 曾磊：《額濟納漢簡所見曆譜年代考釋》，載孫家洲主編《額濟納漢簡釋文校本》，北京：文物出版社，2007 年。

[106] 趙思有：《居延漢簡書法藝術散論》，《蘇州職業大學學報》2002 年第 1 期。

[107] 張俊民：《居延漢簡紀年考》，《簡牘學研究》第三輯，2002 年。

[108] 張顯成：《〈武威醫簡〉異體字初探》，《中國文字研究》第六輯，廣西教育出版社，2005 年。

[109] 張小鋒：《漢簡與〈二十史朔閏表〉所記互異月日對校》，《簡牘學研究》第三輯，2002 年。

[110] 張小鋒：《"初始"年號使用時間辨析》，《河南科技大學學報（社會科學版）》2006 年第 2 期。

[111] 張永山：《漢簡曆譜》，載任繼愈主編《中國科學技術典籍通匯·天文卷》第一分冊，鄭州：大象出版社，1993 年。

[112] 張再興：《古文字字庫建設的幾個問題》，《中文信息學報》2003 年

第 6 期。

[113] 張學正：《甘谷漢簡考釋》，載甘肅省文物工作队、甘肅省博物館编《漢簡研究文集》，蘭州：甘肅人民出版社，1984 年。

[114] 張家山漢簡研讀班：《張家山漢簡〈二年律令〉校讀記》，載李學勤、謝桂華主編《簡帛研究二〇〇二、二〇〇三》，桂林：廣西師範大學出版社，2005 年。

[115] 張亞玲：《敦煌書法理論研究》，碩士學位論文，蘭州大學，2013 年。

[116] 周有光：《文字演進的一般規律》，《中國語文》1957 年第 7 期。

後 記

　　本書是在我博士學位論文的基礎上修訂而成。2012 年 4 月博士入學面試結束後，我的導師張再興先生給了我一套《肩水金關漢簡（壹）》，那是我第一次接觸簡牘文獻，第一遍翻閱時連簡文中"削衣""觚"這類簡單的簡牘學術語都很費解。那時的我也不曾想到，簡牘研究會成爲今日的安身立命之本。

　　2012 年博士入學前的暑假，我踏上了簡牘文字學學習之路。張老師讓我一邊閱讀肩水金關漢簡，一邊將釋文錄入到 Access 數據庫。張老師是較早從事古文字語料庫研究的專家，在語料庫建設上一絲不苟，而我至今都没能學會先生的語料庫建設本領，著實慚愧。正是在張老師的帶領下，我們先後建立了"秦漢簡帛語料庫"總庫，以及秦漢簡帛的各個分庫。到目前爲止，語料庫幾乎收錄了所有已經出版的秦漢簡帛文獻。"西北屯戍漢簡語料庫"是"秦漢簡帛語料庫"的分庫之一。爲便於研究，我們在"西北屯戍漢簡語料庫"總庫下又建設了"敦煌漢簡語料庫""居延漢簡語料庫""居延新簡語料庫""肩水金關漢簡語料庫""額濟納漢簡語料庫""地灣漢簡語料庫""玉門關漢簡語料庫""懸泉漢簡語料庫"等分庫，小宗的屯戍漢簡或散簡則包含在總庫中未單獨建語料庫。除正在陸續出版的懸泉漢簡外，其他西北屯戍漢簡均已收入語料庫。另外，武威漢墓出土的簡牘，我們也建立了"武威漢簡語料庫"。語料庫的建成，爲我們後續的科學研究打下了堅實的基礎。但張老師因長期伏案編寫數據庫代碼，開發數據庫應用的各項功能，落下了嚴重的頸椎病，長期受頸椎病的折磨。如今在使用這些簡帛數據時，想起這些種種，令我十分感佩。

　　"肩水金關漢簡語料庫"收錄了 2011 年至 2016 年出版的五卷本《肩水金關漢簡》中的内容，語料庫是在張老師一字一字的教導下完成的，歷時六年，建成了可以檢索單字字形和單條圖版簡文等多功能語料庫，爲我的博士學位論文《肩水金關漢簡異體字研究》寫作提供了十分重要的保障，也爲肩水金關漢簡異體字形窮盡性研究提供了便利。

　　博士學位論文原本包括兩大部分，正文部分是肩水金關漢簡整理與異體字研究，附錄部分包括肩水金關漢簡異體字表和肩水金關漢簡字形表。肩水金關漢簡字形表後來經完善，于 2018 年 10 月出版（出版時的書名爲《肩水金關漢簡字形編》），該字編是與張老師合作完成的。字形編編撰我是新手，毫無經驗，張老師傾注了極大的精力，歸并字頭，字詞校訂，字編體例，字形校對等，張老師都親自審訂。字編成書後，張師無私地讓我做了第一編者，這也時常讓我感念。好在，後來這套字編獲得了江蘇省第十六屆哲社優秀成果獎二等獎，也算是對先生辛苦編撰字編的安慰了。

　　《肩水金關漢簡整理與異體字研究》一書的書稿其實早在 2017 年就與出版社簽訂了出版意向合同，但因忙於應付學校的"非升即走"，加之雜事較多，書稿便年復一年地一拖再拖，今年開始才勉強抽出點時間修訂書稿。書稿主要修訂了第三章、第四章的内容。第三章釋文校訂部分，加入了 2016 年后我新發表的有關肩水金關漢簡字詞考釋成果。第四章修訂内容較多，尤其是第二節異體字類型從表述方式，到異體字形分析都較博士學位論文有較大的改動。博士學位論文完成時《肩水金關漢簡》第五卷尚未出版，我在修訂過程中補充了第五卷的異體字形。

　　感謝我的博導張再興教授。本書從選題到完成都離不開張老師的悉心指導。先生性格謙和，淡泊名利，對待學生寬厚温和，我有任何想法都願意説給先生聽，也願意在先生面前暢所欲言，碰到問題也會第一時間打電話詢問，先生從來都是非常耐心地給予解答。先生有頸椎之疾，不能過度勞累，但先生爲了我們的學業曾在醫院的病床上爲我們答疑解惑，至今想來依然很感動。先生的栽培之恩，寬容之情，均銘記在心。未來，唯努力前行，不負先生厚望才好。

同時，也非常感謝華東師範大學中國文字研究中心的劉志基教授、董蓮池教授、臧克和教授、白於藍教授、潘玉坤教授、王元鹿教授等，在論文開題、預答辯，以及答辯中他們都給予了我很多中肯的意見。感謝黃人二教授長期的鼓勵與支持，感謝甘肅簡牘博物館研究員肖從禮先生在我論文寫作時提供的大力幫助。

感謝我的碩導鄧章應教授，在鄧師門下鍛煉出了獨立思考能力和學術論文寫作能力，這讓我在攻讀博士學位的過程中受益匪淺。碩士畢業后先生還時常關心我的學習生活，并熱心地給予幫助。學生永懷感恩之心。

另外，還要特別感謝魯普平師弟，不辭辛勞地校閱了我的博士學位論文，其勞心費力讓我十分感動。也特別感謝謝坤師弟在工作和科研中給予的各種支持和幫助。同時也感謝江南大學中文系楊暉教授、蔡華祥教授、張春梅教授等諸位同事的大力支持與鼓勵。研究生黃鴻爲書稿的排版做了較多的工作，在此也表示感謝。

最後，還要特別感謝廣西師大學出版社編輯劉孝霞師姐，本書的順利出版離不開師姐的辛勤勞動，非常感謝！

黃艷萍於無錫

二〇二二年十月二十